KB049314

몽록(夢鹿) 법철학 연구총서 4·5

법과 존재
Recht und Sein

·

인간질서의 의미에 관하여
Vom Sinn menschlicher Ordnung

베르너 마이호퍼 지음

심 재 우/윤 재 왕 옮김

박영사

「몽록 법철학 연구총서」는 평생을 법철학 연구와 강의에 바치신 故 심재우 교수님의 학문적 삶을 기리기 위해 유가족의 지원에 힘입어 창간된 법철학 연구 시리즈입니다. 총서의 명칭 '몽록(夢鹿)'은 심재우 교수님의 아호입니다.

몽록(夢鹿) 법철학 연구총서 4

법과 존재

Recht und Sein

옮긴이 서문

19세기로부터 20세기 중엽에 이르기까지 세계의 법학계는 법실증주의의 물결로 뒤덮여 있었다. 그러나 법을 통한 국가권력의 남용과 횡포를 몸소 뼈저리게 체험한 인류는 2차대전 후 법실증주의를 버리고 다시 자연법으로 돌아가라고 외쳤다. 이에 따라 자연법의 르네상스 시대가 도래하였으나 그 자연법의 "자연"의 개념의 다양성 때문에 여러 갈래의 자연법론이 전개되어 나왔다. 그 가운데서도 특히 마이호퍼는 특이하게 법존재론적 관점에서 자연법을 파악하는 시도를 하였다.

그는 현대의 실존철학에서 파악된 '자기존재(Selbstsein)' 이외에 '로서의 존재(Alssein)'라는 현존재 유형을 존재론적 영역에서 새로이 발견해 낸다. 그는 이 '로서의 존재'에서 사회적 존재 영역의 기본개념과 기본구조를 밝혀내며, 그것으로 체계적 법존재론의 확립을 시도한다. 그 시도를 담은 것이 바로 여기에 번역된 『법과 존재(Recht und Sein)』이다.

독자들의 이해를 돕기 위하여 그 내용의 줄거리를 간추려 보면 다음과 같다.

Ⅰ.

우선 저자는 인간의 현존재의 개념을 하이데거와 같이 '세계-내-존재(In-der-Welt-sein)'로 파악한다. 그런데 실존의 공간으로서의 이 세계는 이중적으로 구성되어 있다. 즉 '주변세계(Umwelt)'와 '공존세계(Mitwelt)'가 그것이다. 전자는 인간의 사물에 대한 관계에서 이루어지는 세계이며, 후자는 인간의 인간에 대한 관계에서 이루어지는 세계이다. 인간은 현실적으로 이 양 세계에 관계하여 그의 삶을 살게 되는데, 이처럼 자기 이외의 외부세계의 존재자와 마주치게 될 때 인간은 이미 질서의 세계에 들어서게 된다. 그러므로 인간존재는 태어나면서부터 질서의 세계, 즉 법의 세계에서 살다가 죽는다.

그런데 주변세계와 공존세계는 나의 삶과 무관계한 외부세계가 아니라 나의 삶을 가능케 하는 외부적 조건으로서 '자기세계(Eigenwelt)'를 구성하는 요소들로 이해된다.

우선 세계-내-존재로서의 인간은 자기보존을 위하여 주변세계의 사물들을 필요로 한다. 의·식·주와 같은 사물 없이는 인간은 그의 실존의 전제를 이루는 생존 자체가 불가능하다. 따라서 사물들은 인간의 실존에 있어서 존재필연적 요소가 되며 자기보존의 가능조건인 도구로서의 기능적 의미(Bewandtnis)를 갖게 된다. 이렇게 사물들은 나의 삶을 가능케 하는 주변세계로서 실존적으로 의미 있는 나의 세계 구성을 이루게 된다.

세계구성을 이루는 요소는 사물 외에 인간이 있다. 인간과 인간과의 관계에서 이루어지는 세계는 공존세계이다. 인간은 이 세상에 던져지면서부터 다른 사람과 마주치게 되며 그들과 더불어 살아가게 된다. 혼자 사는 또는 혼자 살 수 있는 인간존재라는 것은 현실적으로는 없다. 따라서 인간의 현존재는 언제나 공존자 사이에서만 있고 또한 있을 수 있다. 그러나 이때 그 공존자도 자기세계를 구성하는 요소로서 자기실현을 가능케 하는 존재필연적 조건으로 이해된다. 즉 '너' 없으면 '나'의 인간실현은 불가능하고, 마찬가지로 '나' 없으면 '너'의 인간실현도 있을 수 없다는 의미에서 서로 상호결합적이고 상호연대적인 세계를 형성하게 되는데, 이것이 이른바 사회(Gesellschaft)이다. 따라서 이러한 의미에서의 사회는 단순히 자연적, 속성적 개념으로 이해된 다수인의 집합체가 아니라 실존적, 기능적 의미로 파악된 실존자의 결합체를 의미한다. 즉 사회는 각자의 자기실현을 위한 삶의 광장이다. 이것이 공존세계의 세계구성이 지닌 존재론적 의미이다.

이와 같은 세계이해를 통하여 주변세계와 공존세계는 자기세계로서의 의미를 획득하게 되며, 그 자기의 세계의 '집(Gehäuse)' 가운데서 각각의 구체적인 실존자는 자기의 삶을 사는 것이다.

Ⅱ.

그러면 이러한 세계에서 사는 인간은 구체적으로 어떠한 존재로서 그의 삶을 영위하게 되는가? 마이호퍼에 의하면 구체적 실존자로서의 인간은 이중적 존재로서 파악된다. 하나는 개인으로서의 '자기존재(Selbstsein)'이고, 다른 하나는 사회인으로서의 '로서의 존재(Alssein)'이다.

전자는 이 세계 내에서 유일자로서의 '나'의 현존재에 관계하여 파악된 인간존재를 말하며, 그것은 유일성(Einzigkeit), 고유성(Eigenheit), 일회성(Einmaligkeit), 비반복성(Unwiederholbarkeit), 비교 불가능성(Unvergleichbarkeit) 등으로 특징지어진다. 나는 오직 이러한 '자아(das Ich)'로서 이 세계에서 나 자신을 완성하지 않으면 안 된다. 인간은 이 세상에 '던져진 존재(Geworfensein)'이다. 그런데 던져지고 난 다음의 나의 실존은 전혀 규정되어 있지 않으며 나의 절대적 자유에 내맡겨져 있다. 이 규정되어 있지 않은 자기존재를 자유를 통하여 스스로 규정하는 것이 자기존재의 완성을 의미하게 된다. 결국 세계-내-존재로서의 인간의 자기실현이라는 것은 가장 자기답게 될 가능성(ein eigenstes Selbstsein-Können)을 두고 말하는 것이다. 따라서 여기서 타당한 준칙(Maxime)은 "자기 자신이 돼라!(Werde selbst!)"라는 명제로 표현된다.

자기 자신을 고유한 자기존재로 만들 것을 요구하는 이 명제는 인격의 자율성을 필수 불가결한 개념요소로서 전제하지 않을 수 없다. 왜냐하면 그 자율성 없이는 자기 자신을 자기존재로 완성할 수 없기 때문이다. 이 자기존재의 완성을 위한 자율적 자유라는 개념은 모든 자유주의적 세계관의 철학적 근거를 이루며, 동시에 이러한 자기존재의 실현이란 관점에서는 일체의 법 및 국가질서는 개인의 자유로운 인격발전을 위한 보호질서로서의 의미를 지니게 된다.

그러나 "자기 자신이 돼라!"라는 요구명제는 질서의 세계에서 타당한 정언명령인 "일반적이 돼라!(Werde allgemein!)"라는 명제와는 애당초 양립할 수 없는 명제이다. 왜냐하면 자기존재의 실현의 요구는 일종의 '실존적 자연권(ein existenzielles Naturrecht)'으로서 그 자체 일반성과 객관성과 사회성을 결한 순수한 주관적 권리를 뜻하기 때문이다. 이러한 권리는 자연상태에서의 자연권, 즉 자연적 자유로서 나타날 수밖에 없으며, 각자의 이러한 자연적 자유의 충돌은 반질서 상태인 '만인의 만인에 대한 투쟁상태'를 야기하게 된다. 따라서 "자기 자신이 돼라!"라는 명령을 받는 자기존재는 반질서적 인간상이다. 여기에서 마이호퍼가 "일반적이 돼라!"라는 명령을 받는 질서적 인간상으로 제시된 것이 바로 '로서의 존재'이다.

Ⅲ.

'로서의 존재'는 주관화된 자기존재에서가 아니라 객관화된 타인존재에서 사회성과 일반성의 요소를 바라본다. 나의 자기존재의 객관화를 타인의 입장으로부터 바라본다면 너의 자기존재의 주관화를 뜻하게 되므로, 결국 그것을 나의 입장으로부터 바라볼 때는 '타인의 세계(die Welt der Andern)'를 의미하게 된다. 이러한 자기존재의 객관화에 의하여 나는 유일자로서의 '나'가 아니라 이미 타인에 대하여 '하나의 다른 타인(ein fremder Anderer)'이 되는 것이다. 자기의 개인적 입장으로부터 자기화된 너와 나가 아니라, 타인의 사회적 입장으로부터 타인화된 나와 너의 사회적 존재로서 파악된 인간존재가 이른바 '로서의 존재'이다. 이러한 '로서의 존재'는 타인과의 관계에서 갖는 사회적 지위 또는 신분의 명칭으로부터 따온 말이다. 예컨대 가정에서는 아버지'로서', 학교에서는 선생'으로서', 백화점에 가면 고객

'으로서', 병원에 가면 환자'로서', 관청에 가면 시민'으로서'의 사회적 지위 또는 신분을 갖게 된다. 그래서 그러한 존재를 '로서의 존재'라고 명명하였던 것이다.

그런데 이 '로서의 존재'에게는 그러한 사회적 지위 또는 신분에 상응하는 역할(Rolle)이 주어지는데, 그것은 타인과의 관계에서 '그러한 자로서(als Solcher)'의 현존재 양식이며 그때그때 그러한 자로서의 역할에 상응하는 태도를 취할 것이 이미 법 이전에 하나의 규범으로 요구되어 있다. 다시 말하면, 법적 권리와 의무는 법 이전의 '로서의 존재'의 사회적 직분으로부터 생겨 나온다는 것이다. 예컨대 부모로서의 직분으로부터 자식에 대한 권리·의무가 생겨 나오며, 이에 상응하여 자식으로부터의 직분으로부터 부모에 대한 권리·의무가 생겨 나온다. 의사로서의 직분으로부터 환자에 대한 권리·의무가 생겨 나오며, 이에 상응하여 환자로서의 직분으로부터 의사에 대한 권리·의무가 생겨 나온다. 즉 법적 권리·의무의 모체는 '로서의 존재'의 역할, 다시 말해 '직분'이다. 이처럼 '로서의 존재'의 역할 또는 직분은 법 이전에 존재하는 사회질서의 원형으로서 역사적 현실 가운데서 사실상의 규범력을 가지고 질서적 기능을 하므로, 이것을 일컬어 '제도적 자연법(ein institutionelles Naturrecht)'이라 한다.

Ⅳ.

그러나 '로서의 존재'의 제도적 자연법과 '자기존재'의 실존적 자연권은 긴장관계를 면할 수 없다. 왜냐하면 전자는 객관적 자연법으로서 "일반적이 돼라!"라는 정언명령에 입각하고 있지만, 후자는 주관적 자연법으로서 "너 자신이 돼라!(Werde Du-selbst!)"라는 준칙에 기초하고 있기 때문이다. 이 이율배반적 요구명제는 그 자체로서는 모순으로 남게 되며 순수한 해결책은 있을 수 없지만, 그러나 그러한 모순은 '자기존재'와 '로서의 존재'의 실존론적 변증법에 의하여 완화될 수 있다. '자기존재'와 '로서의 존재'는 각각 병렬되어 있는 현존재 유형(Selbstsein und Alssein)이 아니라 중층적으로 "'로서의 존재' 가운데서의 자기존재(Selbstsein im Alssein)"로 이해되므로, 양 존재의 평면적인 충돌은 면할 수 있다.

이 세계 내에서 모든 현존재는 그의 사회생활에 있어 그때그때 이미 규정되어 있는 '로서의 존재'의 틀 안에 끼어 들어가게 되며, 이 틀을 벗어날 수 있는 인간존재는 현실적으로는 없다. 부모도 아니고, 자식도 아니고, 선생도 아니고, 학생도 아니고, 이웃도 아니고, 국민도 아닌 어떤 추상적 존재로서의 인간이란 것은 사회에는 존재하지 않는다. 따라서 자기존재의 실현이란 언제나 '로서의 존재'를 통하여 이루어질 수밖에 없으며, 자기존재의 가능(Selbstsein-Können)은 언제나 '로서의 존재' 가운데서만 가능한 것이다. 법질서는 바로 이 '로서의 존재'의 역할을 권리·의무로 보장하는 사회제도이며, 그 가운데서 자기실현을 가능케 하는 실존조건으로 이해된다. 이것이 법-내-존재(Im-Recht-sein)로서의 인간이다.

Ⅴ.

『법과 존재』는 현대의 고전에 속하는 법철학적 저작이다. 그것은 20세기의 대표적 철학인 하이데거의 실존철학의 존재론에 입각하여 법철학에서 '법존재론(Rechtsontologie)'이라고 하는 새로운 지평을 열어 놓았다. 원래 하이데거의 존재해석에 따르면, 세계-내-존재로서의 인간의 현존재의 문제성은 본래적인 '자기존재'가 비본래적인 '일반인(das Man)'으로 해소되어 자기존재성을 상실하여 버린다는 데 있다. 따라서 일상성의 세계에서 타인과 더불어 사는 사회적 존재는 현존재의 비본래성의 양태로서 '실존의 타락형태' 또는 '자기존재의 결핍된 형태'로 이해된다.

마이호퍼는 하이데거의 이러한 존재이해에 대하여 이의를 제기하고, 현존재의 존재론적 지평을 사회세계로 확장해 '로서의 존재'도 자기존재와 똑같은 근원적이고 본래적인 실존범주임을 밝힌다. 그에 의하면 법의 세계에서는 개인적 존재로서의 인간(Individualperson)이 아니라 사회적 존재로서의 인간(Sozialperson)이 중요하며, 그 사회적 존재는 하이데거가 말하는 '추상적 일반인'이 아니라 구체적 일반인, 즉 '로서의 일반인'이며 그것은 사회세계의 본래적 인간상이라는 것이다. 그것은 결코 '인간실존의 타락형태'가 아니고 오히려 사회적 존재의 현존재 양식으로서 사회적 실존의 본래성을 뜻하며, 이를 통하여 비로소 법의 세계, 즉 실천이성의 세계에 이르러 갈 수 있다고 한다.

마이호퍼는 이렇게 하이데거의 존재해석의 일면성에 검토를 가하고, 자기존재에 내재하는 개인적·주관적 성질을 '로서의 존재'의 사회적·객관적 성질로 재구성함으로써 고립된 개인이 아닌 공존자로서의 사회인을 실존론적·존재론적으로 정당화하려고 시도하였다. 이러한 대담하고도 독창적인 시도는 현대 법철학에서 하나의 체계적인 법존재론의 확립을 가능케 하였으며, 그로부터 '법적 존재'의 의미를 해석하는 기틀을 마련하였던 것이다.

『법과 존재』를 우리말로 옮기려는 시도는 오래전부터 해왔으나, 그 내용이 너무나 난해하고 전문용어를 독특한 신조어로 만들어 사용하고 있어서 기술적으로 번역이 불가능함을 깨닫고 포기하였었다. 그러나 대학원에서 이 책으로 나의 법존재론의 강의를 들은 윤재왕 석사가 그 일부를 번역하였는데, 놀랍게도 이 책을 우리말로 옮기는 것이 불가능하지만은 않다는 희망을 갖게 되었다. 그 후 윤 군이 나머지 초고를 마련하고 내가 그것을 원문과 대조하여 잘못된 것을 바로잡아서 이 번역이 완성된 것이다. 참으로 길고 어려운 작업이었다. 그리고 교정은 조천수 석사가 철저하게 보아 주었다. 수고를 해준 두 제자에게 이 자리를 빌려 감사한다.

1996년 4월 5일
고려대학교 법과대학
연구실에서

『법과 존재』 차례

제3부 법존재론의 기초이론

서언

실존철학은 인간존재를 **자기존재**(Selbstsein)로 이해한다.

본 연구는 모든 인간존재의 존재구조를 규정하는 똑같이 근원적인 제2의 실존범주인 **'로서의 존재'**(Alssein)를 밝힌다.

세계 내의 현존재는 '로서의 존재' 가운데서의 자기존재(Selbstsein im Alssein)라는 사고와 더불어 현상학은 하나의 새로운 세계, 즉 **질서**의 세계, 따라서 또한 법의 세계로 이르러 간다.

이러한 사고는 **법**과 **사회적 현존재** 일반에 대한 **실존론적 존재론**의 길을 열어 놓는다.

제1부

법존재론의 문제제기

제1장
법존재론의 과제와 법철학의 물음

1. 과제

마르틴 하이데거Martin Heidegger의 저서 『존재와 시간』(1927)과 더불어 철학에서는 하나의 새로운 물음이 시작되었다. 법철학에서는 이 새로운 물음으로부터 법에 대해서도 '그 존재의 근본구조에 관한'[1] 해석, 즉 **법**학과 **법**철학이 '대상'으로 삼는 존재영역에 대한 하나의 존재론을 형성해야 할 과제가 생기게 되었다.

이 과제는 아직 **해결되지 않았다**. 게르하르트 훗설Gerhard Husserl의 포괄적인 연구[2]조차도 새로운 물음이 요구하는 법-내-존재(Im-Recht-sein)에 대한 존재론적 분석으로 이르러 가지 못했다. 훗설의 이 연구는, '민법의 선험적 기초'[3]를 구명하려 했던 아돌프 라이나하Adolf

1 Heidegger, *Sein und Zeit*, S. 10.

2 *Rechtskraft und Rechtsgeltung*, 1925; *Rechtssubjekt und Rechtsperson*, 1927; *Recht und Welt*, 1929; *Negatives Sollen im bürgerlichen Recht*, 1931; *Der Rechtsgegenstand*, 1933. 게르하르트 훗설은 자신의 연구를 '이미 주어져 있는 법현실(vorgegebene Rechtswirklichkeit)의 … 법논리적 존재'에 대한 설명이라고 이해하고, 하나의 '법이론'을 통해 '법학의 법논리적 기초'를 밝히는 것이 연구의 목표라고 한다(*Rechtsgegenstand*, Vorwort, S. IV).

3 *Die apriorischen Grundlagen des bürgerlichen Rechtes*, 1913. 이 책은 1953년에 '*Zur*

Reinach의 시도와 마찬가지로, '현상학'을 논리학으로부터 존재론으로 전환[4]시킨 하이데거 철학에 아직 미치지 못하는 단계에 머물러 있다.[5]

이러한 상황을 어떻게 해명할 수 있을 것인가? 우리 법학의 진정하고도 절박한 과제가 바로 여기에 놓여 있다는 점을 인식하고 있는데도 불구하고, 오늘날까지도 이러한 기초에 입각한 체계적인 법존재론 연구가 전혀 시도되지 않고 있다는 사실을 어떻게 이해해야 하는가?[6]

이 과제는 **해결할 수 없는** 것인가? 아니면 **아직 해결하지 못한** 것인

Phänomenologie des Rechts'라는 제목으로 새롭게 출간되었다.

4 이에 관해서는 Heidegger, *Sein und Zeit*, S. 34 이하와 Max Müller, *Sein und Geist*, 1940, S. 39 이하 참고.

5 게르하르트 후설은 방법적으로 볼 때, 에드문트 후설Edmund Husserl의 '중도적' 방법과 마찬가지로 논리학과 존재론의 '중간단계'에 머물러 있다(Müller, 앞의 책, 38, 39면 참고). 이 점은 예컨대 『법과 세계(Recht und Welt)』의 문제제기에 관한 설명에서 나타난다. 여기서 게르하르트 후설은 겉으로는 하이데거에 연결되어 있지만 (S. 1, 각주 1), 실제로는 법의 (초월적) **존재**에 관한 물음이 아니라 (선험적으로) **주어져 있는 것**(Gegebensein)으로서의 법에 관한 물음을 제기한다. "인간의 삶은 세계-내-존재이다. … 법적인 것도 이 세계의 장치(Ausstattung)에 속한다. 즉 세계를 갖는다는 것은 분명 법을 갖는다는 것까지 포함한다. 따라서 인간에게는 자신의 세계와 함께 그가 속한 사회의 법도 주어져 있다. 어떻게 '주어져 있는가?' 이 물음은 더 깊이 성찰할 필요가 있다 … (S. 1)." 그러므로 게르하르트 후설이 묻는 것은 "**무엇**이 법인가?"가 아니라, "어떻게 법이 **경험**되는가?"이다. 즉 "법적인 것이 인간에게 '현존'하는 것으로 여겨지려면, 다시 말해 그것이 인간의 생활영역에서 현실적인 것으로 되려면 인간은 어떻게 행동해야 하는가?"를 묻는다(S. 2). 이는 에드문트 후설이 자신의 '선험적 현상학'에서 제기한, '존재사실(Gegebenheit)에 대한 물음'과 완전히 일치한다. 이는 어떤 것의 존재에 관한 물음이 아니라 '어떤 것에 대한 의식'에 관한 물음이다[E. Husserl, *Ideen zu einer reinen Phänomenologie und phänomenologischen Philosophie, Erstes Buch, Allgemeine Einführung in die reine Phänomenologie*, 1913; 에드문트 후설의 수고手稿에 기초한 개정판(제4판)인 Husserliana, Bd. III, hrsg. von W. Biemel, 1950, S. 73 이하 참고]. 따라서 게르하르트 후설의 연구가 '논리학'의 한계를 뛰어넘어 사물논리적 선험성을 성찰한 결과들은 우리의 연구가 진행되는 과정에서 다시 만나게 될 것이다.

6 이에 관해서는 F. Wieacker, *Privatrechtsgeschichte der Neuzeit*, 1952, S. 353 이하 참고.

가? 이를 위해 세계-내-존재(In-der-Welt-sein)에 대한 하이데거의 기초분석[7]의 '결과'를 법-내-존재라는 더 좁은 존재영역에 끌어들일 필요가 없겠는가? 아니면 이 존재영역에서는 존재론적 물음 자체가 성립할 수 없을 것인가?

2. 물음

도대체 이러한 **물음**이 존재하는 것인가?

도대체 누가 '법의 존재에 관한 이론'이라는 의미에서의 법존재론이 이러한 기초로부터 **가능하다**고 말하는가? 즉 법존재론 또한 '**존재**' 한다고 말할 수 있는가?

그러나 설령 법존재론이 존재한다 **할지라도**, 법이 '있다'라는 자명한 사실을 번거롭게 '설명'하는 것 이외에 또 다른 무엇을 인식하게 해줄 수 있겠는가?

이미 칸트는, '철학자의 일'이 '공통의 이성의 비밀스러운 판단(geheime Urteile der gemeinen Vernunft)'을 분석하여 '자명한 것'을 해명하는 데 있다고 말했다.[8] 하지만 법에 관한 '비밀'은 어디에 있는가? '법의 존재'는 — 하나의 사회적 '현실'로서 — 우리가 일상적으로 마주치는 명백한 진리가 아닌가?

더욱이 법학의 영역에는 이미 '법의 존재'에 관한 이론, 즉 법을 성문법 또는 불문법, 자연법 또는 제정법, 신법 또는 세속법으로 표현하

7 *Sein und Zeit*, S. 41 이하.

8 이에 관해서는 Heidegger, *Sein und Zeit*, S. 4 참고.

는 법의 '존재' 양식에 대한 구별과 설명이 이미 있지 않은가? 우리는 수백 년의 전통을 가진 그러한 이론을 갖고 있지 않은가? 모든 자연법론은 '기본적으로' 법의 존재에 관한 이론이 아닌가?

법의 논리적, 윤리적, 형이상학적 존재에 관한 이론과 구별되는 법의 '존재론적 존재'에 관한 물음은 무엇을 뜻하는가? 이러한 문제 제기는 이미 언어적으로 순전히 동어반복에 불과하지 않은가?

앞서 말했던 우리 자신들의 생각뿐 아니라, 지금까지의 법철학적 연구를 살펴보더라도 도대체 그러한 **법의 존재론**이 있는지를 **의심**하게 된다. 그 어느 곳에서도 법존재론의 실마리를 찾을 수 없음을 금방 알 수 있다. 심지어 이미 '실패'한 것으로 판명된 실마리조차도 인식할 수 없다. 우리는 법존재론이 어떠한 것인지 또한 그것이 어떻게 가능한지를 알지 못한다. 우리는 『존재와 시간』이 제기했던 과제 앞에서 있다. 하지만 예전과 마찬가지로 지금도 아무런 준비 없이 서 있을 뿐이다.

3. 대답

대답에 이르는 **길**을 찾는 경우 과제가 처음으로 나타났던 곳, 즉 『존재와 시간』에서 제기됐던 **근본문제 — 존재자 일반의 존재**에 관한 물음 — 에서 찾는 것보다 더 가까운 길이 있겠는가?[9] 바로 여기에서

9 하이데거 자신도 이 물음을 '존재학(ontische Wissenschaft)에 앞서 있는, 따라서 존재학을 정당화하는 존재론(Ontologie)이 가능하기 위한 조건'으로 이해한다. 이에 관해서는 Heidegger, *Sein und Zeit*, S. 11 참고. 존재물음(Seinsfrage)의 '형식적 구조'에 관해서는 S. 5 이하 참고.

우리가 제기한 물음인 특정한 존재자의 존재, 즉 **법의 존재**에 관한 **물음**으로 접근하는 길을 찾아야 하지 않겠는가? 하이데거의 **세계-내-존재**에 관한 **분석**으로부터 바로 **법-내-존재**에 관한 체계적 **분석**도 가능하지 않겠는가? 무엇이 우리의 이러한 시도를 가로막는가? 이 시도가 진지하게 행하여지기도 전에 그것은 실패한다고 판단할 수 있는가?

신칸트주의의 존재론적 선판단(Vor-Urteil)[10]이나 신토마스주의의 형이상학적 대답[11]도 우리의 과제에 도움을 주지 못한다. 왜냐하면 신칸트주의나 신토마스주의처럼 과거의 전통을 '현대적으로 변형하여' **우리 자신**이 대답해야 할 우리 시대의 물음을 회피하는 것에는 만족할 수 없기 때문이다.

오늘날 '실존주의로 되돌아가는' 길은 더 이상 존재하지 않는다. 오로지 '실존주의를 뚫고 나아가는'[12] **하나의 길**밖에 없다. 이러한 인식이 더욱 명백해지고 있는데도 불구하고, 우리는 여전히 실존주의에 이르는 '길 위에' 있을 뿐인가? 아니면 기껏해야 이른바 '실존철학'에 대한 흔한 '잡설(Gerede)'이나 '실존주의'[13]의 역설적 상황윤리(Situationsethik)에 대한 유행과도 같은 관심을 그대로 답습하고 있지는 않은가? 이런 식의 실존주의는 실존철학의 존재론적 관심 전체를 제대로 파악하지 못하게 만든다.

---

10 이에 관해서는 Müller, *Sein und Geist*, S. 3 이하 참고.

11 이에 관해서는 Thomas v. Aquin, *Lehre des Heils*, übertragen und zusammengestellt von E. Stakemeier, insbes. S. 7 이하, S. 456 이하; *Summa Theologica*, Einleitung und Kommentar von A. F. Utz zu Bd. 18(II, 57-79), 1953, 특히 S. 425 이하 참고.

12 Welzel, *Naturrecht und materiale Gerechtigkeit*, 1952, S. 195.

13 '실존철학'과 '실존주의'의 구별에 관하여 자세한 것은, Müller, *Existenzphilosophie im geistigen Leben der Gegenwart*, 1949, S. 14, 58, 60 이하 참고.

전통적 개념의 의미변경과 '난삽한' 용어사용 등 실존철학에 대해 흔히 제기되는 불만은 실존철학 연구를 단념하는 좋은 구실이 된다. 그러나 자세히 보면 『존재와 시간』에서 등장하는 난점은, 모든 헤겔주의자가 '개념파악'을 위해 불가피한 노력[14]이라고 하면서 매우 자명한 것으로 받아들이는 기대치에 비하면 사소한 것에 불과하다. 그런 식의 반론은 모든 철학에서 그렇듯이 실존철학에 대해서도, 헤겔이 이미 그의 『법철학』에서 "아무래도 상관없다"라고 단호히 거부해 버린,[15] '주관적인 투덜거림이자 자기 멋대로의 확신'일 뿐이다. 중요한 것은 오로지 '사물 그 자체에 관한 학문적 논의'[16]이다. 즉 실존철학의 존재론적 사고를 다시 한번 숙고함으로써 사물 그 자체에 관한 연구가 지금까지 도달했던 상태를 뛰어넘어 추진될 수 있도록 성공 가능한 실마리를 잡아야 한다.

법-내-존재를 분석하기 위한 여러 가지 착안점은 하이데거의 세계-내-존재에 관한 현존재분석(Daseinsanalyse)에서 찾을 수 있지 않겠는가? 따라서 앞으로의 고찰에서는 우선 그러한 착안점부터 확보하는 것이 중요하다.

---

14 이에 관해서는 Hegel, *Phänomenologie des Geistes*(Jubiläumsausgabe Glockner, 2. Bd., 3. Aufl., 1951), S. 64와 Gerhard Dulckeit, *Rechtsbegriff und Rechtsgestalt*, 1936, S. 13 참고.

15 Hegel, *Grundlinien der Philosophie des Rechts*(Jubiläumsausgabe Glockner, 7. Bd., 3. Aufl., 1952), S. 37.

16 Hegel, *Grundlinien der Philosophie des Rechts*, S. 37.

제2장
실존철학의 물음과 법존재론의 착안점

1. '본래적' 자아에 관한 이론(하이데거)

『존재와 시간』에서 『숲길(Holzwege, 1950)』, 『형이상학입문(Einführung in die Metaphysik, 1953)』에 이르는 **하이데거**의 저작들을 살펴보면 법존재론의 출발점과 연결점과 관련해서는 거의 이해할 수 없는 결론에 마주치게 된다. 그 어느 곳에서도 법의 영역은 명백한 주제가 되지 못하고 있다. 심지어 세계-내-존재에 관한 분석[17]에서조차도 '**사회적 세계**(öffentliche Welt)'[18]의 모든 영역은 단지 주변적으로만 다루어지고 있다. 그마저도 하이데거 철학의 특수한 방식에 따라 다루어진다.

우리가 하이데거 철학에서 법을 찾아볼 수 있는 곳은, 본래적 삶의 타락형식, 즉 '**일반인**(das Man)'[19]으로 '전락'한 '일상적 삶'의 방식에

---

17 *Sein und Zeit*, S. 41 이하 참고. 이 밖에도 *Vom Wesen des Grundes*(1929), 3. Aufl., 1949, S. 17 이하도 참고.

18 "'사회적' 우리 세계(Wir-Welt)"와 "'자기'와 가장 가까운 (가정의) 주변세계(Umwelt)"의 구별에 관해서는 *Sein und Zeit*, S. 65, 71 참고.

19 하이데거에서 일반인은 '일상성의 주체', 즉 '공존의 일상성 가운데 있는 **인간**'을 뜻한다. 이에 관해서는 *Sein und Zeit*, S. 113 이하, 126 이하, 267 이하 참고.

대한 분석뿐이다. 하이데거에 따르면 우리는 본래적 삶이 타락한 곳에서 **법세계**와 만난다고 한다. 법세계는 타인과 '일상적으로 공존'[20] 하는 가운데 물건을 사고팔거나 증여하는 것과 같이 서로 영향을 주고받는 상호작용의 현실이다. **법률**은 '사회적 공존'을 규율하는 '사회적 법칙'[21]으로서 법세계의 전형적인 형태에 속한다. 실존철학이 현존재의 '**본래성**(Eigentlichkeit)'으로 이해하는 **자기존재**(Selbstsein)[22]의 관점에서 보면, 이 규율은 비본질적이며 자의적인 것으로 여겨진다. 따라서 이 규율을 위반하더라도 '가장 본래적인 자기 책임'의 법정 앞에서는 별다른 의미가 없다.[23] 왜냐하면 오로지 '자기존재가능(Selbstseinkönnen)'만을 배려하는 현존재에게 그러한 '사회적 규범'의 실현은 중요하지 않기 때문이다.[24]

하이데거가 생각하는 현존재는 "**너 자신이 돼라!**(Werde Selbst!)"[25]라는 명백한 법칙에만 복종한다. 현존재는 오로지 '자신의 가장 고유한 실존가능성'에만 '귀를 기울이고', '자기 자신'[26]**만을** 선택한다. 이에 반해 '일반인의 이해'는 단지 "사회규범의 규율을 충족하는지 아니면 충족하지 못하는지"를 알 뿐이다.[27]

우리는 하이데거 철학에서 '외적', '내적' **법세계**가 이 세계의 본래

---

20 *Sein und Zeit*, S. 117 이하.

21 *Sein und Zeit*, S. 282.

22 *Sein und Zeit*, S. 42 이하, 295 이하; *Vom Wesen des Grundes*, S. 35 이하.

23 *Sein und Zeit*, S. 282.

24 하이데거는 칸트가 그의 양심해석의 기초로 삼고 있는 경험적 양심체험을 '천박한 책임 현상'이라고 하여 거부한다. 이에 관해서는 *Sein und Zeit*, S. 283, 289 이하 참고.

25 '실존적 준칙'에 관해서는, Müller, *Existenzphilosophie*, S. 32 참고.

26 *Sein und Zeit*, S. 287.

27 *Sein und Zeit*, S. 288.

적 존재영역에서 '결핍'의 영역, 즉 '**일반인으로 타락**'[28]한 영역으로 추방당했음을 알 수 있다. 따라서 법적인 것(das Rechtliches)은 '객관적'이든 '주관적'이든 본래적 삶의 타락 형태에 속하며, 이 세계의 본래적 삶에 비하면 아무런 구속력도 없는 비본질적 차원일 뿐이다. 그것은 인간실존의 본래성과 관련이 없다. 즉 "법의 영역은 일반인의 삶의 세계의 비본래성이다."[29]

하이데거의 철학뿐만 아니라 이른바 '실존철학'[30]은 모두 법을 이런 '틀' 속에 가두어 놓는다. 물론 하이데거 철학은 그 존재론적 관심에 비추어 볼 때, '실존'의 철학에 귀속시키기 어려운 측면이 있다.[31] 야스퍼스와 사르트르의 철학에서도 법은 '비본래성의 낙인'이 찍히며, '일반인의 삶의 실존적 무가치성'[32]과 관련된 것일 뿐이다.

---

28 일반인으로 타락한 삶은 "본래적인, 다시 말해 고유한 것으로 포착되고" 파악되는 '자아(Selbst)'와는 반대로, 스스로 서고 스스로 느끼며 스스로 책임지는 성격을 갖지 못한 채 그저 '사회'에서 미리 마련된 '평균성(Durchschnittlichkeit)'의 척도에 따르는 삶일 따름이다. 즉 '다른 사람 가운데 어느 한 사람'으로서의 삶을 뜻한다. 이에 관해서는 *Sein und Zeit*, S. 126 이하 참고.

29 벨첼은 현대의 법철학적 상황에 관한 설명(Welzel, *Naturrecht*, S. 187 이하)에서 이러한 관점이 안고 있는 문제점을 간파하고 있다. 본 연구는 벨첼의 매우 가치 있는 확인과 보충에 힘입은 바 크다. 물론 본 연구가 앞에서 드러난 '딜레마'로부터 탈출하고자 하는 '방향'은 '자율'이라는 칸트 철학의 '근본원칙'으로 '되돌아가려는' 벨첼의 해결 방향(*Naturrecht*, S. 196)과는 다르다.

30 이에 관해서는 지금까지의 모든 해석을 능가하는 Max Müller, *Existenzphilosophie im geistigen Leben der Gegenwart*, 1949 참고.

31 Müller, *Existenzphilosophie*, S. 12 이하. 이러한 차이점이 있다고 해서 모든 실존철학 사상가들을 **하나**의 사상으로 총괄할 수 있는 **공통점**을 간과해서는 안 된다. 물론 사상이 '표출'되는 '단계'는 사상가마다 다르다. 즉 하이데거에서는 "존재란 무엇인가?", 야스퍼스에서는 "인간이란 무엇인가?", 사르트르에서는 "우리는 무엇을 해야 하는가?" 등으로 각 물음의 영역이 서로 다르다. 그러나 인간존재, 인간의 삶, 인간의 행동이 세계에 대해 갖는 의미를 이해하는 출발점은 어느 경우에나 **자아**(Selbst)이다.

2. '본래적 요청'에 관한 이론(야스퍼스)

야스퍼스의 철학에서도 "법은 … 흡사 기계와 같은 생명 없는 것이다. 즉 법은 항상 똑같은 말을 할 뿐이고 그것이 지켜질 때 행위의 예견 가능성을 의미할 뿐이다."[33] 그리고 법은 결코 절대적일 수 없다고 한다. "왜냐하면 만일 법이 절대적이라면, 이 객관적이고 보편적인 당위규범에 따른 삶이 실존의 유일한 길일 것이기 때문이다."[34] 따라서 법은 단지 절대적으로 타당한 것처럼 '보일 뿐'이다.[35] 법의 객관성은 외적으로는 합리적 결과의 무조건성으로 비치지만, 그 무조건성은 진실이 아니다. "법은 정당성을 알려 준다. 그러나 단지 정당성의 실체가 있는 것처럼 보일 뿐이다."[36] 따라서 야스퍼스는 "진정한 정당성이란 … 투쟁의 긴장, 즉 객관적, 보편적인 것에 맞서는 예외의 투쟁 속에 비로소 존재한다"라고 한다. **예외**(Ausnahme)는 그 본질상 "근거를 제시할 수 없다." 그러므로 객관적으로 '확정 불가능'하며 예견 불가능하다. "예외는 객관성과 거리가 멀기 때문에 절대적으로 불확실하다." "예외는 감행되어야 한다." 야스퍼스에 따르면 예외가 감행됨으로써 비로소 인간은 '실존적 체험을 확인'[37]하게 된다. 왜냐하면 야스

---

32 Welzel, *Naturrecht*, S. 189. 이 밖에도 Bollnow, *Existenzphilosophie*, Teildruck aus: *Systematische Philosophie*, hrsg. von Nicolai Hartmann, 2. Aufl.(o. J.), S. 342 이하도 참고.

33 Jaspers, *Philosophie*(1931), 2. Aufl., 1948, S. 603. 이에 관해서는 막스 베버와 그의 '법사회학[*Rechtssoziologie*, in: *Wirtschaft und Gesellschaft*(1921), 3. Aufl., 1947, Bd. III, 2. Halbbd., S. 387 이하)'을 언급하고 있는 Welzel, *Naturrecht*, S. 189 참고.

34 Jaspers, *Philosophie*, S. 604.

35 Jaspers, *Philosophie*, S. 603.

36 Jaspers, *Philosophie*, S. 604.

37 Jaspers, *Philosophie*, S. 604. 이에 관해서는 Jaspers, *Von der Wahrheit. Philosophische*

퍼스가 보기에 "한계상황을 경험하는 것과 실존한다는 것은 … 같은 것"이기 때문이다.[38]

야스퍼스는 마침내 보편적 법률과 도덕률을 충족시키는 모든 행위를 평가절하하게 된다. "존재하는 모든 행위 가운데 가장 진실하고 본래적인 실존적 행위는 반객관성이라는 특징을 갖는다."[39] 따라서 모든 보편적 요청은 본래적 인간존재의 본질에 속할 수 없다고 한다.[40] 야스퍼스는 이로부터 다음과 같은 결론을 도출한다. "법률의 형식을 지닌 보편타당성은 구체적 개인의 실존과는 상관없는 것이다." 이와 반대로 "**본래적** 요청은 내가 나 자신에게 요청하는 것과 같은 성질을 지니고 있다."[41] 따라서 야스퍼스 철학에서도 인간은 오로지 "너 자신이 돼라!"라는 절대적 요청만을 받는다. 이 요청에 따르기 위해 인간은 모든 보편적 요구를 '상대화'해야 한다.[42] 인간이 지

Logik, 1. Bd., 1947, S. 748 이하도 참고.

38 Jaspers, *Philosophie*, S. 469 참고. 그리고 "'한계상황'의 실존존재론적 의미"를 명백히 인정하고 있는 Heidegger, *Sein und Zeit*, S. 301 이하, 각주 1도 참고.

39 Jaspers, *Philosophie*, S. 604.

40 하이데거도 같은 결론에 도달한다. 그는 다음과 같이 말한다. "법위반이 다른 사람에 대해 책임진다는 성격까지 갖는 때에도 그러한 책임이 법위반 자체에 의해 발생하는 것은 아니다(*Sein und Zeit*, S. 282)."

41 Jaspers, *Philosophie*, S. 605.

42 이에 관해서는 Jaspers, *Philosophie*, S. 618; Welzel, *Naturrecht*, S. 109 이하 참고. 실존철학적 상대주의는 '중립적'인 가치철학적 상대주의와는 완전히 다르긴 하지만, 이 상대주의 역시 보편적인 최고의 가치설정 자체에 도달할 수는 없다(이 최고의 가치설정으로부터 법과 관련해서도 여러 가지 가능한 '사회모델'이 구성될 수 있다. 라드브루흐는 자신의 『법철학』에서 이러한 구성을 시도하고 있다). 따라서 실존철학적 상대주의에서 '**가치**'는 니체의 철학에서도 그렇듯이 단지 자기존재의 측면에서 결정된 '관점'이라는 의미만을 지닐 수 있을 뿐이다. 즉 가치는 개인의 '보존 및 발전조건(Nietzsche, *Der Wille zur Macht, Versuch einer Umwertung aller Werte*, Ausgabe Kröner, Bd. 78, 1930, S. 482)'이다. 이에 관해서는 Heidegger, Holzwege, 1950, S. 210 이하도 참고.

켜야 할 '무조건적 당위'는 '실존적 자유의 자율성' 밖에 없다. 그러므로 "인간의 실존은 오직 자기 자신에게만 귀를 기울이며, 따라서 실존의 초월성과 관련된다. 실존이 정당한 것으로 듣는 바는 바로 실존의 자기존재이다."[43]

3. '구체적 도덕'에 관한 이론(사르트르)

사르트르 철학에서도 사정은 마찬가지다. 그는 분명하게 말한다. "어떠한 보편적 도덕도 … 무엇을 해야 할 것인지를 제시해 줄 수 없다."[44] 사르트르 철학에서 인간은 '유명론적 신(nominalistischer Gottvater)'과 마찬가지로 "절대적으로 자유롭다."[45] 즉 인간은 "자유라는 형벌을 선고받았다."[46] 왜냐하면 "나는 무엇을 해야 하는가?"라는 물음에 대한 대답은 오로지 구체적 상황에서만 찾을 수 있기 때문이다. 누구도 "무엇을 해야 할 것인가를 선험적으로 결정할 수 없다."[47] "모든 내용은 언제나 구체적이며 따라서 예견할 수 없다."[48] 그러므로 사르트르의 철학에서도 모든 도덕은 '**구체적 도덕**'[49]이며, 인간은 자기 스스

43 Jaspers, *Philosophie*, S. 604 이하.

44 J. P. Sartre, *L'Existentialisme est un Humanisme*, 1946, S. 47.

45 Welzel, *Naturrecht*, S. 191에서는 이 점을 적절히 지적하고 있다.

46 *Existialisme*, S. 37. 그리고 Sartre, *L'être et le néant*(1943), 36. éd., 1950, S. 639(독일어판: *Das Sein und Das Nichts*, bearbeitet, herausgegeben und übesetzt von J. Streller, 1952, S. 523)도 참고.

47 *Existentialisme*, S. 77.

48 *Existentialisme*, S. 86.

49 *Existentialisme*, S. 85. 여기서 사르트르는 칸트의 '추상적 도덕'이 구체적 행동을 결정하기에는 불충분하다고 분명히 말하고 있다.

로 '자신의 도덕'을 선택할 "운명을 떠안았다."[50] 오직 자기 자신에게 되돌아갈 수밖에 없는 인간이 이런 결정을 할 때 '의지하거나 도움을 줄 수 있는 그 어떤 것'도 존재하지 않는다. 즉 **존재하기** 위해 자기 자신을 '만들어 가야 하는' 자기 책임으로부터 인간을 해방해 줄 어떠한 '정당화나 면책'도 존재하지 않는다.[51]

따라서 '개인'은 죽음이 선고된 신의 '절대적 권능(potentia absoluta)'을 '상속'받은 자로서 절대적 자율 속에서 자신의 존재를 스스로 창조하는 자이다. "무엇을 하는 것이 올바른가에 관해 개인에게 제시될 수 있는 어떠한 가치나 명령도 개인의 의지에 앞서지는 못한다." 개인 그 자체가 "유일하고 완전한 창조자이며 모든 가치와 규범의 '발명자'이다."[52]

4. 법과 비본래성

실존철학자들이 보편적 **법률**과 **도덕률**을 파악하는 방식은 기이하게도 모두 일치한다. 즉 법률과 도덕률을 인간 생활의 **비본래성**과 관련시키며 자기존재의 타락 형태인 '일반인'으로서의 존재와 결부한다.

현존재를 자기존재로 파악하는 존재론적 해석으로부터 도출되는 **'윤리'**는 극단적 개인윤리, 즉 '보편'에 항거하는 실존의 **상황윤리**(Situationsethik)로 귀결된다.[53]

---

50 *Existentialisme*, S. 78.

51 *Existentialisme*, S. 22 이하, 36 이하. 이에 대한 비판적 견해로는 Müller, *Existenzphilosophie*, S. 60 이하 참고.

52 Welzel, *Naturrecht*, S. 191.

53 Jaspers, *Philosophie*, S. 605. 사르트르의 '윤리관'에 관해서는 *L'être et le néant*, S.

이와 마찬가지로 모든 **공동체**도 '엄격한 실존개념에서 보면' 필연적으로 '실존의 본래성으로의 고양을 억압하고자 하는 단순한 **집단**으로 여겨지지' 않을 수 없다.[54]

이런 관점에서 보면 모든 **제도** 일반은 실존의 본래성이 **시련을 겪을 가능성**(Bewährungsmöglichkeit)과 **오도될 위험성**(Verführungsgefahr)일 뿐이다.[55] 따라서 모든 법은 '하찮은 것', 즉 현존재의 본래성과 무관한 것이며 심지어 이와 대립하는 위험스러운 것이기도 하다.

실존철학의 이러한 관점에 따르면 법세계와 법률은 '윤리적으로' 근거 없는 것이다. 본래적 사회윤리란 존재하지 않기 때문이다. 그리고 법세계와 법률은 '본래부터' 무(無)이기 때문에 '존재론적으로도' 아무런 근거가 없다.

그러므로 실존철학의 개인윤리와 사회윤리의 입장에서 **법**은 간접적 가치조차 갖지 못한다. 왜냐하면 법은 '자유의 가능 조건'[56]이 아니라, 그 반대로 실존적 자유의 장애 요소이기 때문이다. 즉 법은 인격의 윤리적 자유에 대한 적대적인 **강제규범**이다. 본래적 현존재는 '비약'을 통해 이 강제규범으로부터 자신을 해방해 진정으로 '존재'해야 한다.

법은 더 이상 '윤리의 최소한(ethisches Minimum)'[57]이 아니라 자의

---

720 이하(*Das Sein und das Nichts*, S. 566 이하) 참고.

54 Bollnow, *Existenzphilosophie*, S. 354 이하(강조표시는 지은이).

55 Jaspers, *Philosophie*, S. 631; *Von der Wahrheit*, S. 576 이하.

56 이에 관해서는 Kant, *Metaphysik der Sitten*(Ausgabe Vorländer, 5. Aufl., 1945), S. 35 이하 참고.

57 옐리네크G. Jellinek의 이 표현에 관해서는 Radbruch, *Rechtsphilosophie*, 4. Aufl., 1950, S. 138 참고.

적인 보편적 요청으로서 본래적 실존, 즉 가장 고유한 존재 가능성의 선택을 억압할 뿐이다. 법은 '본래적 요청'과 '가장 본래적인 자기 책임'의 법정 앞에서 어떠한 존립 근거도 갖고 있지 않다.[58]

이는 정말 놀라운 결론이다. 그러나 법률가는 이러한 결론의 진리성을 인정하지 않을 것이다. 왜냐하면 이는 법률가가 이바지하는 '대상'으로부터 모든 가치와 품위를 박탈해 버릴 뿐 아니라, 엄밀히 보면 법률가의 활동을 무의미한 노력으로 치부해버리기 때문이다. 법률가 뿐만 아니라 우리가 보기에도 이 결론은 그 존재론적 전제부터 의심스럽다. 즉 이런 식의 생각은 '우리의 공통의 이성의 비밀스러운 판단'에 비추어 볼 때 편파적이고 일면적인 관점이다. 이 일면적이고 편파적인 관점은 더욱 근원적인 존재론적 언명을 통해 드러나는, 실존의 완전히 다른 측면을 파악할 수 없게 만든다. 하지만 자세히 살펴보면 실존철학 자체로부터도 이러한 일면성과 편파성을 일관되게 관철할 수 없다는 사실이 밝혀진다.

58 이에 관해서는 Jaspers, *Philosophie*, S. 604 이하; Heidegger, *Sein und Zeit*, S. 282 이하, 288 참고.

제3장
'본래적 일반인'과 법존재론의 문제제기

실존철학의 사상이 오로지 자기존재의 측면만을 중시하는 실존해석으로 극단화하면 할수록, 이 근원적인 존재론적 명제를 끝까지 철저히 생각해 보면 "너 자신이 돼라!"라는 절대적인 '실존적 준칙(existentielle Maxime)'이 "일반인이 마땅히 그래야 하는 대로 돼라!"라는 정언명령(kategorischer Imperativ)[59]으로 전환하는 현상이 더욱 분명하게 드러난다. "너 자신이 돼라!"라는 순수한 개인주의적 극단주의와 "일반적이 돼라!"라는 명령은 서로 철저한 모순 관계에 놓여 있는 정반대의 요구이다. 다시 말해서 "일반적이 돼라!"라는 명령은 자아로부터 자신의 기준에 따른 자기입법을 박탈하고 일반적 척도에 따라 자신의 삶을 형성하라고 요구한다.

---

59 Kant, *Grundlegung zur Metaphysik der Sitten*(Ausgabe Vorländer, 3. Aufl., 1947), S. 20, 44; *Metaphysik der Sitten*, S. 28 이하; *Kritik der Praktischen Vernunft*(Ausgabe Vorländer, 10. Aufl., 1944), S. 36 이하. 이에 관해서는 Müller, *Existenzphilosophie*, S. 32 이하도 참고.

1. 정언명령의 '실존주의적 반복'(사르트르)

극단적 개인윤리가 정언명령으로 전환하는 이러한 현상은 지금까지의 모든 존재론적 근본명제가 '실패'했음을 시사하고 있는 **사르트르**의 현존재분석(Daseinsanalyse)에서 특히 분명하게 드러난다. 물론 하이데거의 경우[60]와 마찬가지로 사르트르에서도 다음과 같은 구절을 찾아볼 수 있다. "사람이 스스로 선택한다는 말은 곧 각자가 자기 자신을 선택한다는 것을 의미한다."[61] 하지만 이 구절 바로 다음에서 사르트르는 갑자기 방향을 바꾼다. 즉 이 구절로부터 탈정치적, 탈윤리적 결론을 도출할 수 없다는 점을 명백히 강조한다. 그는 이렇게 말한다. "그러나 각자가 자기 자신을 선택함으로써 동시에 모든 사람을 선택한다는 것을 의미하기도 한다. 사실 우리의 행위 가운데 우리가 '… **이 되고자' 의욕**하는 사람을 강조하면서도 '**마땅히 그래야 한다**'라고 생각하는 인간상을 창조하지 않는 경우가 없다. 이것이 될까 아니면 저것이 될까 선택하는 것은 동시에 우리가 선택하는 것의 가치를 확증하는 일이다."[62]

"이처럼 나는 나 자신과 모든 사람에게 책임이 있다." 왜냐하면 "자기 자신을 선택함으로써 나는 인간을 선택"[63]하며, 인간은 "자아와 동시에 인류 전체를 선택하는 입법자"[64]이기 때문이다. "많은 사람은 그들이 행동함으로써 오직 자신만을 구속한다고 믿고 있다. 그리고 그

---

60 Heidegger, *Sein und Zeit*, S. 287; Jaspers, *Philosophie*, S. 449 이하 참고.

61 *Existentialisme*, S. 25.

62 *Existentialisme*, S. 25.

63 *Existentialisme*, S. 27.

64 *Existentialisme*, S. 28.

들에게 '그렇지만 모든 사람이 그렇게 한다면?'이라고 물으면 그들은 어깨를 으쓱 올리며 '모든 사람이 그렇게 하지는 않지'라고 대답한다. 그러나 사실 우리는 '만약 모든 사람이 그렇게 한다면 어떻게 될 것인가?'를 자문해보아야 한다."[65]

사르트르의 이 말은 "너의 준칙이 동시에 일반법칙이 되도록 의욕할 수 있는 그러한 준칙에 따라 행동하라"[66]라는 칸트의 순수 정언명령과 완전히 일치한다.

정언명령을 '실존주의적으로 반복'하는 이 입장은 이미 '사르트르 사상이 안고 있는 가장 불확실한 복잡성'이며, '은연중에 극단적 관념론으로 옮겨간 것'이라고 지적되어 있다.[67] 볼노브Bollnow와 마찬가지로 벨첼Welzel도 사르트르 사상의 자기모순을 지적한다. 즉 모든 '보편적인 것'을 비본질적이며 아무런 구속력도 없다고 철저히 거부하는 철학이 '정언명령을 수용'하는 것은 완전한 자기모순이라는 것이다. 벨첼은 이렇게 말한다. "'관념주의자'인 칸트에게 정당했던 관점이 실존주의자인 사르트르에게 맞을 수는 없는 일이다."[68] 왜냐하면 막

---

65 *Existentialisme*, S. 28; Welzel, *Naturrecht*, S. 192 참고.

66 Kant, *Grundlegung*, S. 44; *Metaphysik*, S. 28f.; *Kritik*, S. 36. "너의 의지의 준칙이 항상 동시에 보편적 입법의 원칙으로 타당할 수 있도록 행동하라."

67 Welzel, *Naturrecht*, S. 193 참고. 벨첼은 사르트르의 다음과 같은 구절을 결정적 근거로 삼는다. "… 우리는 결코 악을 선택할 수 없다. 우리가 선택하는 것은 항상 선한 것이며, 전체에 대해 선하지 않고서 우리에게 선한 것이란 있을 수 없다 (*Existentialisme*, S. 25 이하)." 우리는 결코 악을 선택할 수 없고 언제나 선한 것, 더욱이 다른 사람에 대해서까지도 선한 것을 선택할 수 있다는 생각은 칸트조차도 주장할 수 없었을 것이다. 왜냐하면 이것이 가능하기 위해서는 선택을 하는 의지의 주체가 오로지 도덕적 인간(homo noumenon)일 것을 전제해야만 할 것이기 때문이다. 즉 '의지'가 현상적 인간(homo phaenomenon)의 '자의'에 전혀 복종하지 않는 주체, 다시 말해 이성의 필연성 그 자체로서의 초개인적 이성 주체를 전제해야 한다.

68 Welzel, *Naturrecht*, S. 192.

스 슈티르너Max Stirner의 '유일자(das Einziges)' 이후 거의 잊힌 극단적 개인주의를 통해 실존은 오로지 개인만의 '고유한 것'으로 주장되었고, 따라서 초개인적 방식의 삶에 대한 관련성을 완전히 상실했기 때문이다. 이미 벨첼이 지적했듯이,[69] '내 가운데 보편적 인간성'[70]이 현존하는 것으로 이해되는 "실존 '일반'[Existenz 'überhaupt': 칸트의 '의식 일반(Bewußtsein überhaupt)'에 비유한 벨첼의 표현 — 옮긴이]"은 자기 모순이다. 실존 일반은 '모든 인간에게 공통된 본질(Essenz)'[71]을 전제해야 한다. 그러나 실존주의가 그 존재론적 근본명제를 스스로 포기하지 않는 한, 인간 공통의 본질을 부정하지 않을 수 없다. 즉 "본질이 아니라 실존이 우리가 서 있는 존재론적 토대"라는 명제[72]는 이른바 '실존철학'의 모든 사상가에 공통된 점이다.[73] 오직 자신만을 지향하고 자신으로만 되돌아가는 실존의 '진정한 위치'는 주관도 아니고 객관도 아니다. 실존은 이 양자 사이를 자유롭게 '떠다닌다.'[74]

2. "너 자신이 돼라!"라는 명제에서 "일반적이 돼라!"라는 명제로의 전환(야스퍼스)

야스퍼스에서도 마찬가지다. 그 역시 '**예외**'의 감행[75]이라는 본래적

69 Welzel, *Naturrecht*, S. 192.
70 이에 관해서는 Kant, *Metaphysik*, S. 45 이하 참고.
71 Welzel, *Naturrecht*, S. 193.
72 Müller, Existenzphilosophie, S. 14.
73 Heidegger, *Sein und Zeit*, S. 117 참고.
74 Heidegger, *Holzwege*, S. 88, 104 참고.
75 Jaspers, *Von der Wahrheit*, S. 748 이하.

삶에 관한 명제 바로 옆에 아무런 매개 과정도 없이 다음과 같은 지침이 붙어 있다. "내가 행하는 것은, 이 세계 일반이 그럴 것이라는, 언제나 그렇게 되어야만 하는 바를 내가 의욕할 수 있는 것이 되어야 한다."[76] 여기에서 '이 세계 일반이 그럴 것이라는(die Welt überhaupt sei so)' 가정법적 중간 문장을 빼면 순수 정언명령이 된다. 이처럼 본래적으로 있어야 할 세계와 관련됨으로써 예외에 정당성이 부여될 뿐만 아니라 예외를 자기입법을 뛰어넘어 일반법칙으로 끌어 올린다. 세계가 마땅히 있어야 할 모습대로 되려면 일반법칙은 다른 사람에게도 '본래적으로' 타당해야 한다. 사르트르와 마찬가지로 여기서도, 나는 나의 행동을 통해 나의 세계뿐만 아니라 타인의 세계까지도 창조한다는 생각[77]이 나타나 있다. 즉 삶은 '한 개인으로서의 존재'에 그치지 않으며, 나는 인간 일반을 대표해 행위하고, 나는 내가 마땅히 그래야 할 존재이다. "내가 보편적 존재로서 영원히 긍정할 수 있는 존재는 양심을 통해" 나에게 드러난다.[78]

그렇다면 나의 가장 고유한 상황과 가장 고유한 존재 가능성의 관점에서 나 스스로 존재하는 것보다 나의 보편적 삶 가운데서 존재하는 것이 더욱 중요하지 않은가?

이러한 사고를 통해 야스퍼스에서도 정언명령이 우리에게 제기했던 것과 똑같은 투영(Projektion), 즉 나의 삶의 형성을 '언제 어느 곳'에서나 타당한 **보편성**에 비추어 보아야 한다는 사고가 나타난다.[79] 이

---

76 Jaspers, *Philosophie*, S. 525.

77 Sartre, *Existentialisme*, S. 25 참고.

78 Jaspers, *Philosophie*, S. 525.

79 Müller, *Existenzphilsophie*에서도 정언명령은 "보편적이 돼라! 그럼으로써 초개인적이 돼라!(S. 32)" 또는 "보편타당하게 행동하라!(S. 61)"로 해석한

는 곧 나의 행동이 다른 사람과 다른 시대에도 타당한 입법이어야 하고, 내가 '보편적 존재'로서 '영원히' 긍정할 수 있는 공통의 가치이어야 한다는 요청이다. 그렇다면 내 바깥의 또는 내 앞의 그 어떤 것도 '고려'하지 않고 "너 자신이 돼라!"라는 절대적 자유, 즉 철두철미 자기 자신으로부터 출발하고 자기 자신만을 지향하는 삶을 뜻하는 실존적 존재준칙은 어디에 있는가?

실존철학이 이르러 가려고 했던 길은 결국 칸트로 되돌아가는 길이며, 바로 이 철학의 발생원인을 제공한 정반대의 정신적 입장인 신칸트주의 사회윤리와 합류하고 말았다.

3. 'δίκη(dike)'를 '존재의 본래성'으로 해석하는 입장(하이데거)

사르트르와 야스퍼스와는 달리, **하이데거**는 인간의 '본래적' 삶을 오로지 자기존재로부터 해석하는 입장[80]을 최근의 저작 『숲길』과 『형

다. 하지만 이러한 '자기입법'의 형식적 자율 뒤에는 '다른 사람'에게 자신을 투영해야 하는 실질적 타율이 감추어져 있다. 물론 뮐러도 이 준칙이 '개인성의 한계'를 뛰어넘는 것임을 분명히 인정한다. 그러나 그는 칸트와 같이 이렇게 말한다. "초개인적 일반성이란 … 모든 내용으로부터 해방된, 따라서 모든 내용적 종속성과 모든 '타율성'을 거부하며 순전히 자기 스스로 결정하는 의지의 본질이다." 정언명령은 분명히 현상적 인간의 '자의(Willkür)'를 극복해 도덕적 인간의 '의지(Wille)'를 법칙으로 고양한다. 그렇지만 여기서 의지는 타인과 비교할 수 없는 유일성과 독특성을 지닌 존재 가능으로서의 자아의 의지가 아니라, '다른 사람들과 함께 하는 한 사람'의 존재로서의 의지를 말한다. 현존재는 이러한 자로서 모든 사람에게 타당한 법칙에 자기 자신도 복종하는 '하나의 모범'이 됨으로써 비로소 '사회규범'을 준수하는 가운데 자기 자신을 '기획'한다. 따라서 그러한 외관상의 '자기결정'이 자율성과 어떤 공통성을 가지려면, 이 자기결정이 **형식**의 측면에서는 자기복종을 통해 이루어지지만, **내용**의 측면에서는 순수한 타율, 즉 모든 사람의 척도에 따라 영위되는 삶으로 여겨져야 한다.

80 *Sein und Zeit*, S. 130, 287 이하, 295 이하, 316 이하 참고.

이상학입문』에 이르기까지 일관되게 유지하고 있다. 그러나 절대적으로 자유로운 실존과 보편적 규범 사이의 '딜레마'로부터 빠져나올 수 있는 출구를 발견했기 때문이 아니라, 오히려 자신의 철학적, '이론적' 명제를 '실천적'으로 일관성 있게 철저히 사고하지 않았기 때문이다.

왜냐하면 하이데거의 철학에서 '실존철학'은 — 이런 표현을 사용해도 좋다면 — 단지 **방법**일 뿐 결코 **목표**가 아니기 때문이다. 지금껏 그의 철학에서는 근원적인 존재론적 관심을 핵심문제로 다루어왔다. 그것은 바로 존재물음(Seinsfrage), 즉 '존재 그 자체'에 관한 물음을 제기하고 그것을 추구하고 완성하는 작업[81]이다.

하이데거 철학이 세계 내 현존재의 존재를 묻고, 현존재의 본래성과 비본래성을 다루는 의도는 '실존해명(Existenzerhellung)'이 아니다. 그의 철학에서 이루어지는 인간의 실존에 대한 기초분석(Fundamentalanalytik)은 존재 일반을 분석하기 위한 방법의 한 과정일 뿐이다.[82] 물론 하이데거 철학에서 이 과정은 필연적인 것이다. 왜냐하면 인간의 현존재를 존재에 관한 의미이해를 추론할 수 있는 '예시적(exemplarisch)' 존재자[83]로 생각하기 때문이다. 즉 현존재는 존재 일반의 의미를 드러내 주는 본보기(Exemplum)이다. 하지만 하이데거는 '각자의 나의' 현존재가 자신의 세계-내-존재에 관해 갖는 의미이해의 분석을 존재 일반에 대한 물음과 관련해서는 명백히 '잠정적'인 대답으로만 여길 뿐이다.[84] 이에 반해 인류학, 사회학, 심리학

81 Heidegger, *Einführung in die Metaphysik*, 1953, S. 14, 23 이하 참고.
82 Heidegger, *Sein und Zeit*, S. 436 이하 참고.
83 Heidegger, *Sein und Zeit*, S. 7 이하, 14 이하, 41 이하.
84 Heidegger, *Sein und Zeit*, S. 437 이하 참고.

그리고 윤리학 등이 현존재의 존재 구조로부터 도출하는 어떠한 결론도 하이데거에서는 철저히 거부된다.[85] 하이데거는 그러한 존재적 결론(ontische Folgerungen)이 자신의 철학함(Philosophieren)에서는 거부되어야 마땅하다는 점을 항상 되풀이하여 강조한다. 그리고 자신의 철학을 실존철학이라 부르는 것도 부적절하다고 생각한다.

하이데거의 존재론적 문제 제기가 '실천이성'의 영역, 즉 '사회적 영역 일반'에 무관심한 이유는 오로지 이 철학이 지닌 순수한 존재론적 시각 때문인 것 같다. 그리하여 현존재의 존재와 달리 타인과의 사회적 존재는 비본질적이며 — 존재론적으로 아무런 근거나 독자성이 없기 때문에 — 본래적 실존의 타락 형태, 즉 자기존재의 '결핍된 양태'로 파악될 수밖에 없다는 것은 '존재론적으로는' 극히 자명하다.

소크라테스 이전의 철학자들의 단편(Fragment)에 대한 하이데거의 해석 역시 같은 선상에 놓여 있다. **아낙시만드로스**Anaximander의 두 번째 단편[86]에서 핵심을 이루는 것은 '*δίκη*(dike)'[87]의 사상이다. 우리가 '*δίκη*'를 '정당함(Fug)'으로, '*ἀδικία*(adikia)'를 '부정당함(Unfug)'으로 해석한다면,[88] 이 사상은 '법(Recht)'이라는 개념으로 표현할 수 있다. 그러나 하이데거의 해석에서 이 사상은 처음부터 법적인 세계와 아무런 관련도 맺고 있지 않다. 그러나 같은 단편에 대한 에릭 볼프Erik Wolf의 해석[89]과 대비해 보면 알 수 있듯이, '*δίκη*'의 사상은 이미

---

85 Heidegger, *Sein und Zeit*, S. 45 이하 참고.

86 Heidegger, *Holzwege*, S. 296 이하, 특히 325 이하 참고.

87 이에 관해서는 Erik Wolf, *Griechisches Rechtsdenken*, Bd. I, *Vorsokratiker und frühe Dichter*, 1950, S. 227 이하 참고.

88 Heidegger, *Holzwege*, S. 332 이하.

89 E. Wolf, *Griechisches Rechtsdenken*, Bd. I, S. 224 이하, 227 이하.

고대의 언명에서부터 법적 세계와 관련을 맺고 있었다.

파르메니데스Parmenides의 '학설시(Lehrgedicht)'와 **헤라클레이토스**Heraklit의 단편에 대한 해석[90]도 마찬가지다. 여기서도 '법언어(Rechtswort)'인 δικη가 언명의 핵심이다. 파르메니데스의 학설시에서 Δικη(Dike)는 '(밝혀내는) 존재, (잘못 세워진) 허상, (은폐된) 비존재를 구별하는' 열쇠를 쥔 여신이다.[91] 이는 하이데거에서도 "존재자는 존재의 정당함(Fug: δικη)이 보호·유지될 때만 자기 자신을 드러낸다"라는 의미로 해석된다. 즉 "존재는 δικη로서 존재자의 구조를 밝히는 열쇠이다."[92] 따라서 "δικη는 모든 존재자의 존재"를 떠받치고 있으며, 소포클레스Sophokles에서와 마찬가지로 존재 자체의 '절대적 정당함'[93]으로 이해된다.

그러나 하이데거에 따르면 '존재와 δικη의 본질적 연관성'을 말한 아낙시만드로스의 단편[94]에서도 그리고 '존재의 본질을 규정할 때'는 언제나 δικη를 언급하는 헤라클레이토스의 경우[95]에서도 법적 세계와의 관련성은 없다고 한다.

하이데거는 '법신성(Rechtsgottheit)'을 뜻하는 Δικη와 핵심적인 '법개념'을 뜻하는 δικη를 존재 구조, 즉 '존재자 전체의 존재'로 돌려

---

90 Heidegger, *Einführung*, S. 126 이하.

91 Heidegger, *Einführung*, S. 127.

92 Heidegger, *Einführung*, S. 127면; Wolf, *Griechisches Rechtsdenken*, Bd. I, S. 292 이하 참고.

93 Heidegger, *Einführung*, S. 126 이하, 113 이하. 이에 관해서는, E. Wolf, *Griechisches Rechtsdenken*, Bd. II, *Rechtsphilosophie und Rechtsdichtung im Zeitalter der Sophistik*, S. 259 이하 참고.

94 Heidegger, *Einführung*, S. 127.

95 Heidegger, *Einführung*, S. 127.

해석하고 있으며, 따라서 '법의 세계'와 어떠한 관련도 찾아볼 수 없다. 그렇다면 순전히 존재론적으로 사고된 언명 가운데서 '법언어'인 δίκη를 통해 존재의 '본래성'을 규정하는 것은 어쩐지 '이상한' 느낌을 주는 것이 아니겠는가?

우리는 현존재의 본래성과 비본래성에 관한 하이데거의 해석에서 오히려 정반대되는 사실을 기대해야 마땅할 것이다. 어떻게 우리는 이 사실을 밝혀야 하는가?

4. 법과 본래성

하이데거의 존재론적 관점에서 법적인 것(das Rechtliche)은 비본래성의 낙인이 찍혀 있다. 그러나 그의 철학이 직접 원용하고 있는 소크라테스 이전의 원초적 사상에서는 법적인 것이 인간 생활의 본래성으로 이해되고 있었다. 이러한 이해가 그 시대에만 국한된 것은 아니다. 즉 "법 속에 있는 인간존재는 그리스 고전 시대의 시에서 표현된 초기사상의 중요한 테마"[96]일 뿐만 아니라, 서양 정신사가 시작될 때부터 사상적 언명의 핵심을 이루고 있다.

이처럼 원초적 법사상에서 우리는 법-내-존재에 대한 의미이해를 찾아볼 수 있다. 물론 이 의미이해는 플라톤이 사고의 대상을 주체로 전환한 이후 우리의 시야에서 점차 멀어져 갔다. 하지만 고대의 원전에서 '법적인 것'은 본래적 존재의 표현이다. 특히 본래적 존재는 개인적 특성을 지닌 자기존재의 본래성으로 파악되지 않았다. 즉 원초

96 Wolf, *Griechisches Rechtsdenken*, Bd. I, S. 119.

적 사상에서는 '개별존재'로서의 '인간'실존은 결코 본질적인 것으로 경험되지 않았다. 자기 자신과만 함께 하고 또한 자기 자신만을 대상으로 삼는 존재의 주관성으로 도피해 자기 자신만의 가장 고유한 세계에 은둔하고 거기에서 자신을 보존하는 개별자로서의 인간, 즉 '독존자(ἰδιώτης: idiotes)'는 세계가 주관과 객관으로 분리되기 이전의 경험에서는 아직 알 수 없었다.

주관으로의 코페르니쿠스적 전환을 통해서가 아니라 세계의 현상적 사실로부터 세계 내 인간의 존재방식을 묻는 원초적 사상에서는 그러한 '독존자'를 **찾아볼 수 없다**.

따라서 원초적 사상에서는 인간의 실존은 본질적으로 사회적 실존이다. 인간은 '공존자(πολίτης: polites)'로서의 존재, 즉 다른 사람과의 사회적 공존 속에서 실존한다. 더욱이 원초적 경험에 따르면, 사회적 공존은 '실존'의 철학이 생각하는 것처럼 '비본래적인 삶의 양태'[97]나 '세계로의 타락'이 아니라, 인간존재의 본래성을 뜻한다.

사회적 '공존세계(Mitwelt)'의 공존자로서의 인간은 비로소 '법 속에서' 자신의 본래적 삶의 의미를 실현하거나 그르칠 가능성을 갖게 된다. 왜냐하면 공존세계에서는 법을 위반한다는 것과 본래성을 그르친다는 것은 **같은 것**을 뜻하기 때문이다. 따라서 인간은 공존자, 즉 '법 속에 있는 인간'인 경우에만 '본래적' **인간**이다.

그러므로 법-내-존재는 자기존재의 개인적 자기성(Selbstheit)이 아니라, 형제·아들·손님·주인 등과 같은 존재의 사회적 본래성을 중시한다. 법-내-존재는 **이러한 특정한 누구**로서 어떤 요청을 받게 되

---

97 이에 관해서는 Heidegger, *Sein und Zeit*, S. 128 이하, 288 이하 참고.

며, 이 요청에 대해 법의 확인이 이루어진다.

실존철학은, 실존의 본래성에 관한 물음이 본래적 자기존재 가능에 의해 결정되어야 하며,[98] 타인과의 일상적 공존은 모두 '비본래성'의 양태로 이루어진다[99]고 주장한다. 그러나 원초적 사상에서는 그 정 반대이다. 원초적 사상이 이해하는 실존의 본래성은 실존철학과 완전히 다른 존재, 즉 왕 또는 사제로서, 장군 또는 사병으로서, 남편 또는 부인으로서, 아들 또는 아버지로서의 존재가 갖는 본래성을 뜻한다.

이미 **호머**Homer의 시에서도 법적인 것이 등장할 때는 언제나 비교할 수 없는 특수한 존재의 관점에서 파악되는 예외적인 '영웅의 법'이 아니라, '본질적으로 인간적인 존재'[100]의 법을 대상으로 한다. 즉 군중 지도자로서의 존재[101]와 군중의 한 사람으로서의 존재,[102] 손님과 주인으로서의 존재,[103] 죽은 자를 애도하는 자로서의 존재,[104] 신 앞의 인간으로서의 존재,[105] 무사로서의 존재,[106] 노예로서의 존재,[107] 과부로서의 존재,[108] 남편 또는 부인으로서의 존재[109] 등등의 관점에서 파악된 법이 문제가 된다.

---

98 이에 관해서는 Heidegger, *Sein und Zeit*, S. 12, 84, 180 이하, 287 이하 참고.
99 이에 관해서는 Heidegger, *Sein und Zeit*, S. 121, 128 참고.
100 Wolf, *Griechisches Rechtsdenken*, Bd. I., S. 84.
101 Wolf, *Griechisches Rechtsdenken*, Bd. I, S. 76.
102 Wolf, *Griechisches Rechtsdenken*, Bd. I, S. 77.
103 Wolf, *Griechisches Rechtsdenken*, Bd. I, S. 79.
104 Wolf, *Griechisches Rechtsdenken*, Bd. I, S. 79.
105 Wolf, *Griechisches Rechtsdenken*, Bd. I, S. 82.
106 Wolf, *Griechisches Rechtsdenken*, Bd. I, S. 80.
107 Wolf, *Griechisches Rechtsdenken*, Bd. I, S. 82.
108 Wolf, *Griechisches Rechtsdenken*, Bd. I, S. 96.
109 Wolf, *Griechisches Rechtsdenken*, Bd. I, S. 82.

'관습에 따라서(ἤθέμις εστίν)'[110]라는 말은 남편 또는 부인으로서, 왕 또는 노예로서의 인간이 '회피할 수도 없고 변경할 수도 없고 또한 침범할 수도 없는'[111] 삶의 존재 양식을 뜻한다.

이 경우 '본래적'으로 그렇게 되어야 할 것에 대해서는 손님의 호의, 남편의 애정, 자식의 사랑, 과부의 슬픔, 죽은 자를 찬양할 때의 감동 등과 같은 감정적인 측면은 결코 중요한 것이 아니다.

바로 'δίκη'는 이 특정한 누구로서 서로 맞물려 있는 존재(Verfügtsein)로부터 도출되는, 타인의 행동에 대한 '구체적 요청'으로 이해된다. 그리고 필요한 때에는 그러한 요청의 근거가 무엇인가를 판결을 통해 확인하게 된다고 한다.[112]

그러므로 δίκη에서도 어떤 감정적인 관심이 아니라 '각자의 본질적 지위에 따라 귀속되는 권리와 의무'[113]가 중요하다. 여기서 '본질적으로' 귀속되는 것은 바로 '…로서의 존재'에 귀속되는 것을 뜻한다. 왜냐하면 "정의의 여신 Δίκη(Dike)는 … 영원히 Θέμις(Themis)의 딸"[114]이기 때문이다. "δίκη는 결코 감정에 의해 흔들리지 않는다."[115]

이 모든 말은 어떤 주변적인 것이 아니라 '호머의 시 세계의 중심'[116]을 이루고 있다. 즉 호머의 시는 사물의 핵심이 문제되거나 여러 '관점'들이 논쟁과 대립을 겪는 가운데 어떤 결정을 내려야 할 때는

---

110 이에 관해서는 Wolf, *Griechisches Rechtsdenken*, Bd. I, S. 76 이하 참고.

111 Wolf, *Griechisches Rechtsdenken*, Bd. I, S. 84.

112 Wolf, *Griechisches Rechtsdenken*, Bd. I, S. 87 이하 참고.

113 Wolf, *Griechisches Rechtsdenken*, Bd. I, S. 108.

114 Wolf, *Griechisches Rechtsdenken*, Bd. I, S. 109. 테미스와 디케의 본질에 관해서는 Wolf, *Griechisches Rechtsdenken*, Bd. I, S. 24 이하, 34 이하, 69 참고.

115 Wolf, *Griechisches Rechtsdenken*, Bd. I, S. 109.

116 Wolf, *Griechisches Rechtsdenken*, Bd. I, S. 119.

언제나 인간의 '법-내-존재'의 목격자인 신에게 호소한다.

그렇다면 각 개인의 비교할 수 없는 특성의 전개인 자기존재와는 완전히 '다른' 인간존재, 즉 타인과 비교할 수 있는 일정한 존재의 형성과 그에 따르는 역할수행을 고려하는 인간존재를 어떻게 이해해야만 하는가?

그러한 인간존재는 단지 원시세계에서 우리에게 전승된 '고고학적' 경험에 불과한 것인가? 아니면 비록 오늘날에는 그 본질적 내용이 감춰져 있지만, 법 속에 있는 우리 인간존재에 대한 원초적 의미이해인가? 법적인 것은 '**로서의 존재**(Alssein)'의 본래성, 즉 매도인, 임차인, 점유자, 소유자**로서의** 존재의 형성 및 그에 따르는 역할과 관련된 것은 아닌가? 다시 말해 타인과 비교할 수 있고, '개인성'으로는 파악할 수 없는 존재의 본래성과 관련된 것이 아니겠는가? 법에서는 '근본적으로' 개인적 존재로서의 인간(Individualperson)이 아니라 그와 다른 **또 하나**의 존재인 **사회적 존재로서의 인간**(Sozialperson)이 중요하지 않겠는가? 법은 단순한 '대중적 삶'을 다루거나 '일반인으로 타락'한 '비본래성의 모호한 상태'를 규율하는 것이 아니다. 따라서 '본래적 일반인'이 존재하지 않겠는가. 즉 우리가 "…로서 마땅히 어떤 것을 해야 한다"라고 말할 때 생각하게 되는 '본래적'인 아버지, 어머니, 배우자, 아들, 시민이 존재하지 않겠는가? **이러한 …로서의 일반인**이 과연 일상적 삶이라는 타락 형태에 불과한 것일까?

과연 인간은 자기 자신이 아니면 아무것도 아닌 존재인가? 인간은 그의 인간으로서의 존재를 규정하는 완전히 다른 측면, 즉 아들로서, 형제로서, 시민으로서, 의사로서, 법관으로서의 존재가 아니란 말인가?[117]

'로서의 존재'야말로 본래적 또는 비본래적으로 '존재'할 가능성이 아니겠는가? 즉 자기존재의 본래성과 똑같이 근원적인 '로서의 존재'의 본래성도 중요하지 않겠는가? 그리고 우리가 법제도와 법전에서 모든 법과 정의의 의미로 이해하는 것들은 바로 이와 같은 점을 뜻하고 있는 것이 아니겠는가?

이른바 실존철학은 오로지 자기존재로부터 현존재, 세계, 존재의 의미를 추구했기 때문에 법적 영역과 만나지 못하게 된 것은 아닌가? 현존재뿐만 아니라 아마도 존재 일반도 이 자기존재 **하나**만이 아니고 똑같이 근원적인 또 다른 하나의 존재인 '로서의 존재'로 우리에게 이미 주어져 있고 또한 앞으로도 주어지게 되지 않겠는가?

그러므로 자기 자신을 그 고유한 특성에 따라 받아들이고 또한 이를 발전시키는 것뿐만 아니라, 세계-내-존재인 현존재가 이미 주어져 있고 또한 언제나 새롭게 관련을 맺는 '로서의 존재'의 다양한 관계 속에서 현존재를 본래적으로 형성·발전시키는 것 역시 '윤리적' 과제에 속한다.

우리의 문제 제기에 대한 극히 잠정적인 논의만으로도 실존철학이 확신에 가득 차 주장하는 존재론적 언명은 '의심스러운 것'임이 밝혀졌다. 이러한 의심 때문에 우리는 이 철학의 존재론적 근본 명제를 처

---

117 E. Wolf, in: Zeitschrift für die gesamte Staatswissenschaft, Bd. 90(1931), S. 337, 338 참고. 이 글에서 볼프는 게르하르트 훗설의 저서『법과 세계(Recht und Welt)』에 대한 서평을 통해 '법과 관련된 사람들의 행동에 대한 현상학적 유형', 즉 '법관, 법복종자, 입법자, 법학자 등 법적 생활유형'에 대한 하나의 '기획'을 요구하고 있다.

음부터 다시 검토해야 한다. 그리고 일반철학의 노력을 선례로 삼지 않은 채, 법의 존재론뿐만 아니라 동시에 '예시적으로' '사회생활' 일반의 존재론의 기초를 탐색해야 한다. 이를 위해 이하의 고찰에서는 존재론적 문제 제기의 기초와 아울러 법존재론의 기초를 하나씩 다져 나가야 한다.

제2부

법존재론의 기초

서론에서 전개된 우리의 고찰에서 뚜렷하게 제기된 것은 '법의 존재'에 관한 물음이었다. 그러나 이 물음은 아직도 여러모로 잘못 해석될 여지가 많다. 즉 여전히 물음 자체가 '의문의 대상'이 될 뿐만 아니라, 이 물음이 '근본적으로' 묻고자 하는 바가 **무엇인지** 그리고 도대체 **어떻게** 이 물음이 하나의 물음으로서 제기될 수 있는지 완전히 밝혀져 있지 않다.

물음의 대상은 법의 **존재**이다. 따라서 이 물음은 이미 하나의 방향으로 지시되어 있다. 그러나 물음을 제기하는 우리가 가지고 있는 어떠한 '법학적' 선이해에 따르더라도 법의 존재라고 하는 물음이 나아갈 수 있는 방향은 어디에서도 찾아볼 수 없다. 왜냐하면 법은 존재의 '영역'이 아니라 당위의 영역, 즉 존재와는 엄격히 분리된 이념의 초월세계에서 찾아야 한다고 여겨져 왔기 때문이다.[1] 플라톤 이래로 일상적인 법의 세계는 바로 이러한 초월세계를 '정당화' 근거로 삼아 왔다.

그리하여 법의 '근거'는 모든 법적인 것을 지탱하는 **당위**(Sollen)가 물음의 대상이 될 때만 고려된다고 여겨졌으며, 따라서 법적인 것의 근거에 관한 물음은 애당초 존재에 관한 이론이 아니라 모든 법의 근

1 이에 관해서는 Heidegger, *Einführung*, S. 149 이하 참고.

원과 목표인 당위에 관한 이론으로 귀착한다는 점이 너무나도 당연하다고 여겨졌다.

더욱이 **누가** 당위의 주체가 되어야 하는가에 관한 물음을 제기하고, 인간을 당위의 '수범자'로 그리고 세계에 대한 인간의 행위를 당위라는 척도와 관련되는 현실로 인식하게 된다고 할지라도, 곧바로 우리는 인간이 **무엇**을 해야만 하는가에 관해 명백히 존재하고 있는 모든 규정의 배후에서, 인간이 '법을 통해' 당연히 그래야 한다는 매우 자명한 것으로 여겨지게 된 **사실**의 근거를 되물을 수밖에 없게 된다. 도대체 그러한 당위란 무엇인가? 이 모든 법의 세계는 무엇을 위해 존재하는가? 법의 세계와 인간은 어떠한 관계가 있는가? 세계 안에서 인간의 삶은 분명 '법을 통해' 시작되지는 않았다. 그런데도 자신의 세계-내-존재로서의 유한성으로 말미암아 인간은 이미 하나의 법적 현실 속에 처해 있다. 따라서 인간은 이 법적 현실의 존재 자체를 받아들여야 할 뿐만 아니라, 원하든 원하지 않든 삶의 형성에 관한 법의 요구에 복종하지 않을 수 없다. 그리하여 이미 규정된 이러한 틀을 벗어나는 모든 행위는 법파괴 또는 심지어 범죄라고 불리게 되며, 그에 대해 인간은 책임을 져야 한다.

이 모든 사실은 **과연** 자명한 것인가? 우리는 **왜** 그러한 사실들이 자명한 것인지를 대충 이해하고 있다. 그렇지 않다면 어떻게 우리가 그러한 사실을 '그 자체' 자명한 것으로 받아들일 수 있겠는가?

다음과 같은 점을 한번 생각해 보자. 우리가 일상적으로 익숙해져 있는 법의 세계와의 관련은 별다른 문제가 없는 안정된 상태에 놓여 있다. 그러나 한 번쯤 법원이나 교도소 또는 공증인 사무실에 가게 되어 그러한 안정성이 파괴된다면, 우리는 다음과 같은 물음을 떠올리게 될 것이다. "이 모든 것들은 도대체 무엇인가?" 즉 우리가 지금껏 전혀 '물음'의 대상으로 삼지는 않았지만, 언제나 이미 존재하고 있던(선존재론적인 vorontologisch) 의미이해의 안정성이 — 비록 한 '순간'에 불과할지라도 — 갑자기 상실되며, 우리가 정말 확고한 자리를 잡고 있다고 믿어 왔던 '법세계'의 토대가 무너지는 듯한 느낌을 얻게 될 것이다. 바로 그 순간 우리에게는 지금까지 필요하지도 않았고 들어보지도 못했던 물음에 대한 대답이 필요하게 된다. 따라서 굳이 우리가 대답을 찾으려 애쓰지 않더라도 우리의 물음이 저절로 '해결'되리라는 안일한 희망으로 이미 '의문의 대상이 된' 문제를 제쳐둘 수는 없는 노릇이다.

우리는 이렇게 묻게 된다. 즉 우리가 이 세계 안에서 법적인 것과 마주치게 된다는 사실, 지금까지 그렇게도 자명하게 여겨지던 그 사실의 '근거'는 어디에 있는가? 혹시 그 법적인 것이 **존재하지 않는 것**은 아닌가? 우리가 '법'이라고 부르는 것이 과연 **존재**하는가? 도대체 법적인 것에서 문제가 되는 것은 무엇이고, 그것은 **우리 인간들**과 어떠한 관련이 있는가? 이 모든 물음은 다음과 같은 하나의 궁극적인 '근거에 관한 물음(Grundfrage)'으로 귀착된다. "도대체 왜 법적인 것이 존재하며, 존재하지 않는 것이 아닌가?(Warum ist überhaupt Rechtliches und nicht vielmehr nicht?)"[2]

이 근거에 관한 물음은 법에 관한 모든 물음 가운데 '가장 넓고, 가

---

2 '존재에 관한 물음'을 '근거에 관한 물음'으로 전개하는 이하의 논의에 관해서는 Heidegger, *Einführung*, S. 1 이하 참고.

장 깊고 또한 가장 근원적인'[3] 물음이다. 이 물음이 **바로** 법**존재론**이 제기하는 물음이다. 이 물음을 통해 우리에게는 법 일반이 의문의 대상이 된다. 즉 특정 시대의 특정한 법이나 우리나라 또는 다른 나라의 법에 관해 묻는 것이 아니라, '법 일반'의 근거를 묻는 것이다.

"근거를 찾는다는 것은 곧 '**근거를 캐묻는다는 것**(ergründen)'"을 뜻한다. 따라서 그것은 단순히 물음의 대상 자체와 같은 종류, 같은 차원에 속하는 원인을 밝혀 '설명'한다는 의미에서 '**근거를 제시하는 것**(begründen)'과는 전혀 다르다.[4] 그러나 이 경우 우리의 물음은 **하나**의 물음의 '방향'에서 근거를 찾으려는 것에 국한되어 있는 것은 아니다. 왜냐하면 **근거에 관한 물음**으로부터 곧바로 **세 가지** 근원적인 물음이 생겨나기 때문이다. 즉 "존재자는 어떠한 근거로부터 왔는가? 존재자는 어떠한 근거 위에 서 있는가? 존재자는 어떠한 근거를 향해 가는가?"[5]라고 묻게 된다.

우리는 두 가지 방향에서 물음을 제기한다. 하나의 방향에서는 법이 **어디에서 왔는가**를 묻고, 다른 하나의 방향에서는 법이 **어디로 가는가**를 묻는다. 즉 법의 연원과 목표를 동시에 묻는다. 법은 바로 연원과 목표라는 이 두 가지의 '근거' 때문에 지금 여기에 '존재'하는 것이다.

그렇다면 이 물음은 이미 처음부터 물음을 제기하는 자 자신과 일정한 관련을 맺고 있다. 왜냐하면 법의 목표를 묻는다는 것은 이미 물음을 제기하는 우리 인간과 관련해서는 법이 '우리에게' 어떠한 의미와 의의가 있는가를 묻는 것이기 때문이다.

---

3 Heidegger, *Einfühurng*, S. 2.

4 Heidegger, *Einfühurng*, S. 2.

5 Heidegger, *Einfühurng*, S. 2.

그러므로 이 물음은 아무런 의미도 없이 제멋대로 제기된 물음이 아니라 인간존재 자신의 '해석과 목표설정'과 맞물려 있다.[6] 이 물음은 우리 인간의 이 세계 안에서의 삶 — 세계 안에서의 삶은 또한 언제나 법-내-존재로서 체험된다 — 과 매우 직접적으로 관련을 맺는다. 따라서 이 물음은 우리 자신의 인간존재 자체와 '직접 관련'되어 있으며, 더욱이 우리는 이 물음이 — 앞에서 이루어진 논의에 비추어 볼 때 — 인간존재와 매우 독특한 방식으로 관련을 맺는다는 사실을 어느 정도 감지하고 있다.

이제 법존재론의 모든 물음 가운데 가장 근본적인 '**근거에 관한 물음**', 즉 "도대체 왜 법적인 것이 존재하며 오히려 존재하지 않는 것이 아닌가?"라는 물음을 더 자세히 고찰해 보자.

'물음의 대상이 되는 것'[7]은 '법적인 것 일반'이다. 왜 법이 **존재**(ist)하며 **비존재**(nicht ist)가 아닌지를 묻는다. 다시 말해서 법의 '존재', 즉 그것이 '존재'하며 '비존재'가 아닌 '근거'에 관해 묻는 것이다. 따라서 법이 "존재하지 않을 가능성까지도 물음의 대상으로 고려된다."[8]

우리가 지금껏 자명하게 여기던 의미의 안정성이 파괴되는 체험을 통해, 즉 '근거'가 사라져 버린 그 순간에 비로소 우리가 근거에 관한 물음을 제기하는 것과 마찬가지로, 여기에서도 "왜?"라는 물음이 비존재의 가능성까지 함께 고려함으로써 비로소 "이 물음은 핵심을 찌르는 것이 되며 철두철미한 것이 된다."[9] 지금껏 법은 우리에게 언제

---

6 Heidegger, *Einfühurng*, S. 8.
7 Heidegger, *Einfühurng*, S. 17.
8 Heidegger, *Einfühurng*, S. 21.
9 Heidegger, *Einfühurng*, S. 21.

나 자명한 것으로 여겨졌으며, 기껏해야 어린아이들이나 그러한 자명성에 대해 의문을 제기했을 것이다. 그리하여 아이들이 이 자명한 사실에 대해 "왜?"라고 묻게 되면 우리는 정말 난감한 상황에 봉착하게 된다. 그러나 법의 근거에 관한 물음을 통해 이제 법은 더 이상 우리가 언제나 자명하다고 여기는, '언제나 이미 존재하고 있는 어떤 것'이 아니다. 즉 이 물음을 제기함으로써 법의 존재의 확실성은 '그 근본에서부터 뒤흔들리게 되고', 따라서 우리에게는 그 존재 자체마저도 '의심스럽게 된다.' "이러한 동요가 미치는 파장은 존재자에 관한 극단적인 정반대의 가능성, 즉 그 존재자의 '비존재' 가능성에까지 이르게 된다."[10] 그렇게 되면 '이 물음 자체는 모든 확고한 토대'를 완전히 상실해버린다. 그리고 우리가 언제나 세계-내-존재이자 동시에 법-내-존재로서 체험하는, 물음을 제기하는 우리 자신의 삶까지도 다음과 같은 '불확실성' 속으로 휘말려 들어간다. 즉 우리의 삶이 확고하게 자리 잡고 있던 법-내-존재는 과연 단순한 허상에 지나지 않으며, 근거 없는 존재에 불과했는가?

우리는 이제 이 명백한 물음 자체에 의해 '법의 존재를 자명한 것으로 여김으로써' 우리가 갖고 있었던 '지금까지의 모든 안정감 — 그것이 진정한 것이었든 순전한 허상에 불과한 것이었든 — 에서 완전히 이탈'[11]하게 된다. 즉 물음을 제기하는 것이 그 물음을 제기하는 우리 자신에게 '되돌아와서', 우리에게 하나의 새로운 지평을 열어 주는 변화를 가져온다. 이 새로운 지평으로부터 우리는 지금껏 한 번도 '들어

10 Heidegger, *Einfühurng*, S. 22.
11 Heidegger, *Einfühurng*, S. 4.

보지 못한' '새로운' 방식으로 물음의 대상인 법의 존재와 마주치게 된다.

이처럼 '지금까지와는 완전히 다른 특별한(außerordentlich)'[12] 물음을 제기함으로써 우리에게 그렇게도 자명했던 것의 근거가 밝혀지고, 그리하여 새로운 '앎의 의욕'이 우리에게서 솟아날 때만,[13] 우리는 무엇인가를 다시 '배울' 수 있다.[14] 그렇다면 여기에서 '법률가들'이 배울 수 있는 어떤 성과 있는 내용은 과연 무엇일 것인가?

흔히 말하기를, 법철학은 '좋은' 법률가를 망칠 뿐만 아니라, 그가 평소에 별다른 문제의식 없이 유지하고 있던 확신을 파괴하며, 그가 배우고 익힌 기계적인 실무에 대한 자기 만족감에 '의구심'과 '쓸데없는' 회의를 조장한다고 한다. 즉 법철학은 법률가가 자신의 직업에 대해 '양심의 가책'을 느끼게 만든다고 한다.

이러한 비난은 굳이 법철학에만 해당하지 않는다. 모든 "철학은 그 본질상 어떤 대상을 결코 더 쉽게 만들지 않고, 오히려 더 어렵게 만든다. 그것은 결코 우연이 아니다. 왜냐하면 철학이 전달하는 내용은 상식에 비추어 보면 생소하거나, 심지어 완전히 엉뚱한 방식으로 이루어지기 때문이다." 무엇인가를 어렵게 만든다는 것이 철학을 하는 '진정한 의미'이며, 그것이 "바로 어떤 대상, 즉 존재자에게 그 의미를(즉 그 존재를) 다시 되돌려 준다."[15]

이는 법학과 같은 '실천'학문의 철학으로서 법철학이 수행해야 할

12 Heidegger, *Einfühurng*, S. 10.
13 Heidegger, *Einfühurng*, S. 16.
14 Heidegger, *Einfühurng*, S. 17.
15 Heidegger, *Einfühurng*, S. 9.

과제이다. 실천은 결코 문제를 피상적으로 해결하는 활동이 아니다. 특히 법률가에게 실천은 인간의 운명과의 만남을 뜻하며, 더욱이 이러한 만남이 대개는 인간의 운명을 '결정'한다.

따라서 이러한 일상적 활동의 '근거'에 대한 참된 성찰이 없다면, 바깥으로 드러난 모든 법적용 행위는 '이해의 지평'이 없는, 즉 참된 결정의 깊이와 책임을 밝혀 주는 근본적인 이해가 없는 활동에 불과하다. 하나의 결정이 단순히 '쉽게' 내려졌다는 이유만으로 그것이 또한 좋은 결정이라고 생각하는 것은 착각이다. 만일 결정이 그 결정의 대상이 뿌리박고 있는 근거를 파악하지 못하고 있고, 결정하는 사람이 그가 '그 근거에 비추어' 무엇을 행하고 있는지를 전혀 모르고 있다면, 설령 수많은 근거가 제시되더라도 그러한 결정은 모두 근거 없는 것이다.

이와 같은 관점에서 볼 때, 우리가 제기하는 이 '근거에 관한 물음'은 전적으로 '**실천적**'인 물음이며, 따라서 우리의 일상적인 법-내-존재 —'법을 모르는 문외한'으로서이든 '법률가'로서든— 와 직접적인 관련을 맺고 있다. 즉 이 물음은 **법 속에서 살아가는 우리의 일상적인 존재를 철학적으로 해명하려는 물음**이다.

그러나 이 물음이 여기에서 그치는 것은 아니다. 이 물음은 동시에 '**이론적**'인 물음이다. 그런데 우리의 존재론적 근거에 관한 물음은 실천과 이론이 분리되기 이전의 물음이다. 따라서 우리의 존재론적 '근거에 관한 물음'은 또한 **법에 관한 학문의 근본토대와 '근본개념'을 성찰**하지 않을 수 없도록 만든다.[16] 이러한 성찰은 법이라는 존재 영역

16 이에 관해서는 Heidegger, *Sein und Zeit*, S. 9 이하; *Einführung*, S. 8 참고.

의 근본구조에 대한 '통찰'이라는, 완전히 근원적인 의미의 이론이다. 즉 법을 학문연구의 '대상'으로 삼는 다른 모든 분야에서 통용되는 근본개념에 관한 이론이다.

그러나 법의 존재에 관한 물음, 즉 다른 어떠한 물음보다도 앞서 그렇게도 엄청난 요구를 하며 등장하는 이 물음을 우리가 제기했음에도 불구하고, 결국 우리가 **무엇**을 묻고 있는가를 겨우 알게 된 것에 불과하지 않은가? "도대체 왜 법적인 것이 존재하며 오히려 존재하지 않는 것이 아닌가?"라는 물음이 대답을 재촉하고 있음에도 우리는 겨우 이 대답에 한 발짝 다가선 것에 불과하지 않은가?

물론 우리가 이 물음이 제기하는 내용을 올바르게 파악하는 한, 우리는 이 물음이 갖는 절박성과 의의를 감지하게 된다. 그러나 법의 존재에 관한 우리의 물음을 통해 우리가 '그 근거에 비추어' 묻고 있는 것은 도대체 무엇인가? 하나의 존재론, 즉 '존재에 관한 이론'이 밝혀줄 법의 '존재'란 도대체 무엇을 뜻하는가? 그리고 도대체 어디에서 그러한 물음에 대한 대답이 끌어내야 한단 말인가?

따라서 우리에게 대답에 이르는 길이 열리기 위해서는 법의 존재 '자체'에 관한 모든 물음에 앞서, 미리 밝혀야 할 다음과 같은 두 가지 **선행 물음**(Vorfrage)이 제기되지 않을 수 없다.

Ⅰ. 법존재론이란 **도대체 무엇인가?**

Ⅱ. 법존재론은 **어떻게 가능한가?**

우리는 우선 이 두 가지 선행 물음 가운데 첫 번째의 '방법론' 물음을 통해 법존재론이 '그 근거에 비추어' 묻고자 하는 것이 무엇인가에 관해 묻고자 한다. 이는 결국 '법의 존재'에 관한 물음과 함께 법의 존재에 관한 이론까지도 — 비록 매우 '잠정적'이긴 하지만 — 의문의 대상으로 삼는 것이다.

그리하여 "법존재론이란 도대체 무엇인가?"라는 우리의 첫 번째 물음은 곧바로 다음과 같은 두 가지의 물음으로 제기된다.

1. 법**존재론**이란 무엇인가? 즉 존재론으로서의 법존재론은 어떠한 것인가에 관한 물음.

2. **법**존재론이란 무엇인가? 즉 법존재론으로서의 존재론은 어떠한 것인가에 관한 물음.

제1장
존재론으로서의 법존재론

1. '존재론적 구별'

존재론의 물음은 '있음(ist)'이라는 말이 지닌 두 가지 의미를 구별함으로써 시작한다. 존재론의 관점에서 보면, 세계 내에서 이미 찾아볼 수 있는 법적 현실, 예컨대 소유와 점유, 계약과 불법, 책임과 형벌, 법률과 법원 등은 법과 관련해서는 '존재자(Seiende)' 또는 '세계 내에 이미 존재하는 것', 즉 '그때그때 존재하고 있는 **것**'[17]이다. 그러나 존재론은 이른바 '**존재론적 구별**(ontologische Differenz)'[18]을 통해 이러한 존재자와 이 존재자가 뿌리박고 있는 근거로서의 **존재**(Sein)를 구별한다. 다시 말해 존재란 "앞에서 예로 든 것들을 비존재자가 아닌, 존재자이게 '만드는' 것"이다.[19] 이러한 '구별'은 '감각적으로 지각 가능한 것, 즉 파악할 수 있고 포착할 수 있는, 지금 여기 있는 것'만을 '존재'로 여기고 그 이외에는 아무것도 '존재'하지 않는다고 하

17 Heidegger, *Einführung*, S. 23.

18 이에 관해서는 Heidegger, *Vom Wesen des Grundes*, 3. Aufl., 1949, Vorwort, S. 5; Müller, *Sein und Geist*, S. 13 이하; ders., *Existenzphilosophie*, S. 75 이하, 96 이하 참고.

19 Heidegger, *Einführung*, S. 23.

는 모든 '실증주의'와 '유명론'과의 결정적 차이를 의미한다.[20]

이미 고대 그리스어의 'τὸ ὄν'에는 '존재자'라는 단어가 지닌 이러한 이중의 의미가 드러나 있다. 이 단어가 첫 번째 의미로 사용될 때에는 '존재하는 모든 대상 또는 개개의 대상',[21] 즉 세계 안에서 마주치게 되는 존재하고 있는 이것 또는 저것을 뜻하는 'τὰ ὄντα(entia: 실재)'에 해당한다. 이에 반해 두 번째 의미로 사용될 때에는 "'존재함', 존재성, 존재한다는 것, 존재" 그 자체, 즉 있는 것(An-wesende)의 여기 있음(Da-sein: An-wesen=οὐσία: 현존)을 지탱하고 있는 'τὸ εἶναι (esse: 본질)'[22]에 해당한다. 그것이 다름 아닌 **존재**이다.[23]

그러나 이처럼 언어와 사유에서 가능한 구별이 과연 어떠한 '현실적'인 것에 상응하는가? 즉 '공허한 논의'의 대상이 아닌, 그 어떤 것이 도대체 존재하는가? 혹시 '앞으로 계속되는 우리의 물음이 말장난에 그쳐 버릴'[24] 위험에 처해 있지는 않은가? 왜냐하면 우리가 일상적으로 경험하는 모든 예에서 드러나듯이, '그것이 존재자를 통하든 존재자 안에서든 또는 다른 어느 곳이든 우리는 존재자의 존재를 직접 파악할 능력이 없기'[25] 때문이다.

---

20 Müller, *Sein und Geist*, S. 2, 7 이하 참고. 법학적 실증주의와 유명론에 관해서는 Larenz, *Rechts- und Staatsphilosophie der Gegenwart*, 1935, S. 15 이하, 33 이하 참고.

21 Heidegger, *Einführung*, S. 24.

22 Heidegger, *Einführung*, S. 23 이하.

23 이에 관해서는 Müller, *Sein und Geist*, S. 1 이하도 참고.

24 Heidegger, *Einführung*, S. 24 이하.

25 Heidegger, *Einführung*, S. 24 이하.

2. 존재경험의 가능성

먼저 우리의 법학적 선이해에 따라 어떻게든 법과 관계가 있는 구체적 존재자를 고찰해 보자. 예컨대 법원 건물을 생각해 보자.[26] "우리는 바깥에서 이 건물의 모든 측면을 자세히 살펴보고, 안에 들어가 지하실에서 맨 꼭대기 층까지 샅샅이 뒤져본 후 거기에 있는 모든 것, 즉 통로, 계단, 판사실, 사무실, 법정, 사건기록, 등록부, 양식서류 등을 볼 수 있을 뿐만 아니라, 또한 신청인, 원고나 피고, 형사피고인과 검사 또는 법관, 변호사, 문서정리인 등등의 사람들과도 만나게 된다."[27] 우리는 어디에서나 물건들이 일정한 방식으로 관련을 맺고 있음을 알게 되며, 이 점은 사람들 역시 마찬가지다. 법원 건물은 '법원사무'를 처리하기 위한 모든 설비와 함께 의심할 바 없이 **존재하고 있다.** 그렇다면 인간이 만들어 낸 이 설비와 조직의 모든 의미연관을 떠받치고 있는 것은 무엇인가? 존재인가? 만일 그렇다면, 이 모든 존재자의 **존재**, 즉 하다못해 사소한 잉크병에 이르기까지 일정한 방식으로 서로 관련을 맺고 있는 존재자들의 의미를 규정하고, 이들을 공통의 목적, 포괄적 통일체로 결합하는 존재는 과연 무엇인가?

존재는 이러한 모든 활동을 '활동하게 하는 근원'인가?

곧바로 우리는 다음과 같은 의문을 떠올린다. 존재는 분명 극단적인 관념론이 생각하듯이, **우리**가 이 존재자를 관찰하고 있다는 사실, 즉 우리의 관념 속에 있지는 않다. '우리는 단지 존재자가 이미 **존재**하

---

26 이와 관련해서는, Heidegger, *Einführung*, S. 24 이하의 예들을 참고.

27 Heidegger, *Einführung*, S. 25.

기 때문에 이 존재자와 마주칠 수 있을' 뿐이다.[28] 그렇다면 도대체 이 법원 건물의 존재는 우리 모두에게 **똑같은** 것인가? 법원 건물의 존재는 그들 각자에게 완전히 다르게 '여겨지지' 않겠는가?

분명 재판석에 앉아 있는 법관에게는 피고인석에 앉아 있는 피고인과는 완전히 '다른 측면에서' 법원 건물의 존재가 드러날 것이다. 즉 법관은 자신의 재판이라는 활동에서 '능동적인 처지에 있는 사람'임에 반해, 피고인은 이 활동의 객체 또는 단순한 '희생자'에 불과하다.

그렇다면 법원 건물이라는 존재자의 존재는 자신의 실체를 도대체 누구에게 드러내는가? 그가 '휘말려 들어간' 소송에서 바로 자신의 개인적인 고유한 삶이 문제가 되는 피고인에게인가 아니면 개인적으로는 아무 관련이 없이 그저 '법률을 적용하는 자'로서 법정에 앉아 있는 법관에게인가? 혹은 각자에게 서로 다르게 나타나는가? 하이데거는 이렇게 말한다. "우리는 이 건물의 존재를 마치 냄새를 맡는 것처럼 느낄 수 있다. 우리는 때로는 수십 년이 지나서야 이 냄새를 맡게 된다. 이 존재의 냄새는 어떤 서술이나 관찰이 전달해 줄 수 있는 것보다 훨씬 더 직접적이고 충실하게 이 존재자의 존재를 밝혀 준다."[29] 그렇다면 이 '냄새'는 피고인에게나 법관에게나 똑같은 '의미'를 지니는가?

예를 들어 어느 한 시골 마을의 존재는 누구에게 그 모습을 드러내는가? 그것은 언제 그리고 누구에게 자신을 '드러내는가?' "이 마을의 경치를 감상하고 있는 여행자에게인가, 이곳에서 자신의 일상을

28 Heidegger, *Einführung*, S. 25.

29 Heidegger, *Einführung*, S. 25 이하.

꾸려가는 농부에게인가 아니면 일기예보를 해야 하는 기상학자에게인가? 이들 가운데 누가 존재를 포착하는가?" 이 물음에 대해 하이데거는 "모두가 존재를 파악하기도 하고 아무도 파악하지 못하기도 한다(Alle und keiner)"라고 대답한다.[30]

그러면서도 곧이어 하이데거는 여전히 의심스러운 듯 다음과 같이 계속해서 묻는다. "아니면 앞서 말한 사람들이 드넓은 하늘 아래 펼쳐져 있는 야트막한 언덕에서 파악한 것은 바로 그렇게 '존재'하는 언덕 자체, 즉 그 속에 고유한 존재가 자리 잡은 그 어떤 것이 아니라 단지 언덕을 각자 나름대로 바라본 특정한 관점에 불과한 것인가? 도대체 누가 이 존재를 파악하는가? 혹시 그와 같은 관점들 배후에 그 자체로 존재하고 있는 것이 무엇인가를 묻는 것 자체가 우스꽝스러운 것이고, 존재의 의미에 반하는 것은 아닐까? 존재는 그와 같은 관점들에 기초하고 있는가?"[31]

아마도 다음과 같은 이의가 제기될 수 있을 것이다. 즉 과연 존재란 언제나 **같은** 것인가? 아니면 존재는 그때그때마다 다른 것이거나 그러한 관점들의 총합인 것인가?

그러나 우리의 '관점들'만을 중시하는 이 기묘한 '관점주의(Perspektivismus)'는 개별 존재자의 존재 자체 또는 존재 '전체'에 대한 우리의 접근을 가로막을 것이다.[32]

그러나 나에게 비추어진 것이 다른 사람에게 비추어진 것과 다르고

---

30 Heidegger, *Einführung*, S. 26.

31 Heidegger, *Einführung*, S. 26.

32 이에 관해서는 Müller, *Sein und Geist*, S. 24 이하; Nietzsche, *Wille zur Macht*, S. 337 참고.

또한 어제와 오늘이 다르다고 할지라도 어쨌든 각각의 방식에 따라 존재자뿐만 아니라 '존재'도 또한 마주쳤다는 사실이 밝혀진 것만으로 이미 충분하지 않을까? 즉 대상과의 일정한 '관계' 속에서만 그때그때 드러나는 극히 다양한 기능적 의미와 의의(Bewandtnis und Bedeutung)가 나와 타인에게 '나타났다'라는 사실은 '근본적으로' **같은** 것이 아닐까?

'존재'는 누구에게나 '**바로 그것**(das 'Selbe')'이라는 사고를 미리 취함으로써 곧바로 존재는 '**똑같은 것**(das 'Gleiche')'으로 나타나야 한다고 결론짓는다면 그것은 아마도 성급한 선입견일 것이다.

우리가 그 의미를 해명하고자 하는 이 모든 언명은, 설령 그 **존재적 속성**(Beschaffenheit)이 '일의적'인 경우일지라도, 그 **의의**(Bedeutung)는 다의적으로 나타난다. 즉 한 사람에게는 '아무런 의미가 없는' 언명이 다른 사람에게는 '정말 중요한 의미'를 지니기도 하고, 하나의 언명이 말하는 내용이 두 사람에게 '완전히 다른' 의미를 지니기도 한다. 물론 언명이 수많은 '관점들'을 나타나게 한다고 할지라도 그 언명(logos) 자체는 **하나의 언명**이다. 이 하나의 언명은 각각의 경우마다 전혀 다른 시각에서 나타나게 된다. 따라서 하나의 언명에는 그때그때 다른 빛이 비추어지는 것이고, 이 빛은 언명이 완전히 다른 '조명' 속에서 드러나게 할 뿐만 아니라, 이 언명과 마주치는 사람에 따라 언명에 대해 '사실상' 완전히 다른 '의미'와 완전히 다른 '의의'를 부여한다(그렇다면 무엇으로부터 그러한 의미와 의의가 부여되는가?). 그렇지만 이 언명의 '존재적 속성'은 어느 경우에나 같다.

우리가 만나게 되는 모든 존재자는 그와 같은 성질을 갖는다. 자신의 존재(형상 eidos) 가운데서 자신을 펼쳐 나가는 존재자, 즉 본성(physis)의 지배 속에서 자신을 나타내는 존재자의 의미(logos)는 어느 경우에나 '역사적' 한 시점인 바로 지금 여기에서 나타난다. 다시 말해 존재자의 의미는 존재가 이를 받아들이는 존재자를 통해 (사유 속에 im noein) '자리 잡게' 될 때만 지금 여기 '있다(da)'.[33]

어떠한 존재자에서든 그 존재자의 존재에 비추어 그때그때 서로 '상응' 관계에 있는 것만이 무엇인가 '말을 해줄(ansprechen)' 수 있다. 존재자의 존재의 특정한 방식을 감지할 수 있는 '기관'이 없다면 존재는 '아무것도 말해 주지 않은 채' 남아 있을 뿐이다. 다시 말해 어떤 존재자에서 그 존재자의 존재의 총체성[34]으로부터 그 존재자와 만나는 현존재의 이성[35]과 '상응'하고 그리하여 이 현존재의 이성에게 무엇인가 '말을 해줄' 수 있는 것만이 지금 여기에서 사물 그 자체의 존재로서 그 의미를 '캐물을(ver-nehmen)' 수 있다. ('주체'의) 존재와 ('객체'의) 존재가 서로 '상응'하는 경우에만 존재가 존재자에서 '밝혀질(erschließen)' 수 있는 것이다. 이처럼 우리의 모든 '사고'는 언제나 주체와 객체의 존재를 서로 '상응시키는 것'이다.

이 경우 오로지 한 물건의 특정한 '측면', 한 사람의 특정한 '역할'만이 어떤 존재자에서 그때그때 그 존재로서 밝혀지고, 상응을 통한 만남 가운데 '스스로' '자리를 잡는'다는 것은 사실상 사물 그 자체의 본질에 속한다고 볼 수 있다. 따라서 오로지 특정한 측면과 특정한 역

---

33 이에 관해서도 Heidegger, *Einführung*, S. 128 이하 참고.

34 이는 다양한 의미를 지닌 '사물의 이성', 즉 '객체'라는 자연(physis)의 이성(logos)이다.

35 여기서 이성은 '주체'라는 '정신(nous)'의 이성을 의미한다.

할만이 만남 속에서 '현재적(gegenwärtig)'이다.[36]

다시 말해 존재자는 그 존재의 '만남'을 통해 그때그때 존재자 자체가 그 존재에 비추어 '명시적으로(in-ständig)' **관계**를 맺는 목적으로서만 비로소 '본래적으로 있게' 된다. 객체의 근거(실체)와 주체의 근거(본질) 위에 서 있는 존재는 이러한 존재자와의 특정한 관계를 거쳐 일정한 관련을 맺을 때 존재 자신을 발견하게 된다. 그리고 만남의 양 측면(주체와 객체 — 역자)의 '친근한 융합'이 이루어질 때만, 앞에 마주 서 있는 '객체'의 기능적 의미의 친숙성이 생길 수 있다. 마주치는 것의 모든 관계 — 이러한 관계 속에서 기능적 의미와 의의가 밝혀진다 — 는 '근원적으로' **하나**의 포괄적 유일자, 즉 **존재**에 대한 참여를 통해 이미 제약을 받는다. 객체와 주체의 만남에서 존재는 자기 자신과 일치하게 되며, 객체-주체의 긴장에서 '해방'되어 특정한 방식으로 '주체'를 '객체'와 하나의 존재로 '융합'한다.[37]

마주치는 존재자를 통해 이 세계로부터 우리에게 무엇인가 '말을 해주고' 관계를 맺도록 하는 것은 누구에게나 똑같은, 그 자체로 있는 추상적 세계가 아니다. 세계는 언제나 우리 자신의 존재와 '상응하면서' 밝혀지며 또한 오로지 그러한 것으로서만 존재한다. 내가 이 세계 속에서 마주치는 모든 '대상'은 보편타당하게 전달될 수 있는 '존재적

---

36 예컨대 우리가 병원에서 의사로서 만나게 되는 사람은, 바로 이 만남에서는 우리가 그를 함께 여행하는 사람이나 이웃 또는 손님이나 친구로서 그를 만날 때와는 완전히 '다른' 사람으로 '존재'한다.

37 바로 이러한 의미에서 헤겔은 칸트의 '물 자체(Ding an sich)'를 반박하면서 다음과 같이 언급한다. "물 자체에 대해서는 이를 알기 위해 느낌(Empfindung) 이외의 다른 기관이 있을 수 없다(Hegel, "Glauben und Wissen", in: Jubiläumsausgabe Glockner, Bd. 1., 2. Aufl., 1941, S. 303)."

속성(Beschaffenheit)'에 의해서가 아니라 그때그때 현존재자에 대해 그 대상이 지니는 '기능적 의미(Bewandtnis)'에 의해서 실존론적 의의를 지니게 된다. 그리고 이 의의는 우리가 대상들과 '본래적'으로 관계를 맺는 어느 경우에나 '유일한' 것이다. 즉 설령 '감정이입(Einfühlung)'을 통할지라도 다른 사람에 의해서는 경험될 수 없다.

그렇다면 우리의 존재 경험에는 한계가 있을 수밖에 없는 것인가? 혹은 인간이 도달할 수 없는 능력의 한계 때문이 아니라 사물 그 자체에 의해 이미 도저히 뛰어넘을 수 없는 한계가 있는 것인가?

도대체 존재자의 존재는 '그 자체' '추상적', '보편적'이고 누구에게나 '같은' 것으로 존재하는가? 혹시 존재는 언제나 관계로서만 **있는** 것은 아닐까? 아니면 서로 '상응하는 대상'들이 만나게 되는 관계 자체만이 있는 것일까? 존재가 대상의 '**배후에**' 있고, 아마도 대상들 '**사이에**' 있지는 않을 것이라는 사실을 우리는 어떻게 알고 있는가? 혹시 존재에 관한 우리의 물음 '자체'가 성급한 착각이어서 그 때문에 오늘날까지 존재에 관한 우리의 물음을 잘못된 방향으로 나아가게 한 것은 아닐까?

어쨌든 다음과 같은 한 가지 사실만은 분명하다. 즉 우리가 고찰할 수 있고 또한 "왜 이 존재자는 존재하며 단순히 존재하지 않는 것이 아닌가?"라는 물음의 대상으로 삼을 수 있는 하나의 존재자의 존재는 그 존재자에서 나타나는 존재적 속성으로 파악될 수는 없으며, 따라서 '존재자에 비추어서도 또한 존재자 안에서도' 그 존재는 파악될 수 없다는 점이다.[38]

---

38 Heidegger, *Einführung*, S. 25.

"그러나 우리가 지금까지 언급한 모든 것은 분명히 **존재**한다. 그렇지만 우리가 그 존재를 파악하고자 할 때는 언제나 마치 허공을 붙잡는 것에 불과하거나"[39] 그때그때 수없이 여러 갈래로 떠오른 관점들을 바라보는 가운데 존재는 이미 산산이 흩어져 버리고, 결국 이러한 관점들의 '배후에' 있는 '존재자의 존재' 자체는 파악되지 않은 채 남아 있을 뿐이다.

"우리의 물음의 대상인 존재는 흡사 비존재(무)와 같다."[40] 그렇지만 우리는 "모든 존재자는 **존재하지 않는다**"[41]라고 말하는 것에 대해서는 언제나 거부하려고 한다. 우리는 온갖 곳에서 존재자를 만나고 한 존재자를 '설명'하거나 '근거를 제시'할 때 항상 다른 존재자를 끌어들인다.

그러나 존재 자체는 "마치 비존재(무)처럼 찾을 수 없거나 결국에는 찾지 못한 채 남아 있을 뿐이다."[42]

그렇긴 하지만 우리는 설령 '근거를 제시'하지 못할지라도, 마주치는 존재자의 존재에 대한 이해를 이미 언제나 가지고 있지 않은가? 왜냐하면 우리는 존재자의 기능적 의미나 의의를 통해 그러한 존재 이해에 이미 친숙해져 있기 때문이며, 따라서 그 이해는 존재자의 존재와 존재자의 가장 깊숙한 의미에 대한 그러한 친숙함이 생기는 까닭

---

39 Heidegger, *Einführung*, S. 27.

40 이에 관해서는 Hegel, *Philosophische Propädeutik*(Jubiläumsausgabe Glockner, 3. Bd., 3. Aufl., 1949), S. 117; ders., *Wissenschaft der Logik, Erster Teil, Die Objektive Logik*(Jubiläumsausgabe Glockner, 4. Bd., 2. Aufl., 1928), S. 88 이하; Müller, *Sein und Geist*, S. 43 참고.

41 Heidegger, *Einführung*, S. 27.

42 Heidegger, *Einführung*, S. 27.

을 '존재 해명적' 차원에서 묻기 **이전부터** 이미 우리가 언제나 가지고 있었던 이해이기 때문이다.

분명 '존재'는 비록 존재자의 의미에서처럼 '현실적이고 파악 가능하며 실재적인 것'을 의미하지는 않을지라도[43] 그렇다고 단순히 '공허한 말'에 그치는 것은 아니다. 그렇다면 존재는 '보이지 않는 연기'이며, 니체가 말했듯이 '증발해 버리는 실재가 뿜어내는 마지막 연기'인 것일까?[44] 아니면 단지 모든 '특별한 개념들에서 불가피하게 발생하듯이 가장 높고, 가장 추상적이고, 따라서 가장 공허한 개념'[45]인 것일까? 이와는 정반대로 존재야말로 '가장 현실적인 것', '가장 존재자적인 것', '존재 중의 존재'인 것은 아닐까?[46] 니체 자신도 마지막 순간까지[47] 끝없이 이렇게 묻지 않았던가? "우리는 틀림없이 **존재**가 무엇인지를 알고 있다. 그 때문에 우리는 이것 또는 저것이 실재하고 있다는 것을 결정할 수 있지 않겠는가?"

지금까지 우리는 방법적 논의를 선행시킴으로써 우리의 물음을 단지 가시화시켰을 뿐이다. 이 물음에 대한 대답은 '사물 그 자체'를 다룸으로써 비로소 드러날 수 있을 것이다.[48] 그렇지만 우리의 물음을 통해 비록 극히 '잠정적인' 윤곽뿐이긴 하지만, 대답이 우리의 '물음의 대상(Gefragte)'으로 포착되었고, 포착된 물음의 대상은 확실성보다

---

43 Heidegger, *Einführung*, S. 27.

44 Heidegger, *Einführung*, S. 27.

45 Heidegger, *Einführung*, S. 31.

46 이에 관해서는 Hegel, *Logik*, Teil I, S. 46; *System der Philosophie*, Teil I (Jubiläumsausgabe, 8. Bd., 2. Aufl., 1929), S. 321; Heidegger, *Einführung*, S. 137 참고.

47 Nietztsche, *Wille zur Macht*, S. 339.

48 이에 관해서는 Müller, *Sein und Geist*, S. 9도 참고.

는 어떤 감지를 통해 우리를 대답의 방향으로 유도하게 되었다. 따라서 '물음'이 지니는 의미는 이미 충분히 달성되었다.

3. 존재물음의 방향

우리가 물음을 제기한 **대상**은 "존재자를 존재자로서 규정하는 존재, 즉 그때그때 존재자를 … 이해할 수 있게 하는 기초로서의 존재"[49]이다. 우리가 이 존재자의 존재에 대해 알고 있다고 여기는 단 한 가지 점은 "존재자의 존재 자체는 존재자가 아니다"[50]라는 사실이다.

따라서 "존재 문제를 이해하기 위한 철학적인 첫걸음은 결코 … '존재자의 역사를 설명하는 것', 즉 하나의 존재자를 다른 존재자로 환원시켜 그 존재자로서의 연원을 규정하여 마치 존재가 어떤 존재자의 성격을 가지고 있는 듯이 설명하는 것이어서는 안 된다." 그 때문에 "**우리가 캐묻는 대상**(Erfragte), 즉 존재의 의미는 독자적인 개념성(Begrifflichkeit)을 필요로 하며", 이러한 개념성은 존재자가 어떠한 존재인가를 서술, 설명, 정당화할 때 사용되는 개념들과는 본질적으로 다르다.[51] 즉 그러한 존재적 개념들(ontische Begriffe)에 의해서는 존재가 '파악될 수 없으며' '규정될 수도 없다.'

하이데거가 물음의 대상으로 삼는 존재는 '존재자 일반의 존재'[52]이다. 즉 "존재를 말로 표현하려는 노력을 통해, 특히 (존재자 그 자체만

---

49 Heidegger, *Sein und Zeit*, S. 6.
50 Heidegger, *Sein und Zeit*, S. 6.
51 Heidegger, *Sein und Zeit*, S. 6.
52 Heidegger, *Sein und Zeit*, S. 11.

이 아니라) 존재가 과연 무엇인가라는 물음을 제기함으로써"[53] 존재를 캐묻고 있다.

그러나 우리의 물음은 제한된 목표지점을 향해 가고 있다. 우리는 '법'이라는 존재자의 존재, 즉 법 일반의 근거를 묻는다. 다시 말해 법 일반이라는 전체 존재 영역의 기초가 되며 이를 움직이게 하고 또한 떠받치고 있는 근거를 묻는 것이다. 우리는 우선 '존재론적'으로 이렇게 묻는다. "왜 법이라는 전체 영역이 **존재하지 않는 것**이 아니라 존재하는가?"

우리가 우리의 물음이 향하고 있는 명백한 **방향** 이외에 알고 있는 바는 지금으로서는 매우 소극적인 것뿐이다. 즉 법의 존재에 관한 우리의 물음이 어떠어떠한 것이 '**아니다**'라는 사실만을 알고 있을 뿐이다.

우리의 물음은 어떤 특정한 **역사적** 또는 **사회학적** 근거에 따라 법을 '정당화'하거나 법을 '설명'하는 것을 목표로 삼는 것이 아니라 오로지 그와 같은 근거들에 앞서 있는, 법 일반의 근거를 목표로 삼는다. 즉 '시간'과 모든 '역사' 그리고 현재나 과거에 있을 수 있는 모든 구체적인 현실과는 무관한 어떤 근거, 수없이 많은 다양한 형태의 모든 법적 현실이 바로 그렇게 **존재**하게 된 어떤 근거를 목표로 삼는다.

따라서 우리의 물음은 결코 이 '세계'를 초월하여 있는 어떤 '고차원의' 현실, 즉 우리의 세계 안에 있는 법적인 것의 존재에 앞서 '피안의' 그 무엇으로서 자리 잡은 **형이상학적** 근거를 묻는 것이 아니다. 우리의 물음의 방식, 즉 하나의 존재론에서는 결코 우리의 세계 안에 있

53 Heidegger, *Einführung*, S. 31.

는 현실의 저편에 자리 잡은 어떤 근원이나 이 현실의 의미를 '이 세계 바깥에서' 설정하는 것이 문제의 대상이 될 수는 없다. 다시 말해 어떤 의인화되거나 관념화된 법의 존재를 밝혀, 그 자체 '고차원의' 의미에서 현실적인 이러한 존재가 세계 안의 법적인 것에 다시 작용한다는 식의 사고방식을 취하려고 하는 것은 결코 아니다.

우리의 물음은 법을 세계 안에 이미 존재하는 특정한 현실로 환원하거나(법사실학) 세계 밖의 현실로 환원하는 것(법형이상학)이 아니다. 그렇다고 법의 '근원'을 밝히는 데 흔히 사용되는 제3의 방법을 취하는 것도 아니다. 이 제3의 방법은 법을 세계 안에 있는 현실이나 초월적인 현실에 환원하지 않고, 우리의 '내부 세계'라는 의식에 내재하는 현실 또는 선험적인 현실의 영역에서 법의 '근거'를 찾으려는 방법이다(법현상학). 그러나 우리의 물음은 이렇게 법을 논리적 또는 이데올로기적으로 정당화하려는 입장과도 다르다.

우리의 물음은 이러한 방법들보다 훨씬 더 '근원적'이며, 라드브루흐가 그의 법철학에서 시도했던 바와 같이[54] 법의 근거를 어떤 **이데올로기적** '상부구조'로 환원하는 방법에 앞서는 것이다. 우리의 물음은 그러한 '정신적 상부구조'도 우리 인간의 세계-내-존재 자체와 더불어 이미 앞서 주어져 있는 존재론적 토대에 기초하고 있음을 밝혀 줄 것이다. 여러 가지 '사회모델'은 바로 이 존재론적 토대로부터 '구성'될 수 있을 뿐이다. 왜냐하면 이데올로기적으로 정당화된 각각의 견

54 Gustav Radbruch, *Rechtsphilosophie*, 4. Aufl., 1950, S. 147 이하, 157 이하 참고. 이와 관련해서는 E. Wolf, in: Radbruch, *Rechtsphilosophie*, Einleitung, S. 41, 71; F. v. Hippel, *Gustav Radbruch als rechtsphilsophischer Denker*, 1951, 특히 S. 16 이하, 21 이하도 참고.

해들—개인적, 초개인적, 초인격적 입장—은 모두 총체적 진리의 한 부분에 '기초하고' 있기 때문이다. 즉 포괄적 총체로서의 이 총체적 진리 가운데서만 각각의 견해들이 변증법적으로 종합될 수 있다. 따라서 앞에서 제시된 모델들 가운데 그 어느 것도 이 세계의 총체적 사실성(Faktizität)에 부합하는 '완전한' 해결을 제시할 수 없다. 왜냐하면 이들 견해는 각각 우리 인간존재의 한 부분[55]만을 파악할 수 있을 뿐이기 때문이다.

그러므로 우리의 물음에서는 법에 관한 사유필연성이나 **논리적**으로 올바른 사유방식이 중요한 것이 아니라 법의 존재필연성과 존재론적으로 이미 존재하고 있는 법의 존재방식이 중요하다.

존재-론(Onto-logie)은 사물 그 자체를 둘러싸고 전개되는 사고의 내용을 다시 깊이 숙고하고 이를 언어로 표현함으로써 이성적으로, 즉 다른 사람도 이해할 수 있도록 서술하는 생산적인 의미의 '사물논리(Sachlogik)'[56]이다.

따라서 법존재론은 '존재자에 관한 이론(존재학 Ontik)'이라는 전통적인 의미의 존재론이 아니다. 즉 법존재론은 학문의 각 대상을 **존재적**(ontisch) 분류와 서술에 따라 '강학상으로 분류·정리'하고 그 존재자를 여기에 포섭시키는 것과 같은 그러한 학설이 아니다.

이러한 의미에서 법의 '존재론'은 법에 관한 사유 가능한 규정으로서의 '범주'를 문제 삼는 학설이다. 왜냐하면 다른 존재자와 마찬가지로 법도 여러 가지 방식으로 "이러이러한 성질이 있다"라거나 "이러

---

55 우리의 용어에 따르면 자기존재 또는 '로서의 존재', 즉 개인적 존재(Individualperson) 또는 사회적 존재(Sozialperson)에 해당한다.

56 Heidegger, *Sein und Zeit*, S. 10 이하.

이러한 관련을 맺는다"[57]라고 파악·서술될 수 있기 때문이다. 이러한 파악방식과 서술방식은 철학의 영역에서는 '존재론'이라고 부르는 '범주론(Kategorienlehre)'으로, 법학의 영역에서는 '법론(Rechtslehre)'의 형성으로 귀착된다.[58] "도대체 왜 법적인 것이 존재하며 오히려 존재하지 않는 것이 아닌가?"라는 모든 법존재론의 근거에 관한 물음을 통해 우리가 '묻고 있는 것'은 모든 존재적 물음이나 모든 법**존재학**(**Rechtsontik**)에서는 묻고 있지 않은 물음이다. 물론 법존재학에서처럼 법이라는 존재자의 의미를 다른 존재자로부터 도출하거나 특정한 관점에 따라 존재방식을 분류하는 것이 전혀 의미가 없는 것은 아니지만, 그러한 것은 우리의 법존재론에는 포함되지 않는다.

그렇다면 법**존재론**이 묻고자 하는 바는 무엇인가?

---

57 Heidegger, *Einführung*, S. 142.

58 오해를 피하기 위해 다음과 같은 점을 지적해야만 하겠다. 즉 하이데거는 자신의 존재론을 지금에 와서 다시 '형이상학'이라고 언급하고 있는데(*Einführung*, S. 31), 우리는 이러한 용어사용을 따를 수 없다. 왜냐하면 '형이상학'이라는 표현은 '형이상학적'이라는 단어가 오늘날 사용되는 방식에 비추어 볼 때 오해의 소지가 전혀 없는 전통적 의미(즉 존재학적 의미에서의 형이상학)를 지니고 있기 때문이다. 따라서 이하에서 우리는 '존재자에 관한 이론'이라는 전통적 의미의 존재론을 **존재학**이라 부르고, **존재론**이라는 표현은 오로지 존재물음을 제기함으로써 의도하는 '존재에 관한 이론'만을 지칭한다.

제2장
영역존재론으로서의 법존재론

법존재론은 '존재자의 존재'에 관한 이론이라는 의미에서의 존재론이다. 그러나 법존재론은 '존재 일반'에 관한 물음인 **기초존재론**(Fundamentalontologie)[59]이 아니며, '존재자 전체의 존재', 세계(우주)의 존재에 관한 물음인 **보편존재론**(universale Ontologie)[60]도 아니다. 법존재론은 세계 내에서 구체적으로 대할 수 있는 존재자의 특정된 존재 영역, 즉 이 세계 내의 법적 영역의 존재에 관한 이론이다. 그 때문에 법존재론은 **영역존재론**(regionale Ontologie)이다.

---

59 여기서는 하이데거가 구별한 두 가지 의미의 기초존재론(현존재에 대한 존재론적 기초분석과 존재 일반에 대한 존재론적 기초분석 — 옮긴이) 가운데 두 번째의 것을 지칭한다. 이에 관해서는 Heidegger, *Kant und das Problem der Metaphysik* (1929), 2. Aufl., 1951, S. 208 이하 참고. 이 밖에 Müller, *Existenzphilosophie*, S. 107도 참고.

60 이에 관해서는 Müller, *Sein und Geist*, S. 31, 각주 참고. 보편존재론의 이념에 관해서는 Müller, *Sein und Geist*, S. 39 이하; *Existenzphilosophie*, S. 107 참고. 물론 후자의 책에서는 순전히 형식적 보편존재론의 이념에만 국한되어 서술한다.

Ⅰ. '선험적 현상학'으로서의 영역존재론

'영역존재론'에 대한 요구는 에드문트 훗설Edmund Husserl이 자신의 『순수현상학과 현상학적 철학의 이념(Ideen zu einer reinen Phänomenologie und phänomenologischen Philosophie, 1913)』에서 처음으로 제기했다. 이러한 요구와 더불어 모든 존재론을 '비판적'인 관점에서 '교조주의'라고 비난하는 신칸트학파[61]에 대항하는 철학적 운동을 통해 '존재론의 이념과 그 이름의 복권'[62]이 이루어졌다. 그리고 영역존재론에 대한 요구는 훗설이 새롭게 토대를 마련한 '현상학'에서 '존재론 개념의 내용' 일반을 규정하는 것으로서,[63] 이러한 내용으로부터 나중에 하나의 '형식적, 보편적 존재론'에 대한 요구가 나타나게 되었다.[64]

그렇다면 그러한 **영역존재론**은 무엇을 의미하는가? '영역'존재론에 대한 요구는 훗설의 방법적 착안점으로부터 직접 도출되며, 훗설은 이 착안점을 통해 '**자연적 태도의 일반정립**(Generalthesis der natürlichen Einstellung)'[65]의 '작용을 배제'[66]한다.

---

61 Müller, *Sein und Geist*, S. 3, 11 참고. 그리고 두 가지 경향의 신칸트학파(하이델베르크학파와 마르부르크학파 — 옮긴이)가 후기에 들어 어떻게 '존재론의 문제'를 재발견하게 되는지에 관해서도 Müller, *Sein und Geist*, S. 30, 각주 1, 39 이하 참고.

62 Müller, *Sein und Geist*, S. 30.

63 Müller, *Sein und Geist*, S. 31.

64 Müller, *Sein und Geist*, S. 31, 각주 3.

65 Husserl, *Ideen*, S. 62.

66 Husserl, *Ideen*, S. 67.

1. '자연적 태도의 일반정립'

모든 철학적 물음에 앞서 이미 우리가 그 속에 자리 잡은 세계에 대한 **'자연적 태도'**는 이 세계를 이미 주어진 것, 즉 **존재사실**(Gegebenheit)로 여기게 만든다.

훗설은 존재사실을 다음과 같이 규정한다.[67]

"나는 하나의 시간적·공간적 현실을 언제나 내 앞에 이미 있는 것으로 여긴다. 나 자신도 또한 다른 모든 사람과 마찬가지로 이 현실에 속해 있다. '현실(Wirklichkeit)'[68]이라는 단어가 말해 주듯이, 깨어 있는 자아로서의 '나'는 단절 없이 진행되는 연속적인 경험 속에서 현실을 있는 것(daseiende)으로 여기며, 나에게 나타나는 바대로의 현실 그 자체를 있는 것으로 받아들인다."[69] 이러한 '자연적', 경험적 태도로부터 물음을 제기하는 모든 학문의 목표는 이 '있는 현실'의 실증성(Positivität)을 모든 가상과 모든 허위를 제거하고 더욱 '포괄적으로, 더욱 신뢰할 수 있게 그리고 모든 관점에서 더욱 완벽하게 인식하는 것'이다. 세계에 대한 이러한 태도는 "이른바 모든 '실증적' 학문", 즉 훗설이 말하는 '자연적 실증성의 학문'의 본질이다.[70]

그러나 이러한 '태도'는 모든 철학적 세계고찰의 출발점인 **'의심**(Zweifel)'이 근원적으로 표출되면서 붕괴하고 만다. 이를 통해 무엇

---

67 이에 관한 요약적 설명으로는 Husserl, *Ideen*, S. 63 참고.

68 훗설의 철학에서 현실은 언제나 존재적 존재자성(ontische Seiendheit), 즉 헤겔이 말하는 '단순한' 현실과 일치할 뿐, 예컨대 현실적인 것의 참된 현실성, 즉 존재와 일치하는 것은 아니다.

69 Husserl, *Ideen*, S. 63.

70 Husserl, *Ideen*, S. 63.

이 일어나는가?

근원적인 의심이 표출됨으로써 그저 "이것은 있다" 또는 "이것은 이러이러한 것이다"[71]라는 앞서 '이루어진 정립(Thesis)'이 곧바로 '비존재의 출발'[72]과 함께 반정립(Antithesis)으로, 즉 '긍정에서 부정으로' 바뀌는 것은 아니다. 우리는 자연적 태도를 통해 얻게 된 정립을 '포기하지 않으며', 어떤 것이 '있다' 또는 이러이러한 '성질을 가지고 있다'라는 "우리의 확신을 변경하지 않는다." 우리는 단지 그러한 확신의 '작용을 배제하는 것(Außer-Aktion-Setzen)', 즉 '그러한 확신을 유보하는 것(Einklammerung)'일 뿐이다. 다시 말해 그 자체 하나의 '체험'인 '정립'이 갖는 자연적 확실성을 잠정적으로 '사용하지 않을' 뿐이다.[73]

그럼으로써 인식주체로서의 인간은 비로소 '사유적 태도'의 자유와 함께 일반정립에 의해 '현존하는 것'으로 지각된 '주변세계'의 모든 '현실'에 대해 어떠한 태도도 취할 수 있는 자유를 획득한다.[74]

일차적인 '자연적 태도'의 '변형(Modifikation)' — 이는 '의심'과 더불어 모든 세계고찰 속으로 파고들게 된다[75] — 은 훗설에서는 '**선험적 판단중지**(transzendentale Epoche)'라는 그의 철학에서 의식적으로 행해지는 방법적 단계가 된다.

---

71 Husserl, *Ideen*, S. 64.

72 이에 관해서는 물음을 비존재 가능성 쪽으로 '던지는(hinaushalten)' 앞의 58면 이하 참고.

73 Husserl, *Ideen*, S. 64 이하.

74 Husserl, *Ideen*, S. 63 이하.

75 데카르트의 보편적 의심에 관해서는 Husserl, *Ideen*, S. 65; Kierkegaard, *Johannes Climacus oder De omnibus dubitandum est*, Ges. Werke X., Ausgabe Diederichs (1952), S. 123 이하, 153 이하 참고.

2. '선험적 판단중지'

선험적 판단중지는 일반정립의 본질에 속하는 태도를 두 가지 관점에서 '변형'한다. 우선 의식의 영역[76]과 관련하여 '작용의 배제', 즉 지각된 주변세계의 존재나 속성에 대한 '자연적' 확신을 유보함으로써 첫 단계의 변형이 이루어진다. 물론 그러한 자연적 확신은 여전히 '진리에 관한 명백한, 따라서 흔들리지 않는 확신'으로 남아 있지만, 또 다른 철학적 물음이 이루어지기 전에는 일단 이에 대한 종국적 판단이 유보된다. 그러므로 자연적 확신으로 지탱되는 모든 판단은 '유보된 판단'[77]이 된다.

이처럼 의식의 영역에서의 '작용의 배제'와 더불어 동시에 '의식과 대상의 상관관계에 따라(korrelativ)' 당연히 의식영역에 '상응하는' 존재 영역 역시 유보의 대상이 된다. 즉 그것이 '어떠한 영역, 어떠한 범주의 것이든' 하나의 '대상성'에 관련되어 있다면, 모든 '존재정립(Seinsthesis)'도 배제된다. "존재적 관점에서 그러한 일반정립을 포괄하는 모든 것을 우리는 단번에 유보하게 된다." 즉 언제나 '우리 앞에 있는', '현존하는' 모든 자연적 세계를 유보하는 것이다.[78]

이렇게 모든 철학적 사유(Philosophieren)의 철저한 반전을 통해 이루어지는 바는 바로 다음과 같은 것이다. '자연적 태도를 통해 설정된, 즉 경험 가운데 현실적으로 존재하는 전체 세계'가 그 "타당성을 상실하고, 어떠한 검토도 거치지 않고 또한 어떠한 이견도 제기되지

---

76 또는 '작용영역'(Husserl, *Ideen*, S. 66).

77 Husserl, *Ideen*, S. 66.

78 Husserl, *Ideen*, S. 67.

않은 채 일단 유보되고 만다. 이와 똑같은 방식에 따라 이 세계와 관련된 이론과 학문은, 그것이 실증주의적으로 정당화되는 것이든 아니면 다른 방법으로 정당화되는 것이든, 그것이 아무리 잘 정당화된 것일지라도 모두 같은 운명에 처하게 된다."[79]

"나는 자연적 세계와 관련된 학문에 속하는 어떠한 명제도, 설령 그것이 완전한 명증성을 갖고 있을지라도, 그것을 유보라는 변형을 거치지 않은 채 받아들여서는 안 된다."[80] 다시 말해 나는 '세계의 현실에 관한 진리'로서의 그 명제가 지닌 타당성을 나의 계속된 물음을 통해 비로소 드러날 수 있는 나 자신의 종국적 판단이 내려질 때까지 **중단**(zurückhalten, epoche)한다.

그러나 모든 '**현상학**'의 이러한 첫 단계를 이행한 이후에 훗설은 스스로 이렇게 묻는다. "통상적 의미에서 자연적 경험이 기초하고 있는 보편적 기반을 배제하고 나면 도대체 어떻게 하나의 가능한 경험과 경험의 기반이 남아 있을 수 있는가? 그리고 어떻게 하나의 가능한 학문을 위한 존재 기반이 아직도 남아 있을 수 있는가? 우리 인간을 포함한 전체 세계가 배제된다면 도대체 무엇이 남게 되는가? 전체 세계는 결국 존재자 일반의 총합이 아니란 말인가? 무엇이 '남아 있는가'라고 묻는 것이 과연 어떠한 의미가 있는 것인가?"[81]

"남아 있는 것, 아니 더 정확히 말하면 판단중지를 통해 비로소 밝혀지는 것은 절대적인 존재 영역, 즉 절대적 또는 **'선험적' 주관성**('transzendentale' Subjektivität)의 영역이다."[82] 다시 말해 의식적으

---

79 Husserl, *Ideen*, S. 69.

80 Husserl, *Ideen*, S. 68.

81 Husserl, *Ideen*, S. 69 이하.

로 수행된 이러한 판단중지라는 '방법적 조작'을 통해 우리에게는 '독자적인 주관성이라는 절대적 영역'과 함께 '그 고유성이 지금껏 한 번도 지적되지 않았던' 존재 영역[83]의 존재 기반이 밝혀진다.

세계의 모든 '현실'을 유보함으로써 우리는 바로 판단중지를 통해 '순수'의식 또는 훗설이 말하는[84] **'선험적 의식**(transzendentales Bewußtsein)'의 영역으로 되돌아가게 된다.

이 순수의식의 영역 및 이 '영역과 전혀 분리할 수 없는 것'[순수 자아(reines Ich)는 여기에 속한다]은 **'현상학적 잔여**(phänomenologisches Residuum)'이며, 현상학은 모든 자연적 세계에 대한 경험을 배제한 이후에 남아 있는 바로 이 현상학적 잔여에 기초해 '**존재사실**'에 대한 물음을 제기한다. 이러한 물음을 제기할 때 우리는 "의식의 영역 및 이와 분리할 수 없는 '자아'"에 우리의 시선을 확고하게 고정하고, "우리가 그러한 영역에 내재하고 있다고 여기는 바를 연구한다." 따라서 훗설에 따르면 우리는 "의식이 철저한 내적 경험을 통해 그 자체 본질에 맞게 연관성을 맺고 있는 것으로서, 즉 그 의식이 '내재적' 시간성이라는 의식영역의 고유한 형식과 더불어, 확정되어 있지 않은 채 무한히 열려 있으면서도 그 자체로는 완결된 존재 영역'으로' 파악되어야 한다"라는 통찰에 이르게 된다. 이뿐만 아니라 우리는 "이 존재 영역이 앞에서 서술한 현상학적 배제의 대상이 될 수 없다"[85]라는 사실도 인식하게 된다. 의식의 영역은 판단중지를 통해 "객관적 세계의 존

---

82 Husserl, *Ideen*, S. 74.
83 Husserl, *Ideen*, S. 73.
84 Husserl, *Ideen*, S. 73.
85 Husserl, *Ideen*, S. 71 이하.

재효력을 현상학적으로 배제함으로써" 다음과 같은 변화를 겪을 뿐이다. 즉 이 영역은 그러한 배제가 이루어짐으로써 (이 내재적 영역을 세계의 단순한 반영으로 파악하는 자연적 태도와는 반대로) 오히려 '절대적인 존재 영역, 즉 절대적으로 독립된 존재 영역의 의미'를 획득한다. 이 절대적 존재 영역은 "이 세계와 이 세계 내의 인간의 존재나 비존재에 관한 물음을 제기할 필요 없이 존재하는 바 그 자체로 존재한다."[86]

3. '선험적 현상학'의 이념(에드문트 훗설)

이 '현상학적 잔여'는 훗설의 철학에서 완전히 새로운 의미의 의식학(Bewußtseinswissenschaft)으로서의 '현상학' 또는 더 정확하게는 '선험적 현상학(Transzendental-Phänomenologie)'[87]에 도달하기 위한 과정이다. 선험적 현상학은 더 이상 의식의 내용으로서의 현실의 단순한 반영에 국한되지 않고, ('내적' 세계의 영역에서도 모든 '현실'을 배제함으로써) 제2의 선험적 차원과 만나게 된다. 이 선험적 차원의 의식내용은 합리성에 의해서가 아니라 세계의 본질에 '상응하는(상호 관련된)' **지향성**(Intentionalität)에 의해 '구성'된다.

이러한 선험적 의식의 차원[88]은 "특별하고 매우 독특한 방식으로, 다시 말해 그 자체 현실적 및 잠재적인 '**지향적 구성**'을 통해 실재 전체 세계, 즉 모든 가능한 실재 세계와 확장된 의미에서의 모든 세계를

86 Husserl, *Ideen*, S. 72.

87 훗설 스스로 자신의 '현상학'을 명백히 이렇게 지칭하고 있다(*Ideen*, S. 73).

88 '절대적 또는 선험적 주관성'의 차원.

'그 속에 포함'하고 있다는 점"[89]이 밝혀진다.

이러한 방법적 단계를 통해 훗설은 사실상 하나의 '새로운' 세계, 즉 '그 독특함이 지금껏 전혀 지적되지 않았던 새로운 존재 영역'[90]으로 '도약'하는 데 성공한다.

이로써 도달하게 된 '근거'는 결코 현실의 내적 반영의 근거가 아니라 세계의 본질의 근거이다.

의식철학은 칸트의 '관점 방향'(선험적 논리학)에서는 현실 경험의 범주로 귀착되지만,[91] 훗설의 관점(선험적 현상학)에서는 우리의 **본질경험**의 **구성범주**(Konstituentien)로 귀착된다.

따라서 훗설의 '현상학'은 더 이상 우리의 세계에 대한 선험적 **현실분석**의 탐구가 아니라 선험적 **본질분석**의 탐구를 목표로 삼는다.[92] 그러므로 여기서 물음의 대상이 되는 것은 인간의 **현실인식**이 '가능하기 위한 조건'이 아니라 **본질체험**을 통한 세계의 의미와 본질에 대한 선험적 **이해**이다.

---

89 Husserl, *Ideen*, S. 73.

90 Husserl, *Ideen*, S. 70.

91 어떻게 칸트가 그의 '선험적 도식주의'에서 '선험적 상상력'을 모든 진정한 '직관'의 근거, 즉 모든 '존재이해'의 '근거'로 삼게 되었는가에 관해서는 Heidegger, *Kant und das Problem der Metaphysik*, 특히 S. 96 이하, 182, 204 이하 참고.

92 이에 관해서는 Husserl, Beilage I und V, in: *Ideen*, S. 383 이하, 387 이하 참고.

〈칸트와 후설의 선험철학의 대비〉

세계의 영역:	세계의 차원:	
외부세계	존재자의 현실성 (존재자성) - 인과성 -	존재자의 본질성 (존재) - 기능성 -
내부세계	인식영역: 현실인식 (합리성의 범주) 현실경험 선험적 논리학 (칸트)	체험영역: 본질체험 (지향성의 구성범주) 본질경험 선험적 현상학 (후설)

그렇다면 우리가 찾고자 하는, 모든 잠재적 및 현실적 본질 경험을 구성하는 것은 무엇인가? 후설에 있어 그가 '체험영역'의 핵심현상으로 파악하는 것은 **지향성**이다.[93] 이 지향성에 의해 세계에 대한 존재적(ontisch) 물음이 아닌, 모든 존재론적(ontologisch) 물음의 '근거'에 도달한다. 동시에 이를 통해 모든 '영역존재론'[94]의 토대에 도달하게 된다.

---

93 Husserl, *Ideen*, S. 203.

94 이러한 현상적 상태를 더욱 확실히 하기 위해 이루어진 또 다른 방법적 단계인 '현상학적 환원, 즉 형상적 및 선험적 환원(phänomenologische: eidetische und transzendentale Reduktion)'을 추가로 수행하는 것은 우리의 문제 제기와 관련해서는 필요치 않다. 그러한 현상학적 환원은 순수한 '선험적 현상학'의 입장으로 귀착되는 것인데, 이러한 입장은 사실상 하이데거의 현상학을 통해 극복되었기 때문이다. 현상학적 환원의 방법에 관해서는, Husserl, *Ideen*, S. 73, 74 이하, 136 이하; Müller, *Sein und Geist*, S. 31 이하, 37 이하의 서술을 참고.

a. 지향성

훗설에서 '지향성'은 '체험영역 일반의 본질적 고유성'이다. 왜냐하면 "모든 체험은 어떠한 방식으로든 지향성에 관여하기 때문이다." 따라서 지향성은 바로 그의 **현상학**의 '**일반주제**(Generalthema)'[95]이다.

훗설은 일단 지향성을 '**무엇인가**에 대한 의식'이라는 모든 체험의 고유성으로 이해한다. 즉 "하나의 지각은 무엇인가에 대해 지각하는 것이고, … 하나의 판단은 하나의 사안(Sachverhalt)에 대해 판단하는 것이며, 하나의 평가는 하나의 가치상태(Wertverhalt)에 대해 평가하는 것이다 … 또한 행동은 그 행위와 관련되고, … 사랑은 사랑받는 것에, 기쁨은 그 기쁨의 대상과 관련된다."[96] 어느 경우든 무엇인가에 지향되어 있다는 점이 세계에 대한 이러한 다양한 형태의 **지향적 행태**의 공통점이다. 즉 고유한 의미에서 세계에 대한 '이론적' 행태이든 또는 '실천적' 행태이든 어느 경우에나 행태는 세계와 '지향적으로 관련'되어 있다.[97]

따라서 이러한 사정은, 훗설의 선험적 현상학의 관점에서 볼 때, "어떤 심리적인 사건 — 이른바 체험 — 과 이와 구별되는 실재 존재자 — 이른바 대상 — 사이의 관계, 즉 … 객관적 현실 속에서 전자와 후자 사이에 발생하는 관계"로 이해되지 않고, '순수한 현상학적 체험', 즉 마치 '순수의식'의 증류기 속에서 이루어지는 것과 같은 체험

95 Husserl, *Ideen*, S. 203.

96 Husserl, *Ideen*, S. 204.

97 Husserl, *Ideen*, S. 80. 자세히 보면 이를 통해 밝혀지는 것은 바로 본질분석을 통해 밝혀지는 모든 차원이 목적성 또는 기능성을 갖는다는 사실이다. 이에 관해서는 앞의 도표를 참고.

으로 고찰된다.[98]

'무엇인가에 대한 의식'으로서의 모든 현실적, 지향적 체험에서는 그와 같이 일정하게 '방향이 잡혀 있음(Gerichtetseinauf)'[99]이 확인될 수 있다.

주체('나')는 체험 가운데 '내재적' 관점에서 '지향적 대상'으로 '방향 잡혀 있다.' 이 내재적 관점은 언제나 "'나'로부터 솟아나며, 따라서 나는 결코 없어서는 안 된다."[100]

'무엇인가에 대한 나의 관점'은 지향성의 본질이며, 이는 각각의 체험행위에 따라 서로 다르다. 즉 "지각할 때는 무엇인가에 대해 지각하는 관점이, … 마음에 든다는 체험을 할 때는 무엇인가를 마음에 들어하는 관점이, 의욕할 때는 무엇인가에 대해 의욕하는 관점이 있다."[101]

"'무엇에 방향 잡혀 있다, 무엇과 관련되어 있다, 무엇에 대해 태도를 취한다' 등은 … 모두 반드시 그 본질 속에 다음과 같은 점을 담고 있다. 즉 어느 경우에나 '나로부터 어느 쪽으로' 또는 그 반대의 방향에서 본다면, '내 쪽으로'라는 공통점이 있다. 따라서 '나'는 순수한 '나'이며, 이에 대해서는 어떠한 환원도 이루어질 수 없다."[102] 모든 체험은 "나의 체험으로서 바로 나에게 속하며, **나**의 의식의 배경이며, **나**의 자유 영역이다." 다시 말해 모든 체험은 나와 관련된다.[103]

그러나 나의 관점에는 훗설이 **지향적 구성**이라고 부르는 것, 즉 특

98 Husserl, *Ideen*, S. 80면.
99 Husserl, *Ideen*, S. 81 이하.
100 Husserl, *Ideen*, S. 81.
101 Husserl, *Ideen*, S. 81.
102 Husserl, *Ideen*, S. 195.
103 Husserl, *Ideen*, S. 195.

정한 존재지평에 방향 잡혀 있는 태도에 의해 각각의 '관점 방향'이 미리 지시되어 있다. 그것은 인식영역의 '범주'에 대응하는, 체험영역에서의 '경험의 가능조건', 즉 '체험을 위한 가능조건'이다.

b. 지향적 구성

지향적 구성은 이미 고찰된, 하나의 체험행위의 **현실적** 지향성과는 반대로 **잠재적 지향성**이라 할 수 있는 것으로서 특정한 방식의 체험 일반을 가질 가능성이다.

이 잠재적 지향성은 현실적 지향성(행위가 방향 잡혀 있음)과는 반대로 구체적 체험에 **앞선** 우리의 행위영역(선험)을 규정하는 태도로서, 이를 통해 우리의 '체험'이 비로소 가능하게 된다. 그러한 '**태도**'[104]의 근본방식들은 예컨대 자연, 역사, 예술 등 모든 '대상적 영역'에서 증명이 가능하다.

이러한 태도의 근본방식들은 바로 각 존재 영역의 공통의 본질(형상: eidos)에 대한 '상응'이다.[105] 즉 각각의 **영역적 지향성**은 본질에 대한 '태도'를 취하는 것이며, 그럼으로써 각 영역의 존재기반과 친숙해지는 경험기반을 획득한다.

c. 영역적 지향성

훗설이 선험적 관점에서 바라본 영역존재론의 이념은 개개의 존재

---

104 두 번째 의미의 '잠재적' 지향성, 즉 흔히 지향성 일반과 같은 의미로 사용되는 지향성에 관해서는 Müller, *Sein und Geist*, S. 31 이하 참고. 앞으로 우리는 잠재적 지향성 자체를 영역적 지향성의 의미로 사용한다.

105 Husserl, *Ideen*, S. 23 이하.

영역에 상응하는 영역적 지향성을 각 존재 영역에 고유한 '**구성적 현상학**'을 통해 밝혀냄으로써 "관련된 각 영역의 현실에 대한 의식에 대응하는 것(Bewußstseinsäquivalent)을 이해하게 하려는 것"이었다. 이를 통해 훗설은 "그러한 객관적 대상들의 원래의 존재사실을 구성하는 의식형태들의 완벽한 체계"를 인식하고자 했다.[106]

따라서 이러한 의도에서 이루어진 훗설의 '영역존재론'은 존재론의 고유한 의미에 비추어 볼 때, 존재 영역의 **존재**에 관한 학설이 아니라 이 존재 영역에 대한 경험을 떠받치고 있는 **의식**에 관한 학설이다. 더 정확히 말하면, 의식 가운데 이 존재 영역이 **주어져 있음**(Gegebensein)에 관한 학설이다.[107]

이렇게 볼 때, 의식영역을 각각의 의미연관에 따라 구성하는 영역적 지향성의 근본방식들은 각각 그에 '상응하는(상호 관련된)' 존재 영역에 대한 개별적인 '경험의 방식'[108]이 된다. 경험의 방식은 각 존재 영역에 대한 모든 체험에 '앞서' 있는 태도로서 전체 존재 영역을 떠받치고 있는 **하나**의 존재에 대한 통로를 열어주며, 동시에 그 존재 영역에 속하는 대상들을 그 의미에 따라 **하나**의 세계연관으로 정돈한다.

이 점은 특히 '국가, 법, 습속, 교회' 등과 같은 '고차적인 질서의 대

---

106 Husserl, *Ideen*, S. 375.

107 이러한 영역적 의식에서는 다만 그에 '상응하는' 영역적 존재가 — 그것이 어떻게 객관적으로 "이미 존재하고 있는가"의 관점에서 — '서술'되는데, 이 점은 훗설의 순수한 '선험현상학적' 관점에서는 물음의 대상이 되지 않은 채 남겨져 있다. 그러나 본래적인 '존재론적' 현상학은 비록 존재자의 '존재이해'의 근원, 즉 물음을 제기하는 존재자 자체를 떠받치고 있는 근원으로부터 출발하고는 있지만, 존재 자체에 관한 물음을 통해 비로소 시작될 수 있다.

108 Husserl, *Ideen*, S. 70.

상성'[109]에도 해당한다. 즉 이와 같은 대상들은 각각 고유한 존재 영역들을 형성하면서도, 오로지 이 존재 기반에 '상응'하는 경험 기반에 기초할 때만 접근할 수 있다. 물론 이 경험 기반을 밝혀 주는 것은 '관련된' 태도이다. 이러한 태도가 없다면 그 존재 영역에 이미 자리 잡은 개별적인 대상들 가운데 그 어느 것도 그것이 국가, 법, 습속, 교회의 존재에 속하는 것으로 "마주쳐질 수 없다." 왜냐하면 오로지 태도만이 포괄적인 경험지평을 열어주며, 이로부터 한 영역에서 마주치는 모든 대상이 **하나**의 존재에 대한 **참여**를 통해 '존재사실'이 되기 때문이다.

자연이라는 영역의 '자연적 존재'와 마찬가지로,[110] '법의 세계'에서도 존재 기반에 '상응'하는 영역적 지향성이 비로소 개개의 대상들의 법적 존재로서의 의미와 이 대상들의 '**존재**'가 갖는 본질 연관성을 밝혀 준다. 영역적 지향성은 외관상 개별화되어 있는, 이 '세계'의 모든 대상 속에서 박동하고 있는[111] 공통된 '맥박'을 감지해 내며, 이 대상들이 **하나**의 존재구조에 의해 조율되고, 또한 이 구조에 의해 지탱되고 있음을 명백하게 밝혀 준다.

Ⅱ. '선험적 사물논리'로서의 영역존재론

그러나 이 특정한 '태도'가 — 물론 훗설의 이론에서는 그렇게 보일지도 모르지만 — 이 대상 영역들을 비로소 '세계'로 **만드는**('구성하

---

109 Husserl, *Ideen*, S. 374면 이하.
110 이에 관해서는 Müller, *Sein und Geist*, S. 33 참고.
111 이러한 '실체'에 관해서는 Hegel, *Rechtsphilosophie*, S. 34도 참고.

는') 것은 아니다. 태도 자체는 세계의 객관적 존재구조 속에 미리 지시된 의미연관에 대한 주관적 '상응'일 뿐이다. 즉 태도는 '무엇에 대한 의식'으로서 인식주체의 차원에서 각 존재 영역에서 속하는 최후의 존재자에 이르기까지 그 존재를 '지탱'하고 '규정'하는 '근거'로부터 그러한 의미연관을 파악하는 것일 뿐이다.

'인식범주'와 마찬가지로 하나의 '선험적(관념적) 논리학'[112]이 적용되는 이러한 '구성범주' 역시 '경험 가능성의 조건', 즉 하나의 '초월적 선험성', '무엇에 대한 체험을 하는 것'과 '무엇에 대한 의식을 갖는 것'을 비로소 '가능하게' 만드는 '능력'일 뿐이다. 그 때문에 훗설의 경우에도, 비록 체험영역의 '차원'[113]이긴 하지만, 이러한 '선험적 현상학'을 통해 칸트와 마찬가지로 '선험적 관념론'에 얽매여 있다. 물론 훗설 자신은 마침내 그러한 세계고찰이 '주관주의'라는 사실을 깨닫긴 했지만, 그로부터 완전히 벗어날 수는 없었다.[114]

"순수한 자연과학적 태도로 내가 예술작품을 만날 수는 없고, 순수한 미학적 태도로는 어떠한 윤리적 또는 정치적 요구도 체험할 수 없으며, 순수한 종교적 태도로는 정치적인 것과 '국가'라는 실재가 전혀 밝혀지지 않는다. 왜냐하면 나는 이 모든 대상에 공통되어 있고 그 기저에 있는 특수한 존재에 접근하지 못하기 때문이다."[115] 물론 이 말은 옳다. 그러나 훗설의 관점은 아직도 **'무엇에 대한 태도'**가 갖는 **주관적** 의미에 국한되어 있다. 그 때문에 이 특정한 지향성이 그에 상응

---

112 이에 관해서는 Müller, *Sein und Geist*, S. 39 참고.

113 앞의 90면 도표 참고.

114 이에 관해서는 특히 Husserl, Beilage XIII, in: *Ideen*, S. 399 이하 참고.

115 Müller, *Sein und Geist*, S. 33.

하는 존재 영역 일반을 고유한 의미에서 비로소 '구성한다'는 식으로 오해될 소지가 많다.[116] 그러나 이와는 반대로 이 태도는 이미 나의 의식의 바깥에 서 있는 것에 **대한 태도**로서 이해되어야 하고 또한 이를 통해 나에게는 **객관적으로** 이미 주어져 있는 의미연관에 대한 주관적 통찰이 가능하게 된다.

이처럼 '상응'하는 태도를 통해 밝혀진, 일정한 존재 영역의 존재에 이르는 통로는 '개별적인 만남 이전에', 즉 '보편적 지향(allgemeine Zuwendung)'[117]의 방식으로 미리 '밝혀져' 있어야 한다. 오로지 그러한 지향만이 그 존재 영역에서 만나는 존재자의 존재를 감지할 수 있는 '기관(Organ)'을 갖도록 해주며, 그러한 태도가 없이 대상과 만나게 되면 존재에 대해 맹목적이게 될 뿐이다. 왜냐하면 지향적 태도가 없이 이루어진 대상과의 만남은 결코 '세계'에 대한 친숙함의 '근거'가 무엇인지를 밝히지 못하며, 따라서 이 세계로부터 마주치는 존재자를 "어떻게 파악해야 하는지"를 알려주지 않기 때문이다.

1. 존재기반과 경험기반

내가 '이 세계 안에서' 그때그때 마주치는 존재자의 존재를 제대로 파악할 수 있으려면, 하나의 영역의 근거가 되는 존재가 체험의 근거로 이미 자리 잡고 있어야 하고 또한 친숙한 것이어야 한다.[118]

---

116 신칸트학파와 마찬가지로 현상학에서도 근본적으로는 (현상학적) 방법이 비로소 '대상'을 '창조'한다.

117 즉 '영역적 지향성'의 방식으로.

118 이에 관해서는, Müller, *Sein und Geist*, S. 34 참고.

바로 이 점이 구체적인 경험행위에서 '**경험 기반**'을 형성하며, 이 경험 기반으로부터 나는 그 존재 영역의 **존재 기반** 및 이 '세계'에 속하는 특정한 존재자의 존재에 접근하게 된다.

다시 말해 '체험 영역'[119]에서 존재자의 존재에 대한 모든 경험이 '가능할 수 있는 조건'은 그 존재 영역의 존재 일반을 향해 나 자신을 특정한 영역의 존재 근거를 향해 열어 놓는, 안으로 향한 '지향'(inwendige 'Zuwendung')이다. 이러한 안으로 향한 지향을 통해 비로소 나는 그 존재 영역에 대한 '눈'과 '귀', 즉 존재 영역을 감지할 수 있는 '기관'을 갖게 된다. 이는 우리의 일상용어의 표현에서도 잘 드러난다.[120]

하나의 존재 영역에 대한 이러한 접근의 통로를 여는 것이 곧 모든 '입문(Ein-führung)'의 진정한 의미이다. 이는 하나의 학문영역에 대한 입문의 경우에도 마찬가지다. 즉 입문을 통해 비로소 한 존재 영역에 대한 '친숙함'이 생기고, 그런 연후에 '사물'을 **존재하는** 그 자체로 만날 수 있다.

이러한 모든 논의에 비추어 볼 때, '법'이라는 존재자의 존재에 대한 우리의 물음은 적어도 그 윤곽만은 분명한 하나의 목표를 갖고 있다. 즉 우리의 물음은 법적인 것 일반의 존재 영역의 존재 기반에 대한

---

119 칸트가 '인식 영역'에서 존재자의 존재자성을 통해, 즉 존재자의 '현존성(Vorhandenheit)'과 '속성(Beschaffenheit)'을 통해 존재자에 대한 경험의 선험성(Apriori)을 밝혔다면, 훗설은 '체험 영역'에서 '안으로 향한 지향'을 통해 존재자의 존재에 대한 모든 경험의 가능성 조건을 밝히고 있다.

120 예컨대 내가 미술이나 음악에 '조금도 조예가 없는' 사람이라면 설령 완벽한 표현이나 공연일지라도 나에게는 '아무 의미도 없고' 지루할 뿐이다. 이에 반해 조예가 있는 다른 사람은 그 대상의 '근거'와의 만남을 통해 크게 "감동한다."

접근을 얻고자 하는 것이며, 그 접근은 동시에 경험 기반이다. 법의 의미와 존재에 대한 우리들의 친숙함은 이미 언제나, 즉 모든 '해명적(explizit)' 물음이 제기되기에 **앞서**, 그러한 경험 기반 위에 서 있는 것이며, 이 경험기반은 법적인 것과의 우리의 일상적인 만남을 떠받치고 있는 기반으로서 그러한 해명적 물음이 '사라졌을 때' 비로소 우리에게 '감지'되는 것이다.[121] 그것이 바로 우리가 '법의 세계'에서 이미 언제나 확고하게 자리 잡은 하나의 근거이다. 그리고 그 근거로부터 우리는 이 존재 영역에 속하는 어떤 하나의 존재자를 법적 존재로 '이해'할 수 있는 것이다.

따라서 영역존재론으로서의 법존재론의 과제는 법이라는 존재 영역의 "**존재구조**를 탐구하는 것이다. 이 존재구조는 — 객관적으로 고찰하면 — 이 영역의 모든 대상에게 그들의 특수한 존재방식을 … 부여하며, — 주관적으로 고찰하면 — 이 대상들과의 만남 속에서 이미 알려진 것이어야 한다. 그래야만 대상들이 바로 이 영역의 대상들이라고 말하고 인식할 수 있기 때문이다."[122]

2. 존재구조와 존재이해

개별과학은 하나의 존재 영역의 '**존재자**'를 '그 존재자의 연관성'의 관점에서 탐구한다. 이에 반해 모든 개별과학에 선행하는 영역존재론은 '이 존재자의 영역적 **존재**'[123]를 묻는다. 하나의 학문의 대상 영역

---

121 이에 관해서는 앞의 57면 이하 참고.

122 Müller, *Sein und Geist*, S. 36(강조표시는 지은이).

123 Müller, *Sein und Geist*, S. 36(강조표시는 지은이).

의 '**존재구조**'에 관한 이러한 물음은 모든 '학문적' 문제 제기에 **앞서는**, 따라서 그러한 문제 제기의 **바깥에** 있는 '근거'를 근원으로 삼는다.

모든 역사연구에서 "이 영역, 즉 역사라는 '영역' 자체의 존재구조는 연구되지 않으며", 따라서 역사가들이 자명한 것으로 사용하는, 역사적 존재의 '근거개념'에 대한 탐구는 역사존재론에 맡겨진다. 이와 마찬가지로 법이라는 존재 영역에서도, '**법적 존재**'에 관한 물음은 '근거물음'으로서 법존재론에 맡겨진다. 막스 뮐러는 이 점을 상세히 서술하고 있다.[124]

법이라는 존재 영역과의 모든 관련의 바탕에는 이미 '법에 관한 앎', 즉 이 존재 영역에 대한 **존재이해**가 자리 잡고 있다. 뮐러의 견해에 따르면 **무엇**이 '**법**'이고 **무엇**이 '**법의 진정한 존재**'인지에 관해 '법학'은 우리에게 아무것도 말해 줄 수 없다.[125] 법학은 우리에게 단지 "특정한 규범의 효력과 이 규범의 올바른 적용과 해석 그리고 **사회성**(Öffentlichkeit)**의 관점**에서 삶의 전체질서를 형성하는 이 규범들 상호 간의 관계"[126]만을 가르쳐 줄 뿐이다.

그러나 '법의 본질'은 그러한 모든 "법적 태도 속에 어떻게든 이미 함께 존재하는 것이어야 한다." 그렇지 않을 경우, 법이 아예 '존재'할 수 없게 되는 것은 아닐지라도 내가 법의 '근거'를 파악하지 못하므로 법의 존재가 나에게 '밝혀질 수' 없을 것이기 때문이다. 따라서 이 존

---

124 Müller, *Sein und Geist*, S. 36 이하. 하지만 여기에서는 법존재론의 과제에 대한 대강의 방향만이 암시되어 있을 뿐, 아쉽게도 과제 자체에 대한 명백한 논의는 찾아볼 수 없다.

125 E. Wolf, *Rechtsgedanke und Biblische Weisung*, 1948, S. 12 이하에도 같은 내용이 지적되어 있다.

126 Müller, *Sein und Geist*, S. 36 이하.

재 영역에 '상응'하는 태도를 갖지 못한 사람은 "법의 법적 존재를 결코 이해할 수 없으며, 기껏해야 법을 강제권을 통해 강제할 수 있는, 법률을 통해 확립된 정치 질서로 바라보는 오해를 범할 뿐이다." 이로 인해 본래적인 '법의 영역'을 보지 못하게 된다.[127]

그러나 이 본래적인 '**법의 영역**'은 법률가에게는 너무나도 '자명한 것'이고, 바로 그 자명하다는 사실 때문에 '법률가로서' 이 자명한 것에 대해 아무런 내용도 전달할 수 없다. "왜냐하면 법률가가 갖는 법학적 문제나 물음들은 나중에야 비로소 시작되기 때문이다. 즉 이 물음들은 법률가에게는 전혀 물음의 대상이 되지 않지만, 극히 의심스러운 법의 영역 자체 **내에서** 시작된다."[128]

'**선험적 사물논리**'로 이해되는 **법존재론**은 (주관적) **존재이해의 해명**[129]을 통해 이 존재영역의 (객관적) **존재구조**[130]를 탐구한다. 이러한 탐구는 '후기' 훗설의 '존재론적 형이상학'에서 전개되기 시작했고,[131] '사물 그 자체'에 대한 하이데거의 방향전환에서도 요구되었다.

3. '선험적 사물논리'의 이념(하이데거)

따라서 **하이데거**에서 **영역존재론의 과제** — 물론 그는 전혀 다른 물

---

127 Müller, *Sein und Geist*, S. 36 이하.

128 Müller, *Sein und Geist*, S. 37.

129 영역의 경험 기반.

130 영역의 존재 기반.

131 훗설이 『순수현상학의 이념』에서 전개한 형식적 존재론으로부터 '선험적 논리학', 즉 '존재론적 형이상학'으로 변화하는 과정에 관해서는 Müller, *Sein und Geist*, S. 37 이하, 39 참고.

음의 방향에서 이 문제를 극히 잠정적으로 다루고 있을 뿐이다[132] — 는 개개의 학문의 대상 영역의 '존재구조'를 탐구하는 것이다. 이러한 탐구는 각각의 존재자에서 '그 존재의 근본구조'[133]를 해석해 내는 **도중**에 이루어진다. 그러므로 존재구조에 대한 탐구는 '하나의 학문의 우연한 상태에서 그 방법을 연구'하는 '모방의 논리'를 **수단**으로 삼지 않고, '근거개념들을 창출하는 진정한 생산적 논리'를 통해 그 존재 영역의 "존재구조를 … 밝히고, 이로써 확보된 구조를 실증적인 학문이 물음의 명백한 지침으로 이용할 수 있게 만든다."[134] 이러한 존재론의 **목표**는 각각의 존재 영역에 관한 '**선험적 사물논리**(aporische Sachlogik)'이다.[135]

이때 '해명적' 존재론적 물음은 그 존재 영역 전체를 이 영역의 '존재 기반'으로 떠받치고 있는 '근거'로 향해 있을 뿐만 아니라, 동시에 '사물 그 자체'에 이미 규정되어 있고 이 영역의 '**근본구조**'를 형성하는 특정한 '**기초개념**'으로 향해 있다.[136]

그러한 기초개념들(법학의 경우에 예컨대 의사표시, 행위, 행정행위 등과 같은 개념)의 수정은 하이데거의 철학에서는 진정한 의미의 학문적 '동요'를 뜻한다. 왜냐하면 하이데거는 하나의 학문의 '수준'을 "그 학문이 얼마만큼 기초개념들의 위기를 감당할 능력이 있는가?"[137]에 따라

---

132 Heidegger, *Sein und Zeit*, S. 9 이하. 여기서는 '영역존재론'이라는 표현 자체가 사용되지 않는다.

133 Heidegger, *Sein und Zeit*, S. 10.

134 Heidegger, *Sein und Zeit*, S. 10.

135 Heidegger, *Sein und Zeit*, S. 11.

136 Heidegger, *Sein und Zeit*, S. 9.

137 Heidegger, *Sein und Zeit*, S. 9. 따라서 하이데거에서는 '학문의 진정한 진보'도 "'교과서'에 연구결과를 수집 · 축적함으로써" 이루어지는 것이 아니라 "일반적

결정하기 때문이다.

각 존재 영역의 '기초들'에 대한 이러한 물음은 언제나 학문을 지배하고 있으며 각각의 존재 영역에 대해 아직은 선존재론적이긴 하지만 어쨌든 일차적인 해석을 가능하게 한다. 물론 대상의 경계를 확정하고 이 대상 영역에 대한 개괄적인 일차적 개념을 부여하는, 학문 이전의 경험을 통해 사전준비가 이루어진다. 바로 이러한 물음이 '영역존재론', 즉 각각의 존재적 학문의 '**토대를 형성하는 존재론**(fundierende Ontologie)'[138]의 과제를 떠맡게 된다.

따라서 하나의 법존재론이 제기하는 물음이 묻는 바는 일단 잠정적이라는 특징을 지닌다. 즉 법존재론이 자신의 목표에 도달하기 위해서는 법이라는 존재 영역의 근거와 근본구조뿐만 아니라, 법의 존재 가능성과 존재 필연성, 즉 법의 의미와 의의에 대해서도 해명해야만 한다.

이제 법존재론이 '**묻고자 하는 바**', 즉 '**물음의 대상**'이 명백해졌다. 다시 말해 이 존재론이 무엇을 해야 하는가가 명백해졌다. 그러나 그것이 도대체 **어떻게 가능한가**는 아직 명백하지 않다. 이하의 고찰에서 우리는 바로 이 물음을 다루게 된다.

으로 대상에 대한 그러한 증대된 지식을 가지고 다시 방향을 돌려 각 영역의 근본구조에 관한 물음을 추구함으로써" 이루어진다.

138 Heidegger, *Sein und Zeit*, S. 11. 물론 하이데거에서 이러한 기초존재론은 '근본과제'로 여겨지는 '존재 일반'에 관한 물음보다 한 단계 아래에 있다. 즉 존재 일반에 관한 물음은 특정한 존재 영역의 존재에 관한 물음에 선행되어야 한다.

제3장
영역존재론으로서의 법존재론

1. 존재이해 분석으로서의 존재론

법존재론이란 **무엇인가**라는 우리의 물음을 논의할 때 이미 우리는 사물 자체의 본성상 '현상학'의 모든 존재해석이 결국은 **존재이해**로 귀착한다는 사실을 거듭해서 확인한 바 있다.[139]

이미 훗설도 이러한 방법으로의 '도약'을 시작했다. 그러나 그의 '순수한' 선험적 현상학에서는 '존재론적' 탐구가 여전히 의식의 내적 차원에만 국한되어 있기 때문에 존재자의 존재에 관한 물음 또한 존재자가 어떻게 '의식으로 **향한 존재**(Sein für das Bewußtsein)'로 주어져 있는가라는 물음으로 제기될 뿐이다.

그리하여 모든 '현상학적' 물음이 (의식철학의) 인식 영역으로부터 체험 영역[140]으로 전환하는 결정적 계기가 마련되었다. 이러한 체험 영역의 기초로부터 '실존철학'과 같은 것이 전개될 수 있었고 또한 예전의 '생철학(Lebensphilosophie)'은 이 실존철학 속에서 그 존재론적

139 이에 관해서는 앞의 99면 이하 참고.

140 여기서 '체험'은 '순간의 감정(Affekt)'이 아니라 영위된 삶(gelebtes Leben)으로 이해된다.

의미가 '다시 살아나게' 되었다.[141]

훗설의 마지막 저작[142]에서도 이 새로운 '존재 영역(체험 영역)'이 갖는 **순수한** 선험성이 여전히 현상학적 탐구의 **고유한** 연구대상으로 남아 있다. 그러나 그의 **체험비판의 철학**(erlebniskritische Philosophie) — 훗설의 선험적 현상학을 이렇게 불러도 무방할 것이다 — 은 이러한 완전히 새로운 '차원'에서도 이미 "'사물 그 자체'에 대한 해명"을 '가능하게 만들기 위한 조건'을 준비하고 있다. 바로 이러한 의식영역의 기초에서 하이데거에 의해 사물 그 자체에 대한 해명이 시작된다.[143]

그러나 모든 존재론에 대한 **비판적 무관심**을 표명하면서 하이데거의 철학은 그 존재론적 물음의 출발점에서부터 이미 그러한 '기초'를 뛰어넘는다. 이는 칸트의 선험적 인식철학을 뛰어넘는 헤겔 철학을 연상시킨다.

그렇다면 그것이 어떻게 이루어질 수 있었는가?

그것은 거의 눈에 띄지 않을 만큼 간단한 단계에 의해 이루어졌다. 즉 모든 **존재해석**은 이미 존재하는 '선존재론적' 존재이해에 기초한다고 함으로써 훗설 현상학의 핵심이었던, 존재경험의 가능성 조건으로서의 의식영역을 뛰어넘게 된다. 즉 모든 존재해석은 이미 그 존재가 해명된 존재자로부터 이루어진다는 것이다. 그렇다면 "어떻게 그러한 존재경험이 구체적인 경험행위에서 가능한가?"라는 훗설의 본래적인 핵심 물음은 이미 '우리 뒤에' 놓여 있고, 따라서 이 물음에 대

---

141 이에 관해서는 Heidegger, *Sein und Zeit*, S. 46 이하; Bollnow, *Existenzphilosophie*, S. 325 이하 참고.

142 Husserl, *Erfahrung und Urteil*, 1938, Neuherausgabe 1948.

143 이 점은 하이데거 자신이 언급하고 있다. Heidegger, *Sein und Zeit*, S. 38, 각주 1 참고.

답할 필요성도 없다.

하이데거의 탐구과정에서 존재해석은 존재의 '**해명**(Erschlossenheit)'에 관한 물음으로 나타나는데,[144] 이와 관련해서는 미리 제기되어야 할 '비판적인' 선행 물음('kritische' Vorfrage)이 수반될 필요가 없다. 물론 실질적으로는 이러한 선행 물음에 대한 대답을 통해 비로소 모든 물음이 가능하기 위한 조건이 마련되는 것이지만, 하이데거의 존재해석은 존재자의 존재가 어떠한 방식으로 "해명되어 있는가"를 단순히 밝히는 것뿐이므로 구체적 경험행위에서 '그 경험의 가능성 조건'을 탐구할 필요가 없다. 그 때문에 예컨대 현실적 지향성이나 영역적 지향성과 관련된 지향적 구성의 문제는 전혀 고찰의 대상이 되지 않는다. 심지어 하이데거가 현실적인 존재경험의 가능성에 대한 물음을 직접 제기하는 경우—이러한 물음을 제기하기에 앞서 다룬 몇 가지 예를 탐구하면서[145]—에도 훗설이 다루었던 체험영역의 선험성을 원용하지 않으며, 결국 그러한 존재경험이 **어떻게** 가능한가의 물음은 문제의 대상이 되지 않는다. 그러므로 하이데거의 존재해석은 **이미 주어져 있는 것**으로 전제된 존재이해를 존재론적으로 명백히 밝히는 것에서 시작한다.

이처럼 존재에 관한 '선존재론적' 의미이해 속에 언제나 '파묻혀 있는' 존재경험을 '끌어올림'으로써 하이데거의 철학에서는 우리가 언제나 행하는 **상기**(Anamnesis)라는 작용이 이루어진다. 상기란 이성(logos=정신 nous)의 총체성 속에 이미 '성립'되어 있는, 존재자의 존

144 이에 관해서는 Heidegger, *Einführung*, S. 15도 참고.
145 Heidegger, *Einführung*, S. 23 이하.

재에 관한 경험을 끄집어내는 것, 즉 이미 '알았던 것'이지만 그것이 의식의 경계선 밑으로 감추어져 '잊힌 것'을 '다시 기억해 내는 것(Wiedererinnerung)'이다.

우리는 바로 여기에서 '실존론적 존재론'의 물음이 '내면으로 향한 비밀스러운 길(geheimnisvoller Weg nach Innen — 노발리스Novalis)', 즉 자기 자신을 기억해 내고 또한 자기 자신을 성찰하는 길을 지향하고 있음을 본다. 한때 신비주의의 신학적 물음 또한 이 길로 되돌아가고 있음을 깨달은 적이 있다.

이런 이유에서 막스 뮐러는 영역존재론의 이념을 설명하면서 "존재이해를 위해 플라톤의 상기가 필연적임"을 지적하고 있다.[146] 하지만 이미 하이데거 스스로 '기초존재론적 근본행위'를 '다시 기억해 내는 것',[147] 즉 '기억된 것을 내면화'하는 행위라고 말한다.

이것은 바로 칸트가 '철학자의 일'이라고 주장한 **'공통의 이성의 비밀스러운 판단'에 대한 분석**(Analyse der 'geheimen Urteil der gemeine Vernunft')[148]을 요구하는 것이다. 여기서 '비밀스러운'이라는 표현을 사용한 것은 그러한 판단이 우리의 일상적인 경험을 넘어서는 것이기 때문이 아니라 우리가 그러한 판단을 일상적인 활동에서는 언제나 잊고 있기 때문이다. 특히 대체로 매우 넓은 범위를 포괄하는 모든 경험이 **'자명한 것'**이자 아주 친숙한 것인 그러한 판단을 볼 수 없게 될 때, 공통의 판단은 가장 확실하게 잊히고 만다.[149]

146 Müller, *Sein und Geist*, S. 37.

147 Heidegger, *Kant und das Problem der Metaphysik*, S. 211.

148 이에 관해서는 Heidegger, *Sein und Zeit*, S. 4 참고.

149 하이데거에 따르면 그러한 공통의 판단은 '아무런 방해도 받지 않고 어떠한 위험도 없는, 가장 순수한 자명성의 차원'에 위치한다(*Kant und das Problem der*

따라서 모든 **실존론적 존재론**(Existenzialontologie)의 **과제**는 '자명한 것, 기초가 되어 있는 것, 이미 전제된 것 그러나 바로 그 때문에 대개는 잊히고만 것'을 다시 밝히는 일이다. 즉 자명성이라는 덮개 아래 물음의 대상이 되지 않은 채 감추어져 있는 **존재이해**를 '해명적으로' **분석**하는 것이다. 아주 특별한 물음의 갑작스러운 등장과 함께 물음을 묻는 자 자신에게도 새로운 앎의 욕구와 배움의 능력이 솟아남으로써 이 자명한 것을 '밝히는 것'이야 말로 모든 실존론적 존재론의 출발점을 이룬다.

그러므로 실존론적 존재론은 그러한 분석과 함께 '현존재분석',[150] 즉 **실존분석**(Analytik der Existenz) 또는 '**현존재의 존재론**(Ontologie des Daseins)'[151]의 **길**을 향하고 있다. 하이데거에서 이 길은 결코 피할 수 없게끔 사물 그 자체에 이미 지시되어 있다.

2. 실존분석으로서의 존재론

하이데거에서 물음의 대상은 존재 일반이며, 그것은 "존재의 의미를 해명하는 것"[152]을 목표(물음을 통해 대답되어야 할 것: das Erfragte)로 한다. 존재의 의미를 밝히는 작업은 "존재자가 일찍이 이미 이해하고 있었던"[153] 존재의 의미이해를 명백하게("바깥으로 드러나게":

Metaphysik, S. 205).

150 이에 관해서는 Heidegger, *Sein und Zeit*, S. 41 이하; *Kant und das Problem der Metaphysik*, S. 211 참고.

151 또는 하이데거가 말하는 '현존재의 형이상학'(*Kant und das Problem der Metaphysik*, S. 207). 이에 관해서는 *Sein und Zeit*, S. 12 이하 참고.

152 Heidegger, *Sein und Zeit*, S. 6.

"explizit") 제시함으로써 이루어진다. 어떠한 존재자도 물음을 묻는 존재자 자신, 즉 "존재에 관한 자신의 의미이해"를 **다시 물음의 대상으로 삼을 수 있는 존재자**보다 더 직접적으로 이 물음에 접근할 수는 없다. 이 물음을 묻는 현존재자(Daseiende)는 바로 나 자신으로서 나의 삶(현존재) 가운데서 나 자신을 발견할 것이기 때문이다. 물음을 묻는 존재자는 자기 자신 말고 도대체 누구에게 자기에 대한 이해, 즉 자신의 현존재(실존: Existenz)의 존재에 관한 의미이해에 관해 더 직접적으로, 즉 "다른 매개과정을 거치지 않고"(un-vermittelter) 물을 수 있단 말인가?

하이데거는 그의 『존재와 시간』에서 **"현존재에 대한 예비적 기초분석"**[154]을 통해 "존재자(현존재)를 그 자신의 존재의 관점에서 해명"[155] 하는 이러한 길을 걷고 있다. 여기서는 말하자면 바로 우리 자신인 현존재가 "과연 그 자신의 존재에 대해 알고 있는가를 묻게 된다."[156] 다시 말해 현존재가 모든 이론적 성찰에 앞서 자신의 현존재(삶)에 대해 가지고 있는 의미이해, 즉 모든 '해명적' 존재론에 앞서 자신의 일상적 존재 가운데 이미 일찍이 발견하였던 '선존재론적' 존재이해[157]가 물음의 대상이 되는 것이다. 오로지 진정한 의미의 현상학[158]에서만 바로 이러한 선존재론적 존재이해를 그 현상적 존재사실 '자체에서 나타나는 것(Sich-an-ihm-selbst-zeigendes)'으로 밝히는 것이 중요한

---

153 Heidegger, *Sein und Zeit*, S. 6.
154 Heidegger, *Sein und Zeit*, S. 41 이하.
155 Heidegger, *Sein und Zeit*, S. 7.
156 Heidegger, *Sein und Zeit*, S. 6.
157 Heidegger, *Sein und Zeit*, S. 4 이하 참고.
158 Heidegger, *Sein und Zeit*, S. 31.

의미를 갖는다.

하이데거는 『존재와 시간』에서와는 달리 『숲길(Holzwege)』 등의 그 이후의 저작에서는 현존재분석을 위한 우회로를 걷게 된다. 즉 존재에 관한 의미이해를 직접 그 현존재의 자기이해로부터 밝히는 것이 아니라, 다른 현존재들이 세계 내에서의 그들의 현존재(삶)에 관해 가지고 있는 사변적이고 '시적인(dichtend)' 의미이해를 밝힌다.

이러한 간접적인 방법이 단지 『존재와 시간』 **이후**에 취해진 것이라는 이유만으로 곧 이 방법이『존재와 시간』의 직접적인 방법을 극복했다고 생각하는 것은 착각이다. 이 간접적인 방법은 단지 인간의 존재이해에 도달하기 위해 잠시 걷게 되는 샛길이나 옆길일 뿐, 그 어느 경우에나 궁극적인 목표점(존재해명 — 옮긴이)은 같다. 따라서 법-내-존재를 분석하는 우리도 오늘날 『존재와 시간』에서 전개된, 세계-내-존재에 관한 유일한 체계적 분석[159]으로 되돌아가지 않을 수 없다.

3. 법-내-존재 분석을 위한 거점으로서의 세계-내-존재의 기초분석

세계-내-현존재의 기본구조에 관한 실존분석적 전개는 하이데거의 철학에서는 '**일상성**(Alltäglichkeit)' 속에 있는 **현존재에 관한 해석**[160]을 통해 이루어진다.

현존재의 '존재'방식에 관한 어떠한 '해명적'인 물음이 제기되기 이전부터 인간이라는 현존재는 그 존재에 비추어 볼 때 이미 언제나

---

159 Heidegger, *Sein und Zeit*, S. 52 이하.
160 이에 관해서는 Heidegger, *Sein und Zeit*, S. 50 이하 참고.

'**세계-내-존재**(In-der-Welt-sein)'[161]로 이해된다. 이 존재는 물음을 묻는 존재자 자신도 '존재 일반'에 참여(Teilhabe)하면서 존재자의 존재에 관한 '경험'에 대해 끊임없이 물음을 제기하는 가운데 자신을 발견하는 '존재'이다.

그러므로 하이데거에서 '현존재분석을 위한 진정한 거점'은 비록 아직은 명백하게 나타나 있지는 않지만, 우리의 선존재론적 의미이해 속에 이미 밝혀져 있는 존재구조, 즉 '현존재에 대한 **모든** 존재규정'을 파악하고 이해하기 위한 기초가 되는 '**존재구조**'를 해석하는 데 있다.

이러한 해석에서는 단순히 '존재구조를 구성하는 요소들'을 개개의 구성 부분으로 분리하여 그 총체적 구조를 원자화(atomisieren)해서는 안 된다. 오히려 "미리 전체 현상에 대한 시각을 확고하게 유지하면서", '**세 가지** 관점'을 통해 세계-내-존재라는 표현이 나타내 주는 현상의 요소들을 '끄집어 올려야만' 한다. 이는 첫째, **세계**라는 요소(세계-내-존재에서 세계란 무엇인가)의 관점에서, 둘째, 이 세계 속에서 '살아가는' 현존재(세계-내-존재인 현존재란 누구인가)의 관점에서, 셋째, '**내-존재**(das 'In-sein')' 그 자체(세계-내-존재는 어떻게 존재하는가)의 관점에서 이루어져야 한다.[162]

하이데거는 자신의 해석을 통해 바로 "**'자연적' 세계개념의 이념을 자세하게 밝히게**"[163] 되기를 희망한다. 이러한 작업은 어떤 관찰자의 관점에서, 즉 그 자신은 '참여자가 아닌' 관점에서 '세계 일반'이 **무엇**

161 Heidegger, *Sein und Zeit*, S. 53.

162 Heidegger, *Sein und Zeit*, S. 53. (세계가) **무엇인가**에 관해서는 *Sein und Zeit*, S. 63 이하; (현존재가) **누구인가**에 관해서는 S. 114 이하; **어떻게** 존재하는가('내-존재 그 자체')에 관해서는 S. 130 이하 참고.

163 Heidegger, *Sein und Zeit*, S. 52.

인가에 관해 하나의 '개념'을 정립하는 것이 아니다. 오히려 이 작업은 현존재의 세계-내-존재[164]에서 세계는 과연 어떠한 것으로 현존재에게 '드러나는가' 그리고 이 세계-내-존재인 현존재가 자신의 삶을 영위하는 세계가 과연 어떠한 것으로서 '끊임없이' 현존재와 만나고 '관계하는가'에 관한 '개념'을 정립한다.

바로 이 점이 '실존론적 해석'이 다른 세계해석과는 완전히 구별되는 측면이다. 즉 실존론적 해석에서 **세계** 및 세계 내의 **법**은 — 헤겔에서도 여전히 그렇듯이[165] — 주관으로의 '코페르니쿠스적 전환'을 통해 주관과 **맞서 있는 대상**(Gegen-stand)으로 현존재와 만나는 것이 아니라 현존재가 그 속에 있는 것(Worin)으로서, 즉 현존재가 **그 속에 들어서 있는 것**(In-stand)으로서 만난다. 그러므로 실존론적 해석에서는 세계에서 벗어난, 따라서 세계와 맞서 있는 주관이 세계를 내려다보는 **이론적** 관점에서 물음이 제기되는 것이 아니라 세계 내에 서 있는 자, 즉 이미 언제나 세계-내에 자리 잡은 현존재가 세계를 '둘러보는(umsehen)' **실천적** 관점[166]에서 물음이 제기된다. 그러한 '실존론적' 관점에서는 세계가 관찰자의 관점과는 무관하게 '언제나 똑같이'[167] 존재하는 개개의 대상들의 모습으로 비추어지지 않고, 마치 현존재가 자신의 '세계'로서 '안락하게' 자리 잡은 '집(Gehäuse)'의 모습처럼 나타난다. 다시 말해 세계는 일상성 속에서 서로 '배려하는 관계'의 관점

164 이 세계-내-존재라는 표현에 대응하여 우리는 하이픈(-)으로 구별을 피한 용어인 현-존재=실존(Da-sein=Existenz)이라는 표현을 사용한다.

165 Hegel, *Wissenschaft der Logik*. Zweiter Teil, *Die subjektive Logik oder Lehre vom Begriff*(Jubiläumsausgabe Glockner, 5. Bd., 3. Aufl., 1949), S. 256 이하, 260 참고.

166 Heidegger, *Sein und Zeit*, S. 69.

167 Hegel, *Wissenschaft der Logik*, S. 260면.

에서 **주변세계**와 **공존세계**로 '**존재**'한다.[168]

따라서 현존재는 언제나 모든 '실존론적' 해석의 '**출발점**'이다. 즉 현존재는 세계라는 껍질 속에 '집을 짓고 사는(hausen)' '알맹이'이다.

그 때문에 현존재는 이 '세계'를 벗어난 유유자적한 입장에 머무를 수 없으며, 오로지 하나의 '**입장**', 즉 세계 내에 서 있는 '**실존**'의 입장에 관계되어 있다.

그러므로 이러한 존재론에서는 '세계'를 주관의 '왕국'과 객관의 왕국으로 분리[169]하고 양자를 대립시키는 것은 처음부터 극복된다. 따라서 여기에서는 **주관**과 **객관이** '완전히 별개의 것'으로 대립하고 있는 것이 아니라 어느 '**하나**'가 그 바탕에 있어 곧 전체가 된다.

세계에 관한 실존론적 해석은—일단은 이상하게 들릴지 모르지만—주관 일반 속에 자리 잡은 독자적 실체로서의 객관을 '**지양**(Aufhebung)'함으로써 주관·객관의 분리를 마감하는 것이다. **세계**는 현존재인 인간이 **그 속에서 삶을 사는 곳**이며, 이 점에서 세계는 인간 존재를 **위하여** 존재하는 곳일 뿐이다.

즉 '실존론적 해석'에서 세계는 현존재의 관점에 따라 해석되며, 따라서 그것은 **현존재** 자신의 **존재구조에 속하는 '요소'**가 된다.[170]

---

168 '주변세계'에 관해서는, Heidegger, *Sein und Zeit*, S. 66 이하; '공존세계'에 관해서는 S. 117 이하 참고.

169 주관과 객관의 분리에 관해 Hegel, *Wissenschaft der Logik*, Teil II, S. 323에서는 다음과 같이 서술되어 있다. "대립하는 두 개의 세계 가운데 하나인 주관의 왕국은 투명한 사고의 순수한 영역에, 다른 하나인 객관의 왕국은 밝혀져 있지 않은 어두움의 왕국으로서, 외적으로 가지각색인 현실의 요소 속에 자리 잡고 있다." 즉 이 두 세계 사이의 대립은 결코 풀 수 없는 모순 관계에 놓여 있다.

170 따라서 하이데거는 세계를 존재적(실존적) 의미에서 "본질적으로 현존재가 아니고 세계 내에서 만날 수 있는 어떤 대상으로서의 존재자(헤겔이 말하는 '타자',

실존론적 해석에서는 사물이 세계 속에 존재하고 있는 그대로의 '실재'나 실체의 '실체성'(어떤 관점과는 무관한 세계의 현실과 본질)이 물음의 대상이 아니다. 물음의 대상은 물음을 묻는 현존재인 우리 자신과 관련된 세계의 구성이다.[171] 바로 이 점 때문에 실존론적 존재론은 '**제1철학**(prima philosophia: 고전적 의미에서의 존재론)'과 뚜렷이 구별된다. 제1철학은 **세계의 존재에 관한 물음**을 제기하면서 단지 '그 자체'로 존재하는 세계와 그 본질만을 확인하는 데 머물러 있고, 철학 일반의 경계를 뛰어넘어 **신비주의**(플라톤), **형이상학**(아리스토텔레스) 또는 **신학**(스콜라학파)으로 나아갈 뿐, 이와는 다른 방법으로 의미이해에 도달할 수 없었다. 즉 신비주의나 형이상학 또는 신학의 전제에 따라 비로소 현존하는 존재자의 존재에 관한 의미해석의 근거를 설정했을 따름이다.

이에 반해 **실존론적 존재론**은 우리 바깥에 있는 어떤 근거로부터가 아니라 물음을 묻는 현존재 자신의 의미이해로부터 **현존재와 세계의 의미를 해석**하는 것이다. 이는 이러한 관점이 **닫혀 있음**(제약성)을 의미하기도 하지만 동시에 **열려 있음**(개방성)이라는 장점이기도 하다. 즉 오로지 실존론적 존재론만이 우리 자신의 바깥에 있는 어떤 심판자에게 되물어 볼 필요가 없이, 세계를 그것이 **의미**하는 바대로 해석할 가능성을 우리에게 부여해 준다.

그리고 오로지 실존론적 존재론만이 일상적인 의미이해에서 밝혀

'미리 전제된' 객관)로 이해하지 않는다. 오히려 세계는 "'그 속에서' 사실상의 현존재가 현존재로 '살아가는'" 틀이다. 즉 세계는 현존재 자체의 존재 성격을 갖게 된다. 이에 관해서는 Heidegger, *Sein und Zeit*, S. 64 이하 참고.

171 이에 관해서는 Heidegger, *Sein und Zeit*, S. 63 이하 참고.

져 있는 그대로의 세계'개념'을 부여해 줄 수 있다. 즉 우리가 그 속에서 살아가는 세계, 우리가 체험하는 세계 또는 (세계를 단지 인간 내면의 심리적 현상으로 파악하는 모든 심리학적 오해를 배제하고) **우리가 살아가는 일상성의 세계**에 관한 개념을 부여해 줄 수 있다.

왜냐하면 "세계 내의 존재자에 관한 존재적 서술이나 고전적 존재론이 행하는 존재자의 존재에 관한 존재론적 해석은 '세계'라는 현상에 부합하지 않기"[172] 때문이다. "'객관적 존재'에 관한 이 두 가지의 접근방식에서는 각각 그 방법은 다르지만 이미 일정한 '세계'를 전제하고 있다." 다시 말해 세계를 그 자체로 고찰되어야 할 독립된 대상, 즉 그 존재를 내재적 실체로 자체 내에 포함하고 있는 대상으로 전제한다. '하계(Unter-welt: 지옥)'나 '상계(Über-welt: 천당)'와 같은 형이상학적, 즉 신비주의적 또는 신학적 전제를 설정하지 않는 '**실재론**(Realismus)'은 '존재론적으로 볼 때' 아무런 고유한 의미도 없으므로 그와 같은 '피안의' 근거를 찾아낼 수 없다. 설령 그러한 피안의 근거를 설정하는 것이 옳다고 할지라도, 이 경우에는 오로지 피안으로의 '비약'을 수행할 수 있고 스스로 모든 세계와 현존재해석의 이(피안의) 근거 위에 서 있는 자에게만 이 세계는 '근거 있는' 것으로 여겨질 것이다. 그리하여 실재론에서는 현존재의 존재는 그 근거를 지배하는 우주의 '일부분' 또는 전 세계의 창조자가 만들어 낸 하나의 '피조물'로서 해명될 뿐이며 오직 그러한 '특정한' 의미에서만 밝혀질 뿐이다. 이러한 '전제'는 궁극적으로 **현존재의 관점**에서 **세계**를 해석하는 우리의 **존재론**을 '근거 없는' 것으로 치부하여 제쳐놓은 채 아무런 물음도

172 Heidegger, *Sein und Zeit*, S. 64.

제기함이 없이 하나의 대답만을 고수하는 것에 불과하며, 그 결과 여기서 우리가 제기하는 존재론적 물음이 아니라 거꾸로 이 물음에 대한 대답으로부터 비로소 시작할 수밖에 없다. 따라서 실재론에서는 현존재와 세계의 존재에 대한 '현실적인' 대답이 가능할 수 없다.

존재에 관한 철학적 학설, 즉 진정한 **존재론**에서는 **신비주의**와 **신학**의 방법으로는 모든 존재자의 존재에 다가갈 수 없다. 진정한 존재론에서는—하이데거가 지적하고 있듯이—물음을 묻는 현존재 자신이 가지고 있는 '선존재론적 의미이해'로 되돌아가는 길, 즉 **실존론적 존재론**의 길만이 있을 뿐이다.

현존재가 가지고 있는 자신의 존재에 관한 이해는 세계-내-존재에 대한 분석을 통해 해명적 언명(logos)으로 표현된다. 현존재의 이러한 존재이해는 하이데거의 이론에서는 우리의 세계-내-현-존재의 존재에 대한 경험 근거가 될 뿐만 아니라, 이 경우 이 존재자의 존재에 관한 물음에 대하여 현존재분석의 차원에서 파악할 수 있게 되는 대답은 동시에 '존재 일반'의 의미이해를 준비하는 **'본보기(Exemplum)'**가 된다. 즉 '존재' 자체의 의미에 관한 물음에 대해 진정한 의미에서 **'잠정적' 대답**을 주는 본보기이다. 오로지 이러한 이유에서 하이데거는 '현존재의 존재' 일반에 관해 묻고 있는 것이다.

현존재의 존재구조에 대한 하이데거의 실존론적 분석은 야스퍼스나 사르트르처럼 인간의 실존'해명'이라는 가까운 목표를 가지고 시도된 것이 아니다. 이러한 철학적 경향을 흔히 아무런 생각 없이 '실존철학'이라는 단어로 규정할 때 그 공통된 관심사가 마치 인간 실존의 해명에 있는 것처럼 단순하게 생각되기도 한다. 그리고 하이데거의 실존론적 분석은 '철학적 인간학'[173]도 아니고 단순히 '인격의 존재론'[174]도 아니다. 그것은 본보기가 되는 존재자, 즉 나의 현존재에 비추어 '존재를 해명하는 이해'[175]를 위한 최초의 시도, 즉 존재물음 자체에 대답하기 위한 최초의 시도이다. 이러한 시도에서 하이데거는 철학이 걸을 수 있는 유일한 길이 "의미이해를 가진 현존재의 근원적인 존재구조로 되돌아가는 것"[176]뿐이라고 생각한다.

현존재분석의 이러한 목표설정은 하이데거의 본래적인 관심을 이해하는 데뿐만 아니라, 그로부터 발생하는 그의 탐구과정의 한계를 이해하는 데서도 결정적인 의미를 지닌다. 그렇지만 '현존재의 존재구조의 구명'이 하이데거에게는 '단지 하나의 방법일 뿐'[177]이라는 사실이 너무나 쉽게 간과된다. 하이데거의 "목표는 존재물음 일반을 자세히 밝히는 것"[178]이다. 『존재와 시간』에서 전개된 탐구는 단지 그러한 목표를 향해 가는 '도중'[179]일 뿐이다.

하이데거에서 특히 현존재의 '근본상태'로서의 '염려(Sorge)'에 대한 분석처럼 현존재분석이 동시에 '실존해명'이기도 한 경우에 그것은 단지 잠정적인 방법일 뿐이지, 결코 그 자체가 목표인 것은 아니다.

---

173 이에 관해서는 Heidegger, *Sein und Zeit*, S. 45 이하 참고. 더 자세히는 *Kant und das Problem der Metaphysik*, S. 188 이하도 참고.

174 이는 오늘날 만프레드 틸이 야스퍼스의 사상에서 출발하여 시도하는 존재론이다. 이에 관해서는 Manfred Thiel, *Versuch einer Ontologie der Persönlichkeit*, Erster Band: *Die Kategorie des Seinszusammenhanges und die Einheit des Seins*, 1950.

175 Heidegger, *Sein und Zeit*, S. 437.

176 Heidegger, *Sein und Zeit*, S. 438.

177 Heidegger, *Sein und Zeit*, S. 436에서 이 점을 명백히 언급하고 있다.

178 Heidegger, *Sein und Zeit*, S. 436.

179 Heidegger, *Sein und Zeit*, S. 437.

이러한 사실은 **법존재론의 기초이론**(Grundlinien einer Ontologie des Rechts) — 이 기초이론의 주제는 법-내-존재에 대한 분석으로서, 그 자체 하이데거가 이미 밝혀 놓았고 그 자신에게는 단지 '예비적 단계'였을 뿐인, 세계-내-존재에 관한 기초분석의 범위 안에서 이루어지는 영역적 분석에 불과하다 — 을 세우려는 우리의 계획에 대해, 『존재와 시간』에서 달성되었고 또한 그 이후의 저작인 『근거의 본질에 관하여(Vom Wesen des Grundes)』[180]에서 더욱 명백하게 밝혀진 체계적 토대에 기초해 독자적인 길을 걷도록 요구한다.[181]

더욱이 우리가 이미 서론에서 행한 문제 제기에 관한 해석은 **사회적 삶**(öffentliches Dasein)을 '일반인 가운데 있는 존재(Sein im Man)'로 파악하는 하이데거의 해석과는 달리 하나의 완전히 새로운 '영역'으로 인도하는 것이었다. 이하에서 시도할 고유한 과제는 이 새로운 영역의 존재론적 구조를 명백하게 밝히는 것이어야 한다.

---

180 이에 관해서는 Heidegger, Vom *Wesen des Grundes*, 특히 S. 17 이하, 32 이하 참고. 또한 '폴리스에서 **현존재의 실존**을 영위할 근본적 가능성'에 관해서는 S. 37 이하도 참고.

181 이러한 토대에 기초해 독자적인 '현존재분석'을 시도하는 작업은 별도의 연구에 맡겨야 하겠다.

제3부

법존재론의 기초이론[1]

1 이하의 연구는 하이데거의 기초적 분석(Heidegger, *Sein und Zeit*, S. 41 이하)과 헤겔의 법철학(*Rechtsphilosophie*, 특히 S. 88 이하)의 자극에 힘입은 것이다. 이 점은 나의 연구가 하이데거나 헤겔의 사상과 완전히 다른 길을 걷는 경우일지라도 그렇다.

현존재는 **세계** 안에 있는 존재이며, 세계는 실존의 영역이다. 이 영역에서 인간은 유한한 현세의 삶이 끝날 때까지 자기 자신을 완성해야 한다. 세계라는 영역에서 인간이 외적인 현-존재로 되기 위해서는 필연적으로 '법의 영역'에 도달하지 않을 수 없다.

왜냐하면 **인간**의 모든 **개인적 실현**은 존재 필연적으로 **세계**에 의해 미리 규정된 특정한 **사회적 형태** 속에서 이루어지기 때문이다. 이 사회적 형태 가운데 인간은 여러 가지 질서의 영역으로 들어서게 되며, 따라서 당연히 법질서의 영역으로도 발을 들여놓게 된다.

제1장
세계 내에서의 개인의 실현

타인과 아무런 관련도 맺지 않는 고립된 존재에서 벗어나 세계의 외부적 삶으로 나아가게 되는 인간은 세계 속에서 나타나는 수많은 존재 가능성을 통해 세계를 자기존재 가능성의 실현영역으로 이해한다.

인간은 **성찰**(Besinnung)을 통해 그의 내면의 세계에서는 삶의 '핵심'으로서의 **가장 고유한 자아**로 되돌아간다는 사실을 깨닫게 되며, 이 삶의 핵심 속에서 스스로 '자기 자신'을 발견한다. 이와 마찬가지로 인간은 외부세계에서의 **활동**(Betätigung)을 통해서도 '다른 그 어떤 것'보다 앞서 바로 자기 자신을 찾게 된다. **세계-내-존재**로서의 인간이 이 세계에서 마주치는 모든 것들은 자아를 형성하기 위한 수단으로 파악되고 이해된다.[2]

인간이 이처럼 세계 속으로 자신을 확장함으로써 세계는 자기존재의 집, 각각의 현존재의 활동공간, 즉 각자의 **자기** 세계가 된다. 이 각자의 자기 세계 속에서 **인간의 세계구성**이 이루어진다.

---

2 이에 관해서는, 헤겔의 이념론에서 전개되는 삶의 기초변증법(Hegel, *Logik*, Teil II, S. 236 이하)을 참고. 이 기초변증법에서는 지금 여기서 고찰하고자 하는 '개인성의 과정'이 '삶의 과정'의 첫 번째 단계로 파악되고 있다.

현존재는 두 가지 방식으로 **자신**의 세계를 구성한다. 즉 현존재는 한편으로는 **사물의 주변세계**(Umwelt der Sachen)로, 다른 한편으로는 **인간의 공존세계**(Mitwelt der Personen)로 삶의 표현을 확장함으로써 자신의 세계를 구성하는 것이다.

A. 개인적 세계로서의 세계

개인적 세계에서는 세계 안에서 만나게 되는 모든 대상이 일상적 생활에서 이루어지는 **실천적 고려**에 비추어 경험된다. 즉 대상들은 **이론적 관점**에서처럼 단순히 일정한 **존재적 속성**(Beschaffensein)에 따라 경험되는 것이 아니라 대상이 이를 경험하는 주체와 관련하여 갖게 되는 '**기능적 의미**(Bewandtnis)',[3] 즉 하나의 특정한 '**도구**'[4]로서의 '**이용성**(Zuhandenheit)' 또는 특정한 **누구**로서의 **현재성**(Gegenwärtigkeit)[5]에 따라 이해된다.

개인적 세계와 더불어 세계 안에서 마주치는 모든 대상은 그때그때 현존재의 존재 가능성과의 관련하에 현존재에 대해 특정한 '**의미**'를 획득하게 되며, 따라서 대상이 각자의 삶의 형성 수단으로 유용한가

3 이에 관해서는 Heidegger, *Sein und Zeit*, S. 84 참고. 이 기능적 의미는 실질적으로 모든 존재자의 존재론적 **기능성**(Funktionalität)을 뜻한다. 이는 훗설의 '선험적' **지향성**에 대한 '초월적' 상응 관계에 해당한다.

4 이에 관해서는 Heidegger, *Sein und Zeit*, S. 68, 102 참고.

5 이는 곧 '공존세계'의 '존재규정'에 해당한다. 그러나 이러한 존재규정은 일상적인 공존을 '존재가 결핍된 것(Defizienz)'으로 또는 '존재와 상관없는 것(Indifferenz)'으로 해석하는 하이데거의 관점에서는 명확하게 드러나지 않고 있다. 이에 관해서는 *Sein und Zeit*, S. 121 이하 참고.

그렇지 않은가에 따라 특정한 의미가 도출된다.[6]

이처럼 세계에서 마주치게 되는 대상들을 각각의 현존재의 가장 고유한 존재 가능에 대한 의미성과 목적성(Sinn- und Zweckhaftigkeit)으로부터 해석하는 것은 그 자체 그때그때의 **필요**(Bedürfnis), 즉 세계에 대한 현존재의 다양한 관련성에 의해 '결정'된다. 왜냐하면 현존재는 대상들의 적합성(자격)에 따라 대상과의 **상응**(Entsprechung)을 추구하고 발견하기 때문이다.[7]

필요는 대상이 갖는 의미에 대한 **이해**에 그치지 않고, 그 대상에 관한 **관심**까지도 규정한다. 필요에 상응하는 대상은 관심을 통해 우리와 '접선'할 수 있다. 즉 관심을 통해 하나의 대상은 **욕망**의 목표 또는 궁극적으로는 **의욕**의 대상이 될 수 있다.[8]

우리를 둘러싼 세계를 '구축(aufbauen)'[9]하는 것은 언제나 세계에서 마주치는 대상에 대한 각자의 필요와 상응이거나 아니면 우리에게서 상응 관계를 찾으려고 하는 대상 자체의 필요이다. 이러한 세계구성에서 **주도권**이 우리에게 있든 '대상으로서의 세계'에 있든, 대상을 우리에게 또는 우리 자신을 대상에게 의미 있는 것이 되게 하며 또한 대상과의 의사소통(Kommunikation)[10]으로 이끌어 가는 것은 총체적

---

6 이에 관해서는 '세계성'에 관한 하이데거의 분석(*Sein und Zeit*, S 72 이하, 83 이하)을 참고.

7 이러한 '상응'에 대한 사상은 이미 Hegel, *Logik*, Teil II, S. 258과 Heidegger, *Einführung in die Metaphysik*, S. 95에 묵시적으로 전개되어 있다.

8 관심, 욕망, 자의 및 의지에 관해서는 Kant, *Metaphysik der Sitten*, S. 12 이하 참고.

9 여기서 '구축'은 진정한 의미에서의 '구성(konstituieren)'을 뜻한다.

10 이에 관해서는, Jaspers, Philosophie, S. 338 이하, 374 이하 참고. 물론 모든 '의사소통', 즉 '상응'의 진정한 존재론적 '근거'를 야스퍼스처럼 하나의 개체(Monade)로 여겨지는 '자아'로 파악할 수는 없다.

인 상응 관계에 있는 관계의 양 당사자(현존재와 대상으로서의 세계 — 옮긴이)이다.

마주치는 대상에게[11] '나의' 주변세계 또는 공존세계에서 그 대상에 '상응하는' 위치를 지정하거나 나 자신을[12] '외부'세계에 접합시키는 것은 바로 그러한 상응의 포괄적인 총체성이다. 끝없이 변화하고 또한 세계 내에서의 나의 존재를 둘러싸고 있는 이 **상응의 구조**가 독립된 대상으로 존재하는 '세계'를 나에 대해 주변세계와 공존세계로서 **존재**하는 세계로 '만들어 내며', 동시에 세계 내에 있는 나 자신의 현존재를 바로 그렇게 **현존하는 존재**로 '구성'한다.[13]

'개인성의 과정'에 대한 의식철학의 사변적 관점에서 세계는 나와 관계없이 대립하고 있는 대상으로 여겨질 수밖에 없었다.[14] 그러나 일상의 '실천적' 관점에서 파악되는 **세계**는 결코 '아무런 관계없이' 나와 맞서 있는 '별개의 것'이 아니다. 오히려 세계는 우리 각자의 '참여와 관련'에 따른 상응이 갖는 의미의 총체성으로 체험된다.[15]

---

11 내가 이 대상에게 지시되어 있음(An-gewiesenheit)에 따라.

12 대상에 '상응하는' 나 자신의 적합성(An-gelegtheit)에 따라.

13 바로 이 점으로부터 세계와 마주치고 세계와 관련을 맺는 **네 가지 근본 양식**이 도출되며, 이 네 가지 근본 양식은 우리의 세계-내-존재의 기초구조를 형성한다. 즉 이 근본 양식들은 도구로서의 사물과 특정한 누구로서의 인간이 이용성과 현재성에 비추어 **긍정적**으로 마주치는 방식을 '결정'한다. **부정적**인 방식, 즉 이용성과 현재성에 반하는 방식으로 마주치는 '추락의 양태(Modi der Auffälligkeit)'에 관해서는 Heidegger, *Sein und Zeit*, S. 72 이하 참고.

14 이러한 비판으로는 Hegel, *Logik*, Teil II, S. 256 이하, 248 참고.

15 그렇다면 — 앞의 72면 이하에서 이미 암시한 바와 같이 — **존재** 일반은 아마도 상응인 것이 아닐까? 즉 존재는 마주치는 대상에서 그 대상의 독자적인 성질로 발견될 수 있는 어떤 것이 아니라 '만남' 그 자체에 놓여 있는 것, 즉 '상응하는 대상들' 사이에서 발견되는 어떤 것이 아닐까? 아마도 '존재자의 존재'는 바로 포괄적인 **상응의 총체성**이 아닐까? 즉 지금 여기에서 '일어난' 것은 이 상응의 총체성 속에

이러한 상응과 더불어 모든 **실존**(Ex-sistenz)은 현존재가 자리 잡은 본래의 '위치(Stand-ort)'로서의 '**세계 내적 존재**(In-sistenz)'[16]가 될 수밖에 없다. 즉 '그 자체' 독립되어 있지 않은 현존재는 세계 속에서의 이러한 관련을 통해 비로소 자기 자신을 그 존재로 '성취'할 수 있게 된다.

이처럼 인간의 존재를 자기 자신을 향한 내면화가 아닌, **삶의 세계를 위한 외면화**(Eksistenz)[17]에서 찾으려는 철학의 관점에서 보면, 인간은 하나의 '폐쇄된 현실적 장벽', 즉 개인주의적 진화이론에서 생각하는 '자기 자신으로부터 스스로 발전해 가는 자족적 형태'가 아니라, '자기 자신을 뛰어넘어 주변세계 및 공존세계와 더불어 실존'[18]하는 존재이다.

단순히 존재에 '참여하는 한 부분'에 불과하기에 필연적으로 불완

서 서로 상응하는 대상들 사이의 만남으로 '성립'된 **존재**가 아닐까? 다시 말해 **존재**는 존재자의 **배후에 '존립'**하면서 이를 지탱하는 '그 어떤 것'이 아니라 바로 존재자 **사이에서 '발생하는 것'**, 즉 상응의 관련 속에서 자신을 실현하는 것이 아닐까? 이는 다만 존재가 **발생적으로**만 **존재한다**는 것을 의미할 뿐만 아니라, 존재는 **본래부터 상응하는 대상들**이 서로 '만나는' 곳에서만 있다는 점까지 의미한다. 그러한 모든 만남이 하나의 '존재발생'을 통해 채워야 할 그 '존재의 빈터'는 언제나 — 우리의 '일상'이 이루어지는 이 세상이든, 우리의 '고차적'인 삶의 사건이 이루어지는 저 세상이든 — 서로 상응하는 것들(이는 '근원적'으로 존재 자체가 존재자 가운데 있음을 의미한다)이 상호적으로 지시된 상응 관계의 대립과 긴장 가운데서 자기 자신을 '되찾는' 경우에만 밝혀지는 것이다. 심지어 사유(Denken)마저도 '무엇인가 존재하고 있는 것'에 대한 사유로서 그러한 상응 관계를 형성하는 것일 따름이다.

16 즉 세계 내에 들어가 있는 존재가 된다. 이와는 반대로 인간을 "자기 자신 안으로" 들어가 있는 존재로 파악하는, 플라톤 이후 서양철학의 전통적인 관점에 관해서는 Müller, *Existenzphilosophie*, S. 46 이하 참고.

17 Heidegger, *Sein und Zeit*, S. 117("현존재의 '본질'은 그 외적 실존"에 기초한다) 참고.

18 이러한 '근본사상'은 R. Guardini, *Welt und Person, Versuche zur christlichen Lehre vom Menschen*, 1950에서 '철저하게 시도'되고 있다(특히 S. 3 참고).

전할 수밖에 없는 현존재는 '바깥의' 세계에서 비로소 자기 자신의 완전성을 발견하게 된다. 즉 바깥의 세계에서 현존재는 흡사 자신의 '또 다른 반쪽'과도 같은 대상들과 자신의 필요에 따른 상응 관계를 통해 결합한다. 그러한 결합은 현존재가 '구축'하는 사물의 주변세계에서 이루어지기도 하고 인간의 공존세계에서 이루어지기도 한다.

먼저 인간이 자신의 **주변세계**에 '뿌리박고 있음'[19]을 고찰해 보자.

Ⅰ. 주변세계로서의 세계

세계를 향한 모든 자기실현은 외적인 삶의 형태를 구성하기 위해 존재필연적으로 세계의 사물을 필요로 한다.

인간은 이미 '**본성상**' 자신의 바깥에 있는 세계 내의 여러 가지 자연자원에 의존하고 있으므로 자연자원이 없다면 인간은 '인간으로' '생존'할 수 없다. 의·식·주 등 인간의 생존을 위해 필요한 모든 자연자원은 인간을 세계로 향하지 않을 수 없게 만든다. 기본적 생존을 위한 세계 내의 이러한 대상들과의 상응 관계는 명백히 '고등동물'인 인간의 실존에 선행한다.[20]

인간이 '제2의 본성'인 **문화**라는 '상태'를 통해 인간의 삶에 필수

---

19 이러한 현상에 관해서는 Hartmann, *Das Problem des geistigen Seins*(1932), 2. Aufl., 1949, S. 141 이하도 참고.

20 인간은 자연의 도움 없이는 살아갈 수 없는 **무력한 존재**(imbecillitas)라는 점을 하나의 '존재규정'으로 파악하는 견해는 이미 푸펜도르프에서도 나타나 있다. 이에 관해서는 E. Wolf, *Große Rechtsdenker der deutschen Geistesgeschichte*(1939), 3. Aufl., 1951, S. 344 이하; Welzel, *Naturrecht und materiale Gerechtigkeit*, S. 154 참고.

불가결한 것이 된 문화적 산물 또한 이와 마찬가지다.

이처럼 인간의 생활을 위해 필요하고, 삶에 관한 인간의 관심에 부합하는 모든 사물 때문에 인간은 자신이 그 속에 '집을 짓고 사는' **주변세계**와 접합하지 않을 수 없다.

주변세계에서 인간은 자신을 둘러싼 세계를 '자신의 삶과 관련을 맺어 하나의 형태'로 만들어 낸다. 이 형태는 '전체 세계의 **수많은** 요소' 가운데 각 개인의 삶의 완전성에 필요한 것들로 구성된다.[21]

세계 내에서 마주치는 사물들과의 일상적인 관계에서 인간이 그러한 사물들에 대해 '관심을 기울이게' 만드는 것은 결코 '이론적으로' 그러한 사물들에 내재해 있는 어떤 존재적 속성이 아니라 사물들이 하나의 특정한 **도구**로서 갖는 실천적인 기능적 의미이다. 즉 하나의 사물이 특정한 필요에 '상응'할 수 있고, 따라서 각자의 세계구조 속에서 특정한 '**위치**(Topos)'를 차지하여, 이 위치에서 하나의 도구가 '특정한 것'으로서 **이용된다**(zuhanden)는 의미[22] 때문에 사물에 관한 관심이 생기는 것이다.

바로 이 특정한 위치에서 하나의 도구는 세계에서 나타나는 다른 모든 것과 비교 불가능한 것이 되고, 각자의 '자기의' 세계 **내에서** 하나의 **기능**을 획득하며, 이 기능을 통해 도구는 각자의 자기의 '세계'에서 살아가는 개개의 인간에 대해 일정한 의미를 부여받는다. 이미 헤겔은 '하나의 사물이 충족시키는 특수한 필요'에 따른 사물의 '특수한

---

21 Guardini, *Welt und Person*, S. 85에서도 같은 내용이 등장한다.

22 '도구연관' 속에서 이용되는 사물의 '위치'에 관해서는 Heidegger, *Sein und Zeit*, S. 102 참고. 여기서 하이데거는 '위치'를 언제나 기능적으로 지향된 '의미규정'으로 파악한다.

유용성'을 사물의 '가치'뿐만 아니라, 동시에 사물의 '진정한 실체성'으로 파악했으며, 이러한 실체성을 통해 사물이 '의식의 대상'이 된다고 말했다.[23]

이처럼 각자의 자기세계의 구조에서 차지하는 기능적 적합성이라는 관점에서 대상을 '주변세계의 관련성에 따라' **규정**함으로써 '전체 세계(Gesamtwelt)를 개별적 존재의 목적으로 축소'[24]하게 된다.

그리하여 이 '개별세계(Sonderwelt)'의 바깥에 있는 모든 것은, 이 개별세계와 아무런 관련이 없거나 단지 특정한 방식에 의해서만 관련을 맺을 뿐이며,[25] 따라서 각자의 자기세계, 즉 주변세계에 '**속하지**' 않게 된다.

주변세계에서 각 개인은 두 가지 의미에서 자신의 생활공간을 마련하게 된다. 즉 **소극적으로는** 자신의 생활공간이 **타인**에 의해 '흡수되는 것'에 대항해 '자기경계의 설정과 자기주장'을 통해 타인의 생활공간과 자신의 생활공간을 구분하며,[26] 이와 함께 **적극적으로는** 자신의 **자아**가 외부적인 삶의 형태로 실현되는 공간을 구성한다.

바로 이 점이 모든 **소유**(Eigen)[27]의 외적 측면과 내적 측면을 형성하고 있으며, 이 양 측면은 모든 법적 **소유권**(Eigentum)에서도 이른바

---

23 Hegel, *Rechtsphilosophie*, S. 117 이하. 따라서 이미 헤겔도 사물의 실체를 더 이상 단순히 이론적인 질과 양을 통해서가 아니라 사물이 일상의 세계에서 갖는 실천적 의미를 통해 파악하고 있다. 그리고 이념론(*Logik*, Teil II, S. 258)에서도 '필요'는 개인성의 삶의 과정의 출발점으로서 '바깥으로 드러나는 대상의 외면성'과의 관련 속에서 주체가 자신의 필요에 '상응해' 대상의 외면성을 '발견'한다고 말한다.

24 Guardini, *Welt und Person*, S. 85.

25 따라서 특정한 방식 이외의 다른 방식에 의해서는 포착되지도, 파악되지도 않는다.

26 Guardini, *Welt und Person*, S. 85.

27 이에 관해서는 G. Husserl, *Rechtsgegenstand*, S. 12 이하 참고.

'소유권의 소극적 및 적극적 핵심'으로 반영되어 있다. 왜냐하면 이 양 측면을 '무엇인가를 자기의 것으로 갖는다(Zueigenhaben)'는 사실 자체의 '사물논리적 구조'에 근거하고 있기 때문이다.

이러한 자기 영역의 한계 내에서 인간은 '그 자체로' 존재하는 다양한 사물들을 자기 영역으로 **귀속**시킴으로써 **자신**의 세계를 구축하며, 따라서 이 세계는 자신의 '**실존**'의 **현실적인 삶의 공간** 또는 — 헤겔이 말한 것처럼 — 인간이 하나의 '인격적 존재'로 되기 위한 '자유의 외적 영역'[28]이다.

그 때문에 자기세계의 이러한 공간은 단순히 인격적 존재의 외부적 **현실**[29]에 그치지 않고, 동시에 **인격성**의 '실현' 그 자체이기도 하다.[30]

왜냐하면 하나의 '특정한' 도구로서의 세계의 사물과 **결합함**으로써 이루어지는 인격의 외부세계로의 확장은 단순히 무엇인가를 소유한다는 외적 사실에 그치는 것이 아니기 때문이다. 오히려 한 개인이 자신의 수중에 넣고 이용하는 모든 사물도 정신적 차원에서 **인격적**으로 인격성의 세계구성에 포함된다. 이 인격성의 세계구성에서 모든 **도구**는 인간의 고유한 자기실현의 **수단**으로 선택됨으로써 동시에 인간의 삶의 외면화의 **표현**, 즉 인격적인 것이 사물 속에서 표현되는 것, 아직 발현되지 않은 인격적 존재의 '내부'가 '외부'의 사물세계에서 표현되는 것, 다시 말해 인격적 존재가 세계 속으로 울려 퍼지는 것(per-

---

28 Hegel, *Rechtsphilosophie*, S. 94.

29 '인격성의 가장 고유한 요소'로서의 인간의 '생활범위'를 '현실범주'로 파악하는 것에 관해서는 Hartmann, *Problem*, S. 141 참고.

30 이에 관해서는 '소유의 인격적 근본구조'를 헤겔 철학에 연계해 파악하는 G. Husserl, *Rechtsgegenstand*, S. 17; Hartmann, *Problem*, S. 141 이하 참고.

sonare)[31]이다.

인격적 외면화의 표현이 이루어지는 이러한 자유로운 공간 영역이 없다면 인간은 세계 내에서 결코 하나의 **인격적 존재**로서 자신을 '완성'할 수 없다. 다시 말해 **자기세계** 안에 들어서 있는 내적 존재(Insistenz)로서만 실현될 수 있는 이러한 외면화된 실존(Eigen-eksistenz) 없이는 개인성으로서의 인간은 **존재**할 수 없으며, 따라서 **자기 자신**으로서의 인간은 세계 내의 현존재가 될 수 없다.

바로 이 점에서 일정한 영역의 **자기재화**(소유물)가 인간에 **귀속**된다는 것 — 개인은 이러한 소유물의 귀속을 통해서 비로소 자신의 외적 삶을 완성할 수 있고 또한 인간은 이러한 귀속을 통해서 궁극적으로 '자기 자신'과 결합한다[32] — 은 그것이 **법적 관계**로 보장되기 이전에 이미 존재론적 근거를 지니고 있다.[33]

그 자체 '독립적으로' 세계 내에 존재하는 일정한 영역의 사물이 현존재의 삶에 필수적이며 그러한 사물이 없다면 '사물세계'에서의 자아의 세계-내-존재가 실현될 수 없다는 점으로부터 이미 헤겔은 그러한 모든 '소유물'의 '**사적 소유권**'으로서의 '**성격**'[34]뿐만 아니라, 그 '**필연성**'까지 도출해 낸다. 즉 "나는 소유권을 통해 (비로소) 나의 의지에 현재성을 부여하며", "나의 인격은 곧 현재성"이기 때문에 소유권

---

31 'person'의 어원인 'personare'는 말 그대로 '울려 퍼지다(Hindurch-tönen)'의 의미이다.

32 Hegel, *System*, Teil III, S. 386.

33 하르트만도 *Problem*, S. 141에서 분명히 다음과 같이 말하고 있다. "(사물의 인격 귀속성과 관련해) 법은 단지 사후적 장치에 불과하며, 단지 자연적, 내재적 근원을 가진 관계를 인정하거나 보호할 뿐이다."

34 Hegel, *Rechtsphilosophie*, S. 99.

도 "나의 것으로서의 현재성이라는 의미규정을 가져야만 한다."[35] 또 소유권은 "한 인간의 자유의지의 현실성"으로서 "어떠한 다른 사람도 이를 침해할 수 없다"라는 의미를 지녀야만 한다.[36]

Ⅱ. 공존세계로서의 세계

그러나 인간이 세계와 관련을 맺을 때 단지 사물들만을 만나게 되는 것은 아니다. 인간은 또한 언제나 다른 사람들과의 관계 속에서 그들과 함께 더불어 살게 된다.

나는 다른 사람들을 일상적인 공동생활 속에서 단순히 각자 자신의 자기실현을 위해 살아가는 개별적인 인간으로만 체험하는 것은 아니다. 그들은 함께 살아가는 인간으로서 나의 가장 고유한 자기의 삶과 직접적인 관련을 맺고 있다. 왜냐하면 나는 이미 '**본성상**' 다양한 방식으로 다른 사람들 — 그것이 부모와 자식으로서든, 남자와 여자로서든 또는 '인간 일반'으로서든 — 에 지향되어 있기 때문이다. 내가 살아가는 일상성의 세계만을 보더라도 '타인'이 없다면 나에게는 독자성과 완전성이 있을 수 없다는 자명한 사실을 알 수 있게 된다. 이와 마찬가지로 나와 상응 관계를 이루는 '바깥' 세계의 '타인들'도 명백히 나 자신의 실존에 지향되고 귀속되어 있다. 나는 결코 전체가 아니라 전체의 한 부분일 뿐이며, 따라서 나는 나의 삶의 완성을 위해서는 나

---

35 Hegel, *Rechtsphilosophie*, S. 100.

36 Hegel, *System*, Teil III, S. 41.

를 양육하고 교육하며 나의 자기실현을 함께 형성해 가는 타인과 관계를 맺게 되고, 이는 현존재에서는 필연적인 일이다.[37]

타인에 대한 이러한 관계는 인간의 본성이 **문화상태**로 발전되어 감에 따라 수없이 많은 상호적인 '이용' 관계에 얽혀 들어가게 된다. 예컨대 현대의 분업사회에서 여러 가지 직업 사이의 관계만을 보더라도 그러한 복잡한 상호관련성을 분명히 알 수 있다.

타인에게로 **지향된** 그러한 관계는 나의 **공존세계**에서 함께 사는 삶을 두 가지 방식으로 '구성'한다. 하나는 '상응 관계'에 있는 **타인을 지향하고 있는** 나 자신의 현존재의 입장이고, 다른 하나는 자신의 필요 때문에 **나에게로 지향된** 타인의 입장이다.

이러한 '관계'를 통해 나는 나의 공존세계를 만들어 낸다. 따라서 공존세계는 타인과 함께 사는 나의 삶이 이루어지고 또한 사람들 속에서 나의 삶의 변화가 일어나는 '집'으로서 나와 맞물려 있다.

일상의 공존세계에서 내가 마주치는 타인은 결코 어떤 이론적으로 확인 가능한 속성을 지닌 '하나의 사물로서의 인격체(Personendinge)'[38]가 아니다. 오히려 내가 마주치는 타인은 활동세계와 행위세계에서 '그가 삶을 영위하는 것'을 곧 **그 자신의 본질**로 삼는 타인이다.[39] '내

---

37 하나의 '존재규정'으로서의 **사회성**(socialitas)은 우리의 세계-내-존재를 공존세계의 토대 위에 서 있게 만드는 이러한 '부분성(불완전성)'에서 이미 드러난다는 사실은 푸펜도르프도 파악하고 있다. 이에 관해서는 E. Wolf, *Rechtsdenker*, S. 345 이하; Welzel, *Naturrecht*, S. 154 참고.

38 이에 관해서는 Heidegger, *Sein und Zeit*, S. 120 참고.

39 Heidegger, *Sein und Zeit*, S. 126에서도 이 점이 분명하게 서술되고 있다. 따라서 "사람의 본질이 무엇인가?"라는 물음에 대해 우리는 "그 사람이 행위세계에서 영위하는 바가 곧 그의 본질"이라고 대답하게 되며, 이 대답은 우리에게는 너무나도 자명한 것이다.

가 관계를 맺는 타인'은 바로 그와 같은 존재이며 또한 그와 같은 존재로서 타인은 나와 관계를 맺는다. 일상적으로 살아가는 세계에서 나와 관계를 맺는 타인은 비록 한순간일지라도 '수많은 타인' 가운데 한 사람으로 등장한다. 그러나 막연히 어떤 사람으로서가 아니라 언제나 **특정한** 방식으로, 즉 특정한 행위를 하는 자, 특정한 활동을 하는 자, 특정한 작용을 하는 자, 다시 말해 구체적인 누구로 등장한다.[40]

이러한 **구체적인 누구**로서 타인은 내가 '살아가는' 나의 세계의 의미연관 가운데 특정한 위치(Topos)를 차지하며, 이 위치에서 그 타인에게는 그의 **지위**를 통해 **또 다른 관계**에 놓일 수도 있는 '다른 모든 타인'과 비교할 수 없는, 나의 삶에 대한 특정한 의미가 부여된다.

'다른 모든 타인'에 대한 나의 지향이나 그들의 나에 대한 지향이 어떠한 '관계'도 형성하지 않고, 따라서 내가 그들과 아무런 '관련'도 없다면, 그 타인들은 세계 **위에**(auf der Welt) 있긴 하지만 내가 살아가는 세계 **안에**는(in der Welt) **'현재'**하지 않는다.

내가 살아가는 세계 안에 **존재**하게 되는 타인은 하이데거가 생각하듯이 **그 자신**의 '세계-내-존재'로서의 그의 존재[41]가 아니라 무엇보다도 **나**의 세계의 의미연관 속에 있는 그의 존재이다. 옆집에 사는 법관은 나에게는 이웃이다. 나는 '법관으로서의' 그와 "아무런 관련도 없다." 그가 나와 '관련'되는 것은 오로지 그가 **나에게** 누구인가 하는 것뿐이다. 나 아닌 또 **다른 사람에게** 그는 남편, 아버지, 형제, 친구, 물건 사는 사람, 세입자 또는 '법관'으로서 의미를 지닐 수 있을 것이다. 그

---

40 따라서 하이데거가 말하는(*Sein und Zeit*, S. 120면 이하), 존재가 결핍된, 존재와 무관한, '특정되지 않은' '일반인'으로 나타나는 것이 아니다.

41 Heidegger, *Sein und Zeit*, S. 120.

러나 나에게는 그가 '좋은' 이웃이거나 '나쁜' 이웃일 뿐이며, 다른 사람에게는 또 다른 모습일 것이다.

이처럼 타인에 대한 모든 관계는 각 개인의 인적 '개별세계'의 '중심', 즉 개인적인 삶의 관심 및 '삶의 주도권'과 관련해서만 의미를 가지며, 이러한 관심과 주도권을 통해 각각의 개별적 존재는 "전체 세계 속에서 자신의 삶을 실현한다."[42] 전체 세계의 의미 또한 바로 이 점에서 찾을 수 있다. 즉 전체 세계는 개별세계에 대해 모든 측면에서 끝없이 '변화·발전하는 배경'[43]을 이루며, 이러한 배경으로서의 전체 세계는 각자의 타인에 대한 관계를 통해 구체적인 형태를 띠게 된다. 다시 말해 전체 세계는 나 자신의 세계를 둘러싸고 이루어진다.

따라서 개인이 전체 세계 속에서 형성하는 인적 삶의 공간은 세계 일반을 그 개인이 사는 공존세계로 '축소'한 것이다.

그 때문에 인적 세계에서의 모든 삶의 표현도 사물의 본성상 언제나 두 가지 측면을 갖고 있다. 즉 (소극적으로는) '특정한' 타인과의 (그때그때 변하는) 관계를 통해 '그 이외의 다른 타인들'을 그 관계에서 **배제함**으로써, (적극적으로는) 이 특정한 타인을 자신의 자기실현 공간 속으로 **끌어들임**으로써 삶의 표현이 이루어진다.[44]

이처럼 두 가지 측면에서 이루어지는 타인에 대한 **관계**는 공존세계의 연관구조를 형성하며, 이 구조 속에서 자아는 타인과 의사소통을 하는 가운데 자기실현을 할 수 있고 또한 그때그때 특정한 방식으로

---

42 Guardini, *Welt und Person*, S. 85. 물론 과르디니는 주변세계와 공존세계를 구별하고 있지 않다.

43 Guardini, *Welt und Person*, S. 85.

44 법에서 여기에 해당하는 예로는 '체결의 자유'와 '형성의 자유'를 포괄하는 계약의 자유를 들 수 있다.

인적 삶의 공간 속에서 자신의 **실존**에 이르러 갈 수 있게 된다.

그러나 이러한 상호적 관련 속에서 드러나는 **인격성**은 나 자신의 인격성만이 아니라 동시에 그 자신 특정한 **누구**로서 나의 세계에 발을 들여놓은 타인의 인격성이기도 하다. 즉 타인은 나의 자기실현을 위한 **매개자**일 뿐만 아니라 동시에 '**목적** 그 자체'[45]이며, 따라서 (우리가 수단으로 '이용'하는 세계의 사물과는 완전히 다르게) 그 자체 **자율적인** 자기세계의 중심이다.

따라서 각자의 자기의 '세계들'을 결속하고 각각의 세계를 담당하는 자들의 의사소통을 통해 서로를 결합하는 요소는 오로지 하나의 포괄적인 '공동성(Gemeinsamkeit)'[46]에 근거하지 않을 수 없다. 그러한 공동성은 자연적으로 설정된 타인과의 관계일 수도 있고, 인간이 임의로 선택한 타인과의 관계일 수도 있다. 후자의 경우, 즉 타인과의 관계가 인간의 '임의'에 내맡겨진 결합일 경우 공동성은 인간 상호 간의 **합의**(Einigung)를 통해, 다시 말해 인간관계의 자유로운 창조를 통해 형성되며, 이러한 합의는 하나의 **법률관계**로서의 법적 승인이나 실현[47]에 앞서는 것이다.

합의를 통해 개별적 의지는 통일성을 구성하는 하나의 포괄적 단위가 되며, 이 통일성은 타인을 각자 자신의 자기존재를 함께 형성하도록 결합한다.[48]

---

45 Kant, *Grundlegung*, S. 52 이하 참고.

46 이에 관해 자세히는 Dulckeit, *Rechtsbegriff und Rechtsgestalt*, S. 94 이하 참고.

47 이에 관해서는 F. v. Hippel, *Das Problem der rechtsgeschäftlichen Privatautonomie*, 1936, S. 91 이하('자연상태에서의 법률행위') 참고.

48 여기에서도 법적 '구속'은 인간의 생활범위에서 자연적으로 존재하고 있는, 보호할 가치가 있는 '결합'을 단지 사후적으로 인정하는 것에 지나지 않는다.

바로 이러한 이유에서 헤겔은 "자유로운 인격성의 진정한 … 존재성의 이념"으로부터 "인간은 계약관계에 들어서지 않을 수 없다"[49]라는 삶의 필연성을 도출해 낸다. 왜냐하면 그러한 '**사적 자치**'의 공간이 없이는 **자기존재**가 세계 내에서 '실현'될 수 없기 때문이다. 물론 인간은 그러한 자기관련이 없이도 '존재'할 수는 있다. 하지만 그러한 존재는 이미 **개인성**[50]으로 존재할 수 없으며, 타인을 향해 규정된 존재, 즉 '타인'에 의해 그의 존재가 지시된 존재로서 존재할 수 있을 따름이다. 그 때문에 '법률행위(Rechtsgeschäft) 없는 법질서'는 개인이 타인과 자유롭게 실존할 수 있는 영역을 배제할 때만, 즉 **타인들**을 위해 **개인**을 포기하고 그럼으로써 단순히 '사회질서'를 위해 본래의 **사법질서**를 포기할 때만 가능하다.[51]

이로써 인간의 **개인적 실현**이 '이루어지는' 이 세계가 **무엇인가**는 그 윤곽을 알 수 있게 되었다. 세계는 각자의 **자기세계**(Eigenwelt)의 삶의 총체로서 두 가지 방식으로 구체적 '형태'를 획득한다. 즉 세계는 한편으로는 **주변세계**의 특정한 **도구**로서 관련된 사물들과의 **관계** 속에서, 다른 한편으로는 특정한 **누구**로서 **공존세계**에 관련된 사람들과의 **관계** 속에서 구체적 형태를 획득한다.

개인의 세계 내로의 전개는 어느 경우에나 그러한 인적 관계의 범

---

49 Hegel, *Rechtsphilosophie*, S. 130.

50 개인성으로서의 존재는 어떠한 '감정이입'을 거치더라도 결코 '바깥으로부터' 규정될 수 있는 존재가 아니다.

51 따라서 법률행위의 허용은 '인간의 본성', 즉 '모든 인간에 내재하는 근본적' 관심에 비추어 볼 때 모든 법질서에서 결코 포기할 수 없는 것이다. 이러한 관심은 곧 "독립하고자 하는 관심, 즉 자기 자신으로 돌아가고자 하는 관심, 자기 자신의 본질로 다가가려는 관심으로서 누구도 타인에게서 이러한 길을 빼앗을 수 없다." F. v. Hippel, *Privatautonomie*, S. 78 이하, 각주 6/7에서는 이 점을 적절히 지적하고 있다.

위, 즉 자유로운 **자기결정**을 통해 창조된 **자기관련**(Eigenbezüge)을 전제한다. 이러한 자기관련이 없다면 인간은 **인간**으로서 '독자적으로' 외적 삶의 공간에서 자신을 '완성'할 수 없으며,[52] 마찬가지로 세계의 또 다른 부분인 **자기재화**(Eigengüter)가 없이도 자신을 완성할 수 없다.

인간의 세계구성을 고찰하는 우리들의 지금까지의 관점, 즉 개인의 **개인적 관점**에서 보면 **세계**는 개인적 삶의 실현 및 형성영역, 다시 말해 각자의 주변세계와 공존세계로 나타난다. 이러한 관점에 따른 세계는 자기존재 가능의 수단인 가능성의 영역으로 파악되며 그리고 그 속에서 스스로 '세계'를 창조하고 세계-내-존재를 형성하는 인간을 통해 충족된다. 따라서 이렇게 파악된 세계는 각자의 **자기세계**로 이해되며 그리고 개인은 이 세계 속에서 자신의 가장 고유한 존재 가능성을 추구하고 실현하는 존재로 '규정'된다.

그렇다면 우리는 이제 이렇게 묻게 된다. 즉 이 세계 속에서 '살아가는' 그리고 이 세계를 세계 내에서의 삶의 집과 구조로 만드는 주체로서의 인간은 과연 **누구인가**? 세계가 **인간**존재의 '집'이라고 할 때, 그 인간은 과연 누구인가?[53]

그는 바로 **개인적 존재**로서의 인간이다.

---

52 바로 이 '외부적인 삶'이 실존철학의 관점에서는 현존재 일반의 '본질'이 된다. 그래서 사르트르는 "인간은 곧 그 자신의 삶일 따름이다"라고 말할 수 있었다. "인간이란 그의 활동을 구성하는 관계의 총체, 조직 및 상호작용일 뿐이다(*Existentialisme*, S. 58)."

53 주체와 관련된 이러한 물음에 관해서는 Heidegger, *Sein und Zeit*, S. 114 이하; Guardini, *Welt und Person*, S. 93 참고.

B. 개인적 존재로서의 인간

개인적 존재로서의 인간(Individualperson)은 각각 유일한 존재로서 그 자신이 세계의 중심이다. 개인적 존재는 내면을 향한 **성찰**을 통해 자신의 세계중심으로 자기 자신을 집중시킴과 동시에 이러한 세계중심에서 벗어나 세계-내-존재의 외부를 향한 **활동**을 통해 자기 자신을 형성해 가기도 한다. 그렇다고 해서 이러한 세계중심이 측량을 통해 확정할 수 있는 어떤 공간적 중심인 것은 아니며, 오히려 가장 내면적인 '핵심'으로부터 '자기활동'을 통해 자신의 가장 고유한 삶의 세계로 자기 자신을 '펼쳐 나가며 형성하는' **인간존재**의 역동적인 중심을 의미한다. 그러한 자기활동에서 개인적 존재로서의 인간은 자기 자신에게 가장 가까우면서 동시에 가늠할 수 없을 정도로 가장 멀다. 개인적 존재는 '내가 말한다(Ich-sagen)'라는 자명성 속에서 자기 자신에게 대답을 듣기 위해 말을 걸고 동시에 자기 자신에게 말을 하기도 하는 존재이다. 그러한 존재는 이 세상에서 **단 한 명뿐**이며, 따라서 어떠한 선택이나 어떠한 긍정에 앞서 그 자신이 이미 이 세계에서 유일하고 고유한 존재라는 사실을 놀라운 눈으로 발견한다.

나는 바로 '**이러한 존재**'로서 **나 자신**을 떠맡게 되며, 나는 특정한 **개인**, 즉 **개인적 존재**로 이미 사전에 완전히 결정되어 있다. 왜냐하면 나는 오로지 '이러한 존재'로만 세계 안에서 나 자신을 완성할 수 있기 때문이다.

Ⅰ. 자기존재

자기존재(Selbstsein)라는 표현이 단순히 자기존재를 통해 자기애(Selbstliebe)가 다른 모든 것에 우선한다는 것을 의미하지는 않는다. 오히려 이와는 정반대로 자기를 버림(이웃사랑)으로써 비로소 "**자아**(das Ich)가 충족될 뿐만 아니라, 자기존재의 본래성으로 회복될 수 있다." 즉 "오로지 자기 자신만이 자기 자신을 버릴 수 있다."[54]

개인적 존재로서의 존재는 주고받음, 즉 이타주의와 이기주의를 동시에 의미한다. 나는 내게 충족되어 있지 않은 것을 타인으로부터 받고 또한 내게 충족되어 있는 것을 타인에게 줌으로써 같은 근원을 가진 이 양자를 모두 지향하게 된다.

자기성(Selbstheit)이란 자신의 존재의 유일성과 고유성을 향해 자신이 열려 있다는 것, 즉 자신의 존재를 "하나의 역사가 되도록 변경하고, 이를 통해 자기 자신을 완성한다"는 것을 뜻한다.[55]

그러므로 **자기존재**는 단순히 스스로 있는 존재(Selbstischsein)가 아니라 '각자의 나의' 삶의 **유일성과 고유성이 파악·포착되었음**을 의미한다. 즉 자기존재란 내가 '내 속에서' 그리고 '나의 바깥에서' 일회적이고, 반복 불가능하며 또한 비교 불가능한 한 주체로서 그러한 **존재**로 '던져져 있음(geworfen)'을 의미한다. 자기존재는 내 속에서 그리고 나와 함께 이루어지는 하나의 엄청난 **사건**이다. 이 엄청난 사건

---

54 Guardini, *Welt und Person*, S. 101. 또한 '공존재(Mitsein)'에 대한 하이데거의 해석에서도 사실상 이러한 의미가 드러나 있다(*Sein und Zeit*, S. 120 이하 참고).

55 Heidegger, *Einführung*, S. 110. (양적) 유일성과 (질적) 고유성에 관해서는 Hartmann, *Der Aufbau der realen Welt*(1939), 2. Aufl., 1949, S. 372 이하 참고.

은 또한 모순으로 가득 차 있다. 즉 이 세상 그 누구에게도 아닌, 바로 나에게만 **다가온**(Zu-kommend) 나의 존재의 극도의 고유성이 **이미 사전에** 완전히 **확정**되어 있으면서도 동시에 나 자신 이외의 이 세상 그 누구에 의해서도 파악·포착될 수 없는 **미래**(Zu-kunft)가 전혀 **확정되어 있지 않다**는 모순이 그것이다. 나의 미래는 '절대적' **자유**이며, 나는 개인적 존재로서의 나의 삶에서 그러한 절대적 자유를 구가한다. 그러나 나의 가장 고유한 운명, 다시 말해 '바깥에서' 그리고 '사전에' 확정될 수 없고 예측할 수 없는 나의 운명은 절대적 **필연성**을 갖고 있다. 그런데도 나는 이러한 절대적 필연성을 자유롭게 선택한다. 나는 이 운명에 지시되어 있고 그것을 나의 운명으로 받아들인다. 그리고 이러한 운명 속에서 나의 가장 고유한 미래로 처음부터 감추어진 채 잠재적으로 우리 '앞에 놓여 있던 것'들이—비록 나의 내부와 외부의 '자의'를 통해 변형되긴 하지만—결국에는 역사적으로 '실현'되는 것이다. 예컨대 태어날 때부터 나의 유한성이 갖는 가장 극단적인 최후의 존재 가능성으로서 이미 처음부터 나와 '연결'되어 있던 것은 결국 죽음에 의해 외부적으로 실현되는 것이다.

현세의 **역사성**, **시간성** 그리고 **유한성** 가운데 살아가는 현존재는 자신의 가장 고유한 자기존재를 '**완성**'[56]하는 것이 중요하다.

현세의 역사성 속에서 모든 진정한 **행복**은 그 '행복함'에 대한 최고의 '축복'이 이 지상에서 완벽하게 실현되는 것으로, 바로 삶의 현실이 자아의 고유성과 일치[57]하는 순간에 맛보게 된다. 자아의 고유성은

56 이에 관해서는, Heidegger, *Vom Wesen des Grundes*, S. 34 이하; *Über den Humanismus*, 1949, S. 1 참고.

57 현상적 존재로서의 인간이 도덕적 존재로서의 인간과 일치하는 것.

가장 고유한 자기존재를 향해 자유롭게 서 있는 존재가 '윤리적 인격성'[58]을 통해 **자유**와 **자율**을 요구하는 열정을 지탱해 주며, 이 자아의 고유성이야말로 모든 **자유주의적** '세계관'의 근거가 된다.

Ⅱ. 법에서의 개인적 존재

자기 자신의 '근원'으로부터 세계 속으로 자신을 형성해 가는 현존재[59]가 자유로운 개인의 실현을 위해 필요한 공간이 법에서는 인간의 '**자연상태**(status naturalis)'의 영역으로 표현된다. 이 영역은 모든 법적 및 국가적 실존에 우선하는 자기실존의 영역, 즉 자율적인 **자기세계**의 영역으로서, 이 자기세계에서 자아는 자신과 상응하는 질서의 총체성 가운데 외적인 삶을 살아갈 수 있게 된다.

1. 자기존재의 '근원상태'

'**우리 존재**'의 **두 가지 측면**, 즉 **자신의 재화**라는 **물적 삶의 공간**과 세계 안에서의 **자신의 관련**이라는 **인적 삶의 공간**은 '법에 앞서' 이미 인간의 '개인적 실존'에 귀속되지 않을 수 없으며, 이는 현존재에게는 필연적이다. 이 두 가지 영역은 법의 영역에서는 '**물법**(Gegenstands-

58 이에 관해서는 Kant, *Grundlegung*, S. 67 이하, 174 이하 참고. 이미 푸펜도르프도 윤리적 인격성을 '인간의 본성의 존엄성'이라고 한다. 이에 관해서는 Welzel, *Naturrecht*, S. 156 이하 참고.

59 Guardini, *Welt und Person*, S. 8 참고.

recht)'과 '**인법**(Personenrecht)'[60]으로 표현되며, 게르하르트 훗설이 인상 깊게 밝힌 바와 같이, 이미 오래전부터 "해당 법영역이 재화세계(외적인 대상으로서의 물건)에 대해 적극적(직접적) 관련을 갖는가 또는 소극적(간접적) 관련을 갖는가"에 따라 두 영역이 구별되었다.[61]

따라서 개인에게는 두 가지 방식으로 '자율적 행위 영역'이 귀속되며,[62] 이는 법과 국가에 앞서는 개인의 자연상태에 근거하고 있다. 이 자연'상태'는 '문명화'한 인류의 **문화상태**(status civilis)보다 시간적으로 앞서고, 나중에 문화상태를 통해 해소된 '자연적' 또는 '원시적' 원초상태라는 의미의 '역사적 범주'로 파악될 수는 없다. 여기서 말하는 자연상태는 푸펜도르프가 밝힌 것처럼,[63] 어떠한 경우도 상실할 수 없는 자기성의 근원상태(Urstand)로 파악되어야 한다. 즉 인간은 수많은 **타율적** 질서를 형성한 이후에도 '여전히' 이러한 근원상태 속에 있으며, 이는 곧 인간의 독자성 영역이며 ('자연에 의해' 또는 '신 앞에서'도 침해될 수 없는 자기 영역으로서) 문화상태에서는 '법적 보호'의 대상이 된다.[64] 이러한 법적 보호는 인격의 자유로운 실현과 소유권 및 계약의 자유라는 **기본권**을 통해 결국 헌법적으로 보장되기에 이르렀다.

자기존재에 관한 이와 같은 관점에서 보면, 모든 **법질서**와 **국가질서**는 개인의 자유로운 실현을 '외부로부터의' 침해와 간섭으로부터 **보호하는 질서**[65]에 불과할 것이며, 그렇다면 **질서** 일반이 근본적으로

---

60 이에 관해서는 G. Husserl, *Rechtsgegenstand*, S. 2 이하 참고.

61 G. Husserl, *Rechtsgegenstand*, S. 3 이하.

62 G. Husserl, *Rechtskraft*, S. 3, 각주 3.

63 이에 관해서는 E. Wolf, *Rechtsdenker*, S. 344 참고.

64 이에 관해서는 G. Husserl, *Rechtsgegenstand*, S. 3 참고.

65 이런 관점에서 보면 법은 각 개인의 자율적인 '독자적 영역'을 '조율하는 법

'의심스럽게' 된다. 인간의 개별적 유일성이라는 사실은 "과연 그러한 존재가 그 자체로 질서의 대상이 될 수 있는가 하는 의문이 생길 만큼 이질적"[66]이다. 왜냐하면 비교할 수 없을 정도로 유독 일회적이고 유일한 존재인 인간이 어떻게 타인과 **하나**의 질서 속에 있을 수 있는지가 의문의 대상이 되기 때문이다. 질서는 곧 '**위치를 정하는 것**(Ortnung)'[67]이고, 따라서 질서를 형성할 때는 언제나 비교 가능성, 즉 같은 것의 지속적 반복인 동질성을 전제로 한다. 그렇다면 어떻게 비교 불가능한 존재인 인간이 비교 가능성을 전제하는 질서 속에 있을 수 있는가?

2. '실존적 자연권'으로서의 자기존재의 권리

그러므로 모든 '**본래적**' **권리**는 자아의 자율적 영역에서는 '예외'의 당당한 권리, '주관적'인 **삶의 권리**(Daseinsrecht), 즉 자아의 유일성과 고유성으로부터 솟아 나오는 **실존적 자연권**(existenzielles Naturrecht)이 된다.

왜냐하면 그러한 절대적 **자율**의 **자유로운 영역**에서는 '세계', 즉 '국가와 사회' 내에서의 어떠한 '요구'라 할지라도 오로지 (자기존재의) **선험성**[68]에서만 그 '진정한 근거'를 찾을 수 있기 때문이다. 다시 말해 그러한 요구는 "보편타당하거나 세계로부터 도출할 수 있는 것이 아

(Koordinationsrecht)'이 될 것이다. 이에 관해 자세히는 G. Husserl, *Rechtssubjekt*, S. 154 이하 참고.

66 Guardini, *Welt und Person*, S. 39, 각주 9.

67 위치(Or, topos)의 근원적인 의미에 관해서는 Heidegger, *Einführung*, S. 50 참고.

68 Jaspers, *Philosophie*, S. 622에서 예외의 권리의 근거를 이렇게 표현하고 있다.

니라" 오로지 현존재의 '고유한 요구', 즉 "자기 자신의 소리만을 듣고" 자기 자신에게만 속하는 '실존의 자율적 자유'의 '무조건적 당위'에 '근거하고' 있다.[69]

양심에 대한 실존철학적 해석에 따르면, 개인이 자신의 양심에 귀 기울임으로써 자신의 '권리로' 듣고, 따라서 그에게 '정당하다'라고 여겨지는 바가 곧 그 개인의 '**자기존재**'이다.[70] 현존재가 '의사소통'에 의해 접근하게 되는, 타인에 대해 제기하는 모든 '본래적' 요구는 이 자기존재에서 '비롯된' 것이다.[71]

따라서 자기성만을 체험하는 고립된 개체의 요구는 언제나 "다른 개체의 요구와 투쟁을 벌이게 되고", 그 때문에 **권리**는 자신의 '권리적 존재(Rechtsein)'를 둘러싼 투쟁을 **감행**하며 또한 자신의 '본래적 요구'를 관철하는 데 **실패**하기도 하는 현존재가 이 투쟁에서 내세우는 기치가 된다.[72]

야스퍼스는 자기존재의 요구를 오히려 '보편적'이라고 파악한다. 그는 이 요구를 다음과 같이 설명한다. "(요구란) 삶을 둘러싸고 벌어지는 투쟁에서 인간이 모든 특수한 사회적 가능성 속에서 단호하게 인간의 존엄에 상응하는 삶의 형태를 획득하도록 반드시 행해져야 할 어떤 것을 세계 내에서 주장하는 것이다." 그 때문에 야스퍼스는 조금도 주저하지 않고 다음과 같이 덧붙이고 있다. "최상의 품격을 드러내

69 Jaspers, *Philosophie*, S. 622. 이에 관해서는 Heidegger, *Sein und Zeit*, S. 295 이하도 참고.

70 Jaspers, *Philosophie*, S. 605, 622. 이에 관해서는 앞의 31면 이하도 참고.

71 Jaspers, *Philosophie*, S. 605; *Von der Wahrheit*, S. 375 이하.

72 이에 관해서는 Jaspers, *Philosophie*, S. 621 참고. '삶의 투쟁'에 관해서는 *Von der Wahrheit*, S. 577 이하 참고.

는 인간들이 살아가도록 만들어야 한다."[73]

---

73 Jaspers, *Philosophie*, S. 622. 야스퍼스의 이러한 사고는 **니체**가 표명한 **생철학**의 '실존적' 권리관에 가까운 것처럼 보인다. 니체는 다음과 같이 말한다. "개인은 자신의 행위의 가치를 결국은 자기 자신으로부터 끌어낸다." 따라서 개인은 "너에게 권리를 부여해 줄 수 있는 자가 누구일 것인가?"라고 묻고, 곧바로 다음과 같이 외치면서 이 물음에 스스로 대답할 것이다. "너의 권리는 네가 찾아라!" 그러므로 니체의 철학에서 권리의 정당화는 언제나 '자율적'으로 이루어진다. 그러나 결코 자유로운 자의에 내맡겨져 있는 것이 아니다. 왜냐하면 니체는 계속해서 다음과 같이 말하고 있기 때문이다. 즉 '한 인간이 주장하는 권리'는 스스로, 즉 이 말의 가장 진정한 의미대로 자신이 가진 모든 힘을 동원해 자신에게 부여되는 것이다. 이때 '너 자신의 힘의 크기'가 곧 권리의 **등급**을 결정하며 "힘 이외의 나머지는 비겁일 뿐이다." 하지만 이 말이 누구나 자신의 힘으로 빼앗은 양만큼의 권리를 갖는다는 뜻은 아니다. 니체의 철학에서도 모든 권리는 인간이 스스로 '부과한' '의무와 관련'되어 있다. 즉 모든 권리는 '인간이 스스로 **감당해야 한다고 느끼는**' 과제와 관련되어 있다. 이렇게 볼 때 모든 권리는 스스로 쟁취한 '특권("하나의 권리는 하나의 특권이다")'이 된다. 그래서 니체도 이렇게 말한다. "모든 사람은 각자의 존재방식에 따라 자신의 특권을 갖고 있다." 따라서 니체의 권리사상의 핵심에는 '**등급질서**(Rangordnung)'의 문제가 자리 잡고 있으며, 그래서 그는 '권리가 존재하기 위한 첫 번째 조건'을 '권리의 불평등성'에서 찾는다. 물론 그는 개인의 주관적 삶의 권리라는 관점에서는 이렇게 말할 수도 있었다. "대다수 사람은 삶에 대한 권리가 없고, 그들은 더 높은 사람들에게는 하나의 불행이다." 하지만 니체는 동시에 객관적이고 보편적인, 평균성의 법이 갖는 본질적 기능을 파악하고 있다. 그는 스스로 이렇게 경탄해 마지않는다. "'법'과 '불법'은 분명 소용이 있다. … 어떤 좁은 부르주아적 의미로 받아들이자면 … 다시 말해 … 하나의 공동체를 존립하게 만드는 어떤 큰 틀에 비추어 보자면 법과 불법은 그 기능을 충분히 발휘하고 있다. 우리는 수천 년 동안 우리의 정신에 도덕을 배양시켜 왔던 신을 조금도 생각할 필요가 없다." 니체의 이 말은 결코 그가 별생각 없이 우연히 언급한 주변적인 것이 아니라 '기존의 최고가치에 대한 비판'을 사유하는 과정에서 나온 것이며, 니체는 이러한 비판에 기초해 '**등급질서에 관한 이론**'을 전개했다. 이 이론에서 니체는 다음과 같이 언급한다. "등급질서와 관련된 첫 번째 물음은 '한 사람이 어떻게 홀로 살 수 있는가 또는 어떻게 무리 지어 살 수 있는가'이다." 후자의 경우에 한 사람의 가치는 '자신이 속한 집단의 존립을 가능하게 만든다는 데' 있고, 전자의 경우에는 '한 사람을 다른 사람과 구별할 수 있게 만들고 홀로 사는 것을 가능하게 만든다는 데' 있다. 이 점으로부터 니체는 다음과 같은 '결론'을 도출한다. "우리는 고독한 인간 유형을 무리 지어 사는 인간 유형에 따라 가늠하거나 거꾸로 무리 지어 사는 인간 유형을 고독한 인간 유형에 따라 가늠해서는 안 된다. 고도의 경지에서 보

이러한 주장에 의해 우리는 '인간은 인간에 대해 늑대(homo homini lupus est)'라는 실존적 상황의 틀로 되돌아가게 된다. 이러한 상황에서는 인간의 절대적 자율로부터 빠져나와 보편적 결합과 구속의 질서라는 '공통'의 세계로 이르러 가는 길은 '리바이어던'의 타율적 지배라는 방법만이 있을 뿐이다. 카알 슈미트Carl Schmitt의 **결단주의**(Dezisionismus)는 홉스를 명시적으로 원용하면서 사실상 바로 이러한 '바탕'으로부터 리바이어던 식의 방법을 찾으려고 시도했다.[74]

그 때문에 모든 극단적인 신학적 및 철학적 **개인주의**와 극단적인 정치적 **자유주의**가 자율적인 개인성을 통한 사회의 자기질서(Selbstordnung)를 위해 포괄적(타율적) 질서의 폐기, 즉 그 자신의 존재 가운데 있는 '유일자'의 **무정부주의**와 **자급자족주의**(Autarkismus)로 귀착할 수밖에 없다는 사실은 결코 우연이 아니다.

면 양자는 모두 필연적이다. 마찬가지로 양자 사이의 충돌 역시 필연적이다 …." 그의 관점이 너무나도 극단적임에도 불구하고, 니체는 오늘날 '예외'의 철학에서 볼 수 있는, 규칙에 대한 단순한 평가절하에만 머물러 있지 않았다. 니체는 자신과 관련해 이렇게 말한다. "**나**(니체)는 규칙의 존속이 예외의 가치를 위한 전제라는 사실을 파악하지 못하고 오히려 하나의 예외적 종류가 규칙에 대해 전쟁을 일삼는 것에 대해 반대하며, 이에 대항하여 투쟁한다." "평범한 것을 저주하는 것은 철학자의 품위에 맞지 않는 일이다. 그것은 자신의 '철학에 대한 권리'에 대해 의문을 불러일으키는 짓에 가깝다." 니체는 그 자신이 예외라는 바로 그 사실 때문에 규칙을 보호해야 했고, 모든 평균적인 것에 관한 호의를 잃지 않아야만 했다.
비록 오늘날의 실존철학이 '평균성'에 대한 '저주'까지는 이르러 있지 않았다 할지라도, 평균성을 경시함에는 틀림이 없다. 이러한 관점은 이미 우리의 서론적인 고찰에서 '의심스러운' 것이 되었다. '고도의 관점'에서 보면, 아마도 규칙과 예외는 모두 필연적일 뿐만 아니라, '근본적으로는' 양자 모두 '본질적'이고 '고유한' 것이 아닐까? 이상의 내용에 관해서는 Nietzsche: *Der Antichrist*(Ausgabe Kröner, Bd. 77), S. 272, *Bruchstücke zu den Dionysos-Dithyramben*(Bd. 77), S. 568; *Wille zur Macht*, S. 190, 512, 582, 594 이하, 601 이하. 606 참고.

74 이에 관해 자세히는 Welzel, *Naturrecht*, S. 114 이하, 193 이하 참고.

이러한 극단주의는 인간존재의 근원적인 **중층구조**를 오인한 데서 비롯된다. 인간존재는 자기존재 **그리고** '로서의 존재'라는 중층구조를 이루고 있으며, 이 양자는 다 같이 근원적인 존재구조이다. 이 중층구조는 현존재의 기본구조로서, 법에서도 이러한 기본구조에 상응하는 **이중의 상태**가 있다. 하나는 '유일'하기 때문에 모든 질서에서 벗어나 있는 **개인**의 **자연상태**이고, 다른 하나는 '**다른 사람들 가운데 한 사람**'으로서의 개인의 **문화상태**이다.

현존재는 외부를 향한 모든 **표현**을 통해 불가피하게 외부적 **질서**하에 놓이게 된다. 왜냐하면 현존재가 바깥으로 표현되면, 지금까지 **개인**의 **개별적 관점**에서 나타난 바 같은, 비교 불가능한 유일한 자아로서의 현존재가 이제 더 이상 '곁에' 머물러 있지 않기 때문이다. 외적인 삶의 형성으로 발을 들여놓음으로써 현존재는 동시에 **타인**의 **사회적 관점**에 의해 '규정된', 타인과 비교 가능한 **사회적 형태**를 획득하게 된다. 이 사회적 형태 속에서 현존재는 질서의 세계에 들어서게 되며, 따라서 법의 세계에도 발을 들여놓게 된다.

제2장
세계 내에서의 사회적 형태

개인은 **주변세계**와 **공존세계**로의 확장을 통해 세계-내-현-존재로서 자기 자신을 '완성'한다. 이러한 확장은 모든 삶의 실현이 '내부'로부터 '외부'를 향해 '끊임없이' 이전함으로써, 즉 삶이 **바깥으로 표출**됨으로써 이루어진다.

개인적 존재가 **개별세계에서 자신의 재화**와 **자신의 관련** 속에 '뿌리박고 있는' 두 가지 길을 통해 내면성의 세계영역으로부터 외면성의 세계영역[75]으로 '전환'하기 위해서는 반드시 **자기활동**이 필요하고, 세계 내에서의 **자기실현**은 오로지 이 자기활동을 통해서만 가능하다.

자기활동은 '주관성'의 '세계'와 '객관성'의 '세계'[76]를 서로 결합[77]하고 '두 영역의 상호교차'라는 비밀로 가득 찬 현상[78]을 '야기'할 수 있는 **작용**(Wirken)의 다리를 거쳐 이루어진다. 모든 생생한 작용과 반

---

75 이에 관해서는 앞의 90면 도표 참고.

76 이에 관해서는 Hegel, *Logik*, Teil II, S. 255 이하, 320 이하 참고.

77 이러한 결합은 '외적 합목적성의 논리'에 따른 인간의 목적활동을 통해 이루어진다. 이에 관해서도 Hegel, *Logik*, Teil II, S. 322면 이하, 209 이하 참고. 또한 (아리스토텔레스의 목적분석을 논박하는) Hartmann, *Teleologisches Denken*, 1951, S. 65 이하, 70 이하도 참고.

78 이에 관해서는 Guardini, *Welt und Person*, S. 87 참고.

작용, 즉 인간과 세계의 모든 대립과 상응 관계는 세계-내-존재의 근본적 사실로서 바로 그러한 작용의 바탕이 되어 있다.[79]

이러한 '작용'을 통해 현존재는 **외적 현실**의 세계로 옮겨 간다. 그러나 지금까지의 개인적 고찰**관점**에서 나타난 바와 같이 **개인**의 외부적 **자기세계**로 옮겨 가는 것이 아니다. 인간이 세계 속으로 **개인적 실현**을 한다는 것은 단순히 삶의 필요에 따른 상응의 총체 속에서 자아가 '세계화'하고, 이러한 상응의 구조 내에서 그 자아가 주변세계와 공존세계라는, 그에게 귀속되는 삶의 영역에서 '독자적'인 존립의 공간을 마련한다는 것만을 의미하지 않는다. 다시 말해 현존재가 세계 속으로 자신을 '형성'한다는 것이 그러한 '외적 내면성'[80]의 측면, 즉 개인적 존재로서의 인간이 역사적이고 유한한 자기의 삶을 펼쳐 가는 공간적 및 시간적 위치를 마련한다는 측면만을 갖는 것은 아니다. 현존재의 세계를 향한 '형성'은 또한 내부세계와 외부세계의 **'경계'**[81]만이 아니라, **개인세계** 일반을 **'뛰어넘는 것'**이기도 하다.

---

79 이미 헤라클레이토스도 인간과 세계의 '대립(polemos)'을 '존재규정'으로 파악하고 있다. 이에 관해서는 Heidegger, *Einführung*, S. 127; E. Wolf, *Griechisches Rechtsdenken*, Bd. I, S. 265 이하 참고. 또한 Hegel, *Logik*, Teil II, S. 254 이하에서도 사실상 같은 맥락에서 주관과 객관의 관계를 서술하고 있다.

80 이에 관해서는 Hegel, *System*, Teil III, S. 272 참고.

81 과르디니는 내부세계와 외부세계의 경계에 주목하고 있긴 하지만(*Welt und Person*, S. 86 이하), 이 두 세계의 현상은 더 이상 "분리할 수 없다"라고 말한다.

A. 사회세계로서의 세계

자신의 삶을 외부로 발현시킴으로써 개인은 자신의 가장 고유한 '개별세계(Sonderwelt)'라는 물적 및 인적 삶의 공간에 도달하게 된다. 그러나 이 경우 그 개인은 '그 자체' 아무런 규정도 되어 있지 않은 채 자기 앞에 마주 놓여 있는 세계에 대해 개인 자신의 규정을 부여하여 이를 '실체화'함으로써 그러한 세계를 단순히 자신의 '개별세계'로 전환[82]하는 것이 아니다.

그러한 모든 '**외면화**'가 이루어지는 **세계**는 헤겔이 생각하는 것처럼 아무런 규정도 없는, 따라서 '그 자체' 아무런 의미도 없는 객관성, 즉 세계의 현실이 '주체'를 통해 비로소 **나**의 세계로 '획득'된다는[83] 의미의 '객관성'이 아니다. 외면화가 이루어지는 세계는 '활기찬 개인성'이 제멋대로 자신을 '생산'할 수 있는[84] **자유로운** 공간이 아니라 **미리 주어져 있고** 또한 **미리 규정되어 있는 구조**이다. 모든 삶의 전개가 '작용'하기 위해서는 이 구조에 자신을 '맞추어야' 하고, 현존재 자체도 '세계 속으로' 이르러 가기 위해서는 이 구조에 특정한 방식으로 '순응'해야 한다.

---

82 이러한 관점은 헤겔의 '개인성의 과정'에 잘 나타나 있다(*Logik*, Teil II, S. 257 이하). 이에 관해서는 *Rechtsphilosophie*, S. 94 이하, 104 이하, 117 이하도 참고.

83 Hegel, *Logik*, Teil II, S. 257. 따라서 헤겔은 개인성의 과정을 마치 시험관 속에서 전개되는 것처럼 보고 있다.

84 이 점에서 헤겔이 이해하는 '생산'은 '다른 것으로 변화하는 것'이 아니라 순수한 '재생산'이다. 이에 관해서는 Hegel, *Logik*, S. 259 참고.

Ⅰ. 개인의 실현과 사회적 형태('객관화' 현상)

외면화가 이루어지는 세계가 미리 주어져 있고 또한 미리 규정되어 있는 구조라는 사실은 자기형성을 위한 **수단**[85]이나 **매개자**를 **선택**할 때 이미 분명하게 드러난다. 즉 대상을 자신의 목적규정에 따라 선택할 때 그 대상의 **기능성**은 이미 전제되어 있으며, 따라서 그 목적규정이란 언제나 이미 그 '목적'이 사전에 규정되어 있고 또 그 기능적 **적합성**이 뛰어넘을 수 없게 미리 주어져 있는 하나의 존재자를 개입(Ein-satz)시키는 것에 불과하다. 단지 기능적 적합성이 여러 가지 의미를 지니는 한에서만 '사용'과 '이용'이 여러 가지 방식으로 이루어질 여지가 있으며, 따라서 현존재는 하나의 대상에서 자신의 '특수한 필요'에 상응하는 측면을 선택적으로 '지향'해 그 측면을 사용 또는 이용할 수 있을 뿐이다.[86]

그러나 세계 내에서 마주치는 대상을 자기존재 가능과 관련해 선택·규정하는 과정은 완전히 다른 측면에서 파악할 수도 있다. 그러한 과정은 세계를 '**선택한다**'라는 측면, 즉 '다른 대상'을 '**규정한다**'라는 측면만이 아니라, '**선택되어 있다**'라는 측면, 즉 '그 자체' 세계 내에 '**규정되어 있다**'라는 측면도 갖고 있다.

---

85 이에 관해서는 Hegel, *Logik*, S. 221 이하 참고.

86 Hegel, *Logik*, S. 258; *Rechtsphilosophie*, S. 117 이하 참고. 니체도 우리의 일상적 세계 '해석'이 갖는 이러한 '관점주의(Perspektivismus)'를 파악하고 있다. 세계에 관해 그는 이렇게 말한다. "세계는 결코 하나의 본질적 의미를 지니는 것이 아니라 관점에 따라 수많은 의미를 지니고 있다. 관점주의이다! 세계를 해석하는 것은 바로 우리의 필요, 즉 우리의 충동과 그 충동이 세계를 긍정 또는 부정하는 태도이다(*Wille zur Macht*, S. 337)."

1. '외부세계의 구성화'

현존재는 세계 안에서 외면화를 통해 자기 자신을 '표현'한다. **세계에 대한** 현존재의 모든 **행태**는 그것이 **바깥으로 드러남**과 더불어 곧바로 '**외부세계를 구성화**(Entäußerung)'하게 되며, 이것은 다시 자신을 '표출'하는 현존재 자신에게로 '귀속'된다. 즉 세계에 대한 모든 행태는 현존재의 **존재** 자체를 '규정'하는 **행위**이다. 그러나 이러한 행위는 **자기세계**의 **자율적** 법칙에 따라 이루어지는 것이 아니라 **공동세계**의 **타율적** 법칙에 따라 이루어진다. 현존재는 자신의 개인성의 '한계'를 넘어섬으로써 이러한 공동세계에서 특정한 방식으로 '실존'한다.

이러한 관점에서 볼 때, '행위의 본질'은 단순히 '하나의 작용을 야기하는 것(das Bewirken einer Wirkung)'[87]이 아니라 두 가지 의미에서의 현실의 작용으로 파악된다. 즉 행위는 '세계 내에서'의 행위라는 하나의 구체적 현실일 뿐만 아니라, 이 행위가 다시 작용을 일으키는 행위자 자신에게 작용하여 그의 인격적 현실을 규정하기도 한다. '작용'이 갖는 이러한 두 가지 측면이 인간의 모든 외부적 삶의 관점을 결정하는 **객관화**(Objektivation)라는 수수께끼와도 같은 현상의 특징이다. 이러한 객관화를 통해 규정할 수도 없고, 비교할 수도 없는 개인의 **개인적 실현**이 타인과 비교할 수 있는 '규정된' **삶의 형태**로 **변화**하게 된다.

인간의 모든 행태, 즉 '모든 표현, 언어, 동작'은 그러한 '객관화'이다.[88] 인간을 자신의 세계-내-존재의 일상성 속에서 그가 '영위'하는

87 이에 관해서는 Heidegger, *Humanismus*, S. 5.

88 Hartmann, *Problem*, S. 411. 주로 '객관적 정신'의 관점이긴 하지만 객관화의 현상을 자세히 다루고 있는 S. 407 이하, 447 이하도 참고.

바로 파악[89]하는 실존의 철학에서도 이러한 객관화 현상은 근본적인 의미를 지닌다.

현존재의 '**본질**'이 그 '실존'에 근거하고 있다고 보는 철학에서 객관화가 없다면, 현존재는 세계 안에 '있지(da)' 않으며,[90] (헤겔의 관점에서처럼) "개인의 주관적 정신은 그 자체로 닫혀 있을"[91] 뿐이다.

현존재 '자신의 관점에서 보면' 객관화와 **더불어**(mit) 현존재는 '외부에서' 규정할 수 없는, 세계 내의 외면적 **자기존재**에 이르러 간다. 이러한 관점에서 자기존재는 타인과 비교 불가능하고, 따라서 자기 자신에게는 하나의 사건이다. 그러나 현존재는 또한 그의 '객관화'를 **통해**(durch) '타인과' 비교할 수 있는, 세계 내에서의 한 '위치'에 자리 잡게 되며, 이 위치에서 현존재에게는 '타인들 가운데 한 사람'이라는 하나의 새로운 존재가 부가된다. 이 새로운 존재는 '다른 모든 사람'과 관련된 공동세계 내에서의 현존재의 존재, 즉 '**로서의 존재**(Alssein)'를 '규정'한다.

---

89 하이데거도 같은 생각이다(Heidegger, *Sein und Zeit*, S. 126).

90 이에 관해서는 Sartre, *Existentialisme*, S. 17 이하 참고. 하이데거마저도 사실상으로는 이러한 견해를 표방한다(*Sein und Zeit*, S. 117). 따라서 하이데거의 철학이 사르트르의 철학과 뚜렷이 구별된다는 막스 뮐러의 지적(Müller, *Existenzphilosophie*, S. 60 이하)은 과장된 것이다. 물론 하이데거가 그의 **실존**개념을 『존재와 시간』에서는 '존재적으로(ontisch)' 현존재를 세계 안에 들어서 있는 존재(In-sistenz, 세계-내-존재)로 이해하고 있음에 반해, 『실존주의는 휴머니즘이다』에서는 이러한 **실존**개념을 '존재론적으로(ontologisch)' '바깥으로 나가는 존재(Ek-sistenz)', 즉 '존재의 진리를 향해 바깥으로 나가는 것'으로 돌려 해석하고 있다(*Humanismus*, S. 16 이하).

91 Hartmann, *Problem*, S. 412.

2. '반복'

'로서의 존재'는 현존재가 세계 내에서 자리 잡은 **제2의 실존론적 위치**를 형성하고, 이 위치는 **타인들의 사회적 관점**에서 밝혀진다. 사회적 관점은 단순히 같은 사건을 '바깥에서' 바라보는 이차적인 '관점'을 제시하는 것이 아니다. 오히려 사회적 관점은 (개인의 개별적 관점과 마찬가지로) 자기존재이자 **동시에** '로서의 존재'인 현존재의 이중적 존재구조를 의식하는 관점이다.

세계 내의 **자기존재**라는 첫 번째 **위치**가 모든 포괄적인 질서 바깥에, 즉 '독자적 세계'의 유일성에 자리 잡고 있다면, 모든 '외면화'를 통해 도달한 **'로서의 존재'**의 **위치**는 같은 것이 '영원히 반복'하는 영역에 자리 잡고 있다. 나의 '죽음', 나의 '질병', 나의 '사랑'은 그 자체 그리고 나 자신에게 유일한 사건이다. 바로 이 점이 나를 다른 사람과 마찬가지로 '죽는 사람', 다른 사람과 마찬가지로 '병에 걸리는 사람', 다른 사람과 마찬가지로 '사랑에 빠지는 사람'으로 만든다. 이처럼 내가 다른 사람과 마찬가지라는 사실에서 그리고 그러한 사실을 통해 같은 것이 나의 ' 경우'에도 **반복**하는 것이다.

다시 말해 모든 세계-내-현-존재는 인간을 통해 '규정'된 외부적인 **개인적 형태**로 '자리 잡을' 뿐만 아니라, 자신의 세계 안에서의 위치와 함께 **세계**의 존재연관과 의미연관을 통해 미리 규정된, 타인과 비교 가능한 삶의 형태, 즉 **사회적 형태**도 획득하게 된다. 왜냐하면 모든 삶의 실현은 설령 그것이 '스스로 선택'한 경우일지라도, 언제나 **타인들의 세계** 내에 미리 주어져 있고 또한 미리 규정되어 있는 위치에서 '**객관화**'하기 때문이다.

Ⅱ. 사회적 세계에서의 사회적 형태('위치지움'의 현상)

'위치지움(Ortung)'이란 미리 규정된 세계연관, 즉 **공간**과 **시간**, **존재**와 **의미**에 따라 하나의 **질서**(Ordnung)에 편입되는 것이다. 질서 속에서는 개인의 '규정'이 아니라 타인들의 규정이 **효력**을 가지며, 그 자체 '유일한' 존재인 개인도 '다른 사람들 가운데 한 사람'으로서 자신의 모든 삶의 표출과 함께 질서에 편입되지 않을 수 없다.

1. 공간과 시간

자기존재의 관점에서 보면 **공간**은 **추상적 공간성**(Räumlichkeit)으로 체험된다.[92] 이러한 공간성은 현존재가 현세의 삶에서 차지하는 **공간적 거리**[93]로 오로지 현존재 자신과만 관련된다. 따라서 그러한 공간적 거리가 '먼 거리'인지 아니면 '가까운 거리'인지는 현존재 자신의 **공간관련**의 **강도**에 따라 결정될 뿐이고, '외부'에서 그러한 강도를 결정할 수는 없다. 이에 반해 외부를 향한 모든 삶의 형성이 '이르러 가는' 공간은 **공통**의 **세계공간**이며, 이 세계공간에서는 미리 규정되고 예견할 수 있는 **공간적 위치**(Raumstelle)에서 '외면화'가 '나타난다.'

92 이에 관해서는 Heidegger, *Sein und Zeit*, S. 104 이하 참고.

93 즉 실존의 공간적 '거리.' 푸펜도르프도 이미 이러한 '거리'를 '존재규정'으로 파악하고 있다. 이에 관해서는 G. Husserl, *Rechtsgegenstand*, S. 78 참고.

'**여기**'라는 공간적 위치에서는 주변세계와 공존세계의 가장 고유한 자기 삶의 공간이라는 '주관적' 척도가 아니라 **객관적 지역성**(Lokalität)이라는 공동의 공간규정이 적용된다. 이 공간규정에 따라 공간 내적 존재인 세계 내의 인간은 타인과 같은 또는 타인과 구별되는 하나의 특정한 **위치**에 '자리를 잡고', 또한 이 위치에서 타인과 관련된 공동세계의 한 '자리'를 차지하게 된다.[94]

시간도 또한 마찬가지로 자기존재의 관점에서 보면, **추상적 시간성**(Zeitlichkeit)으로 체험된다.[95] 이러한 시간성은 현존재가 현세의 삶에서 누리는 **시간적 간격**[96]으로 이해되며, 그 '길고 짧음'은 유한한 현존재와 관련된다. 시간적 간격은 '체험된 시간'으로서 오로지 현존재 자신의 **시간관련**의 **강도**에 의해 규정되며 그 때문에 '유일한' 것이다. 따라서 현존재의 시간적 간격의 강도는 '체험된 공간'의 그것과 마찬가지로 외부에서 규정할 수 없다.

그러나 현존재는 또한 모든 '외면화'를 통해 추상적 시간성과는 전혀 다른, '로서의 존재'에 귀속되는 '시간', 즉 **공통**의 **세계시간**에 들어서게 된다. 이 세계시간 속에서 현존재는 미리 규정되어 있고 예견 가능한 **시점**(Zeitstelle)에 도달한다. '**지금**'이라는 시점에서는 '시간적 완급'에 관한 '개인적' 척도가 아니라, **시기성**(Temporalität)이라는 공동의 시간규정이 적용된다. 이 시간규정에 따라 우리의 실존은 시간 내적 존재인 세계 내의 인간으로서 타인과 같은 또는 타인과 구별되는

---

94 '법의 영역'에서의 '위치'가 이러한 본질적 의미에 뒤따르는 '이차적인 지위의 성격'을 갖는 것에 불과하다는 견해로는 G. Husserl, *Rechtsgegenstand*, S. 29, 각주 74 참고.

95 이에 관해서는 Heidegger, *Sein und Zeit*, S. 350 이하 참고.

96 즉 실존의 시간적 '간격.'

하나의 시간에 '고정'된다. 이 점은 우리의 삶에서 마주치는 다양한 '시기(연월일 또는 계절 등—옮긴이)'에서 분명하게 드러난다. 이러한 시점들이 비교 불가능하고 유일한 자아를 특정한 '출생연도'에 태어난 자, 특정한 세대의 '구성원' 또는 '동시대인'으로 결정짓는다. 물론 자아가 '로서의 존재'의 공통의 시간규정을 좋아하는가 그렇지 않은가는 상관이 없다. 법도 또한 바로 이러한 공통의 시간규정에 다양한 방식으로 연결되어 있다.

시간과 공간에서뿐만 아니라, '삶의 표현'의 존재와 의미에 비추어 보더라도 자아는 세계 내에서 형성됨과 더불어 '로서의 존재'의 규정으로 들어가게 된다.

2. 존재와 의미

자기존재의 관점에서 보면 현존재의 **존재**와 **의미**는 가장 고유한 존재 가능과의 관련, 즉 현존재의 일회적이고 비교 불가능한 유일성과 고유성에 의해 규정되며, 현존재는 바로 '**이러한 자**'로서 자신의 현세적 삶의 **역사성** 속에서 자기 자신을 '완성'[97]해야 한다고 파악된다. 그러나 현존재가 모든 '외면화'를 통해 도달하는 '또 다른' 세계

---

97 하이데거는 인간의 행위를 '완성', 즉 "이미 존재하는 인간의 본질을 완전히 발현하는 것"이라고 해석한다. 하이데거의 철학에서 '이미 있는 것'은 무엇보다 '존재'이다. 존재는 행위를 통해 '겉으로 드러나고 창출되어야만' 한다. 그러한 인간 행위가 근거하는 '위치의 본질'을 하이데거는 "인간의 '본질적' 위치가 곧 인간의 '신(daimon)'이다"라는 헤라클레이토스의 말에서 찾는다. 이는 인간의 세계 내에서의 '위치'를 '유일자'의 확장적 개인윤리의 '기획'으로 정당화하려는 원칙이다. 이러한 원칙에 따른다면 '보편적' 윤리에 이르는 길은 있을 수 없다. 이에 관해서는 Heidegger, *Humanismus*, S. 5, 39 참고. 또한 앞의 27면 이하도 참고.

(사회세계)의 타율적 척도에 따르면, 현존재의 존재와 의미는 완전히 달라진다.

왜냐하면 외면화와 함께 현존재는 자신의 가장 고유한 삶의 사건적 일회성을 뛰어넘는, **공동세계**의 **존재연관**과 **의미연관**에 들어서기 때문이다. 현존재는 이 공동세계에서 미리 규정되어 있고 미리 평가되어 있는 **존재위치**와 **의미위치**에서 '실존'하게 되는 것이다.

위치의 **존재**와 **의미**를 현존재가 마음대로 처분할 수는 없다. 그리고 위치가 갖는 **가치**는 자기존재의 '보존조건', 즉 가장 고유한 자기존재 가능을 위한 '상승조건(Steigerungsbedingungen)'[98]에 관한 척도가 결정하는 것이 아니다. 오히려 그 위치에 대해서는 포괄적 세계연관에 따라 미리 지시되어 있는, '로서의 존재'의 척도가 적용된다. 바로 이 '로서의 존재'의 척도가 의미와 무의미, 가치와 반가치에 관해 판단을 내린다. 따라서 현존재는 그가 원하든 원하지 않든, '모든 타인'의 관점에서 그러한 판단에 복종하게 된다. 왜냐하면 현존재는 그의 객관화와 함께 그 자신 일정한 방식으로 이미 '**타인들 가운데 한 사람**'이 되었기 때문이다.

이 점은 모든 삶의 표현이 '공통'의 **자연**세계로 옮겨 가는 경우뿐만 아니라, 인간이 자신의 인간존재를 실현함으로써 그의 '제2의 자연(본성)'이 된 **문화**세계로 옮겨 가는 경우도 마찬가지다.

98 Nietzsche, *Wille zur Macht*, S. 482 이하. 그렇지만 니체는 이러한 자기존재의 차원을 뛰어넘어 현존재를 파악하기도 한다. 즉 그는 정의를 '삶의 최고의 대표자'라고 하며, 정의는 "선악에 관한 사소한 관점을 뛰어넘어 훨씬 더 넓은 차원의 **이익**을 갖는 포괄적 힘의 기능이며, 이는 이 사람 또는 저 사람보다 더 많은 것을 얻으려는 의도"라고 한다(인용은 Heidegger, *Holzwege*, S. 227에 따름). 이에 관해서는 Heidegger, *Holzwege*, S. 227, 210 이하도 참고.

이 두 세계의 현실 속에서 인간은 '외적 삶'을 통해 '자신 이외의 다른 모든 사람'에 대해 **진정으로 현실적인** 존재가 된다. 인간은 이 두 세계 속에서 **자연세계**와 **문화세계**의 연관 가운데 있는 각각의 '특정' 위치에 도달하게 된다. 특정한 위치도 또한 **그 자체** 현실성을 갖고 있으며, 그 현실성을 현존재에게 이양한다. 그리하여 현존재의 삶의 전개는 곧바로 현존재 자신을 통해서가 아니라 세계를 통해 규정된 특정한 삶의 형태로 '전환'한다. 현존재의 이러한 삶의 **형태**에서 현존재의 **존재**는 이제 더 이상 자기 자신의 관점으로부터 '유일한' 것으로 규정되지 않는다. 오히려 현존재는 세계 내에 질서 잡힌 상응의 연관성으로부터 이러한 형태에 미리 지시되어 있는 존재를 통해 규정된다.

예컨대 여성은 '어머니로서' 자식에 대한 '관계'에 들어서게 되고, 이 관계 자체는 그 여성에 의해 '발명'된 것이 아니라, '애당초' 사전에 그렇게 지시되어 있다. 따라서 이 관계는 어떠한 개인적 의사와도 상관없이 어머니로서의 여성의 존재를 '규정'하며, 이 존재에게 자식을 '위한' '특정한' 행태의 고유성을 갖도록 지시한다.[99]

이러한 관계에서 현존재는 세계연관으로 들어선다. 세계연관은 더 이상 현존재 자신의 자율적 형성의 기반이 아니다. 오히려 현존재는 세계연관에서 포괄적인 의미연관에 의해 미리 지정되어 있는 ('로서의 존재'의) '**고유성**'이 갖는 **타율성**에 복종하게 된다. 그리하여 현존재의 행태는 이 타율성에 의해 자연에 합치하거나 자연에 반하는 것으로 또는 의미 있거나 의미에 반하는 것으로 규정된다.

---

99 따라서 이러한 관계에서는 실존주의가 생각하듯이 선택하거나 '발명'해야 할 '도덕'(이에 관해서는 Sartre, *Existentialisme*, S. 78 참고)이 아니라 단지 '이행'해야 할 도덕이 있을 뿐이다.

세계에 대한 모든 행태는 타율성에 의해 특정한 방식으로 미리 규정되어 있고 또한 미리 지정되어 있기 때문에 인간에게 남아 있는 진정한 의미의 **자유**는 단지 모든 '자의'로부터 벗어나 '**물리적 존재**(entia physica)'를 통해 미리 지정된 **필연성**에 따라 의욕할 수 있는 자유일 따름이다.[100]

이 점은 자연세계의 포괄적 의미연관 속에서 전개되는 삶의 실현에서뿐만 아니라, 문화세계에서도 마찬가지다. 인간은 이 세상에 '머물면서(Aufenthalt)' 이 문화세계 안에 '인간의 인간성(humanitas des homo humanus)'의 집을 지었다.[101]

인간은 그의 모든 삶의 실현과 함께 문화세계, 즉 삶의 실현이 지닌 의미와 가치가 미리 지시되어 있는 특정한 삶의 형태로 들어서게 된다. 인간은 원하든 원하지 않든 인간이 '**인간으로서**' 존재하는 이상 이 특정한 삶의 형태가 인간의 행태에 대해 제기하는 요구에 복종하게 된다.

왜냐하면 '본성'상으로는 어떠한 **규칙**, 어떠한 '**법칙**'에도 복종하지 않는 근원적으로 **자유로운** 공간에서도 인간은 '인간화'와 함께 '**도덕적 존재**(entia moralia)'를 통해 미리 지시되어 있는 **질서**[102] 속으로 자신을 '설정'했기 때문이다. 인간은 이 질서구조에서 '인간으로서'의 자신의 존재가 지닌 **고유성**을 갖게 되었으며, 그럼으로써 예견할 수도 없고 미리 계산할 수도 없는 운명이 갖는 기괴함과 공포로부터 빠져나와 '인간적'인 공존과 공생의 길로 접어들게 되었다. 이 공존·공생

---

100 푸펜도르프도 '**물리적 존재**'를 하나의 존재규정으로 파악한다. 이에 관해서는 E. Wolf, *Rechtsdenker*, S. 338 이하; Welzel, *Naturrecht*, S. 147 참고.

101 Heidegger, *Humanismus*, S. 39 이하, 35 참고.

102 푸펜도르프도 이미 '**도덕적 존재**'를 인간의 존재규정으로 파악한다. 이에 관해 자세히는 E. Wolf, *Rechtsdenker*, S. 339; Welzel, *Naturrecht*, S. 147 이하 참고.

의 길이야말로 인간이 스스로 만들어 낸 인간의 우주이다. 그 속에서 인간은 '본래는' 있지 않았던 질서를 세우고 따라서 제2의 세계를 건설한 자로서 이 지구뿐만 아니라, 자기 자신과 인간종족을 지배하는 주인이 된 것이다.[103]

인간은 '세계화'와 더불어 문화라는 인간적 우주, 즉 그의 '제2의 자연(본성)'의 질서 속으로 들어간다.[104]

질서는 모든 개인적 실현에 대해 설령 그것이 가장 고유한 자기실현으로서 완전히 자율적으로 실현되는 경우일지라도, 타율적 존재 형태라는 낙인을 찍는다. 이 타율적 존재 형태는 **사회세계**로서의 세계가 **무엇인가**를 규정해 줄 뿐만 아니라, 동시에 현실의 모든 활동은 인간존재와 '직접 관련'되기 때문에, **사회적 존재**로서의 인간이 **누구인가**도 규정해 준다.

Ⅲ. 사회세계로서의 법세계('구체화' 현상)

이러한 '로서의 존재'에 귀속하는, 세계와 인간의 현실성 속에서 비로소 법의 물적 및 인적 토대가 자리를 잡게 되고 또한 그 속에서 비로

---

103 이미 형이상학에 관한 라이프니츠의 테제(제20번)에서도 '정의'를 이렇게 규정하고 있다. "정의란 바로 인간(정신)을 둘러싼 모든 세계를 포괄하는 최대한 완벽한 질서이다." 라이프니츠의 이 규정에 따라 하이데거도 '유일하고 고유한 존재자의 존재를 보장하는 것'을 '**정의**'로 파악한다(*Holzwege*, S. 226). 하이데거의 이러한 결론은 의외로 '자기성'이라는, '자연적 세계개념'과는 완전히 '다른' 세계로 들어가 있음을 보여 준다.

104 '자연'과 '문화'에 관해서는 Guardini, *Welt und Person*, S. 5 이하, 10 이하 참고.

소 '**법의 영역**'이 밝혀진다. 즉 법이라는 영역은 **법인간**(Rechtsmensch)이 존재하는 **법세계**(Rechtswelt)이다.

인간이 외부세계로 자신을 전개하는 모든 개별적 현상에서는 '원래는' 자율적인 삶의 표현이 외부세계의 구성화라는 **타율성**으로 '전환'한다.

'인격(Person)'이 세계 속으로 울려 퍼짐(per-sonare) — 이는 우리의 존재가 '현실(Da)' 속으로 '울려 퍼진다'라는 라틴어 'person'의 본래 의미이다 — 으로써 그 **인격적 존재**는 또한 **주체**(Subjekt)가 된다. 그런데 이 주체라는 단어도 그 엄밀한 의미를 따져 보면 '바깥으로 표현된 것' 자체에 복종하는 것(sub-jectum)을 뜻한다.

내가 나의 자아를 하나의 물건에 투영하거나 내가 타인과 의지를 통해 결합함으로써 이미 나의 외부적 현실은 작용의 근거인 '나'라는 인격적 자아로부터 분리해 하나의 추상적인 외부적 사태(ab-stractum)가 된다.

1. '타인들의 세계'

만일 '나의' 세계에 복종하도록 '요구되는' 대상이 없다면, 나는 세계에서 어떠한 것도 **나의 것**으로 '요구할' 수 없다. 우리가 세계를 붙잡는 순간, 우리는 또한 우리의 자아를 외적인 현-존재로 '들어서게 했던(ein-lassen)' 바로 그 **위치**에서 이미 세계에 의해 붙잡히게 된다.

왜냐하면 개인은 자신의 모든 삶의 표현과 더불어 자신의 '개별세계'의 영역을 뛰어넘지 않을 수 없기 때문이다. 즉 세계를 향한 확장이 이루어지는 객관화를 통해 이미 개인은 '**타인들의 세계**'에 들어서며, 이때 개인은 더 이상 '유일자'가 아니라 '**타인들 가운데 한 사람**'이다.[105] 다시 말해 개인은 '타인들의 세계' 속에서 '다른 모든 사람'에 대해서는 특정한 '**타인**'이 된다.

이러한 과정은 **주변세계**를 구성할 때와 같이 삶의 표현을 **물건**의 세계로 확장하는 것이 단순히 그 자체 아무런 규정도 되어 있지 않은 **도구**를 **개인**의 개별적 관점에 따라 **자기**의 세계로 **귀속**시키는 것에 그치지 않고, 동시에 '모든 다른 사람'에게도 함께 해당하는 과정이기도 하다.

왜냐하면 이 현상은 자아의 **자기존재**(Eigensein)의 '내적 측면'뿐만 아니라, 다른 모든 타인과 관련해서는 **타존재**(Fremdsein)의 '외적 측면'도 갖고 있기 때문이다. 이 타존재의 외적 측면은 사물의 본성에 근거하는 규정이고, 따라서 법을 통해 비로소 '발명'되는 것이 아니다. 내가 나의 '의지'를 하나의 물건에 투영하고,[106] 그것을 **나**의 물건으로 삼게 됨으로써, 내가 그 물건을 붙잡는 바로 그 순간 나는 이미 특정한 방식으로 세계에 의해 붙잡힌다. 세계와의 관련이 없다면 나는 그 어떤 것도 나에게 '**속하는**' 물건으로 '나의' 세계에 귀속시킬 수 없다. 즉 '다른 모든 사람'이 아닌, 바로 나의 '**관할**'에 속한다고 말할 수 있을 때 비로소 그 물건을 나의 세계에 귀속시킬 수 있다. 이처럼 나의 물건을 통해 나는 나의 세계에 들어서 있게 된다. 내가 **나의 것**으

---

105 헤겔도 이미 이러한 '전환'을 감지하고 있다. 즉 그는 소유권을 통해 '개인의 의지가 객관화'한다고 말하며, 이 객관화를 통해 사람들은 "오로지 소유권자로서 그들 상호 간의 삶"을 갖는다고 한다(*Rechtsphilosophie*, S. 92).

106 이에 관해서는 Hegel, *Rechtsphilosophie*, S. 97 이하 참고.

로 '요구하는' 모든 것에 대해 나는 이미 일정한 방식으로 세계로부터 '요구를 받고' 있으며, 나는 물건 및 타인들의 사회세계 내에서 그 물건이 갖는 작용—사회세계에서 나의 물건은 다른 모든 사람의 관점에서는 **타인**의 물건이다—에 이미 관여하고 있다.[107]

공존세계의 인적 삶의 공간에서 이루어지는 모든 '외면화'의 경우에도 마찬가지다. 공존세계에서도 개인은 삶의 표현을 통해 그 자신이 의미를 부여한 세계, 즉 자기 '마음대로' 처리하고 형성할 수 있는 세계로 들어가는 것이 아니라 미리 주어져 있고 미리 규정되어 있는 존재연관과 의미연관의 세계로 들어간다. 개인이 '타인'에 도달할 수 있는 수단이 되는 **언어**나 **동작** 등 모든 '표현'을 개인이 '발명'할 수는 없으며, 오히려 '발견'해야 한다. 다시 말해 개인이 자신을 남에게 '이해'시키고자 한다면, 개인은 미리 주어져 있고 또한 미리 규정되어 있는 '표현'을 사용해야만 한다.[108]

공존세계에서도 모든 외면화는 개인 **자신의 의지**라는 측면만이 아니라 동시에 '다른 모든 사람'에 대해서는 **타인**의 의욕이라는 측면도 갖고 있다. 즉 겉으로 드러난 의지의 **의미**는 **개인이 의도한 의미부여**에 따라서가 아니라, 모든 **타인**에게서 **나타난 의미성**에 따라 '규정'된다.

---

107 이에 관해서는 G. Husserl, *Rechtsgegenstand*, S. 12 참고. 게르하르트 훗설은 '자기 영역이 갖는 (초인격적) 객관적 측면'을 '인간이 창조해 낸 사회적 주변세계의 한쪽 면'으로 파악하고, "인간은 사회적 주변세계에서 지배권을 장악하고 작업을 수행하는 활동을 통해 자기 자신을 **객관화했다**"라고 말한다(강조표시는 지은이).

108 이에 관해서는 언어의 특성을 정확하게 규정하고 있는 Guardini, *Welt und Person*, S. 107 이하 참고. "언어는 두 개의 독립된 개체가 서로 교류하는 수단으로서의 의사소통기호의 체계가 아니라 모든 인간이 그 속에서 살아가는 하나의 의미 영역이다. 언어는 **초개인적 법칙**을 통해 **규정된** 의미형태의 **연관**이고, 개인은 태어날 때부터 이 연관 속에서 살게 되며 또한 이를 통해 형성된다."

왜냐하면 개인이 자신을 '객관화'하는 모든 표현은 그것이 '바깥으로 드러남'으로써 이미 개인적 존재의 효력범위로부터 분리되며, 작용을 일으킨 자의 의미부여에서 벗어나(ab-strakt) 사회적 존재의 미리 주어진 효력범위로 들어가게 되며, 그럼으로써 비로소 '**구체적**' 사건이 된다.

2. '타인들 가운데 한 사람'으로서의 존재

모든 삶의 표현은 이러한 **구체화**, 즉 비교할 수 없는 유일한 존재가 비교할 수 있는 같은 종류의 존재로 자리 잡는 현상을 불러일으킨다. 설령 반복될 수 없는 일회적인 것이라 할지라도 구체화에 의해 특정한 방식에 따라 '같은 것의 지속적인 반복'을 의미하게 된다. 인간은 이러한 구체화 속에서 다양한 방식으로 말 그대로 세계와 '함께 성장'한다. 즉 현존재는 구체화와 함께 자신의 **개인적 세계**에서 타인들의 **사회적 세계**로 성장하게 되고, 동시에 **개인적 존재**(Individualperson)로서의 자신의 존재에서 사회적 존재(Sozialperson)라는 완전히 '다른' 존재로 성장한다. 이를 통해 현존재는 바로 사회적 존재로서 특정한 방식으로 '실존'하게 된다.

이러한 사실로부터 우리는 모든 인간행태의 존재구조에 관한 4**원적 기초구조**를 도출하게 된다. 1) 행태의 **물적** 및 **인적 내면성**의 구조: 이 구조의 의미와 존재는 **개인의 개별적 관점**에서 밝혀진다. 2) 행태의 **물적** 및 **인적 외면성**의 구조: 이 구조의 의미와 존재는 **타인의 사회적 관점**에 의해 규정된다. 이러한 기초구조는 '사물논리적 구조' 속에 미

리 지시되어 있으며, 바로 그 때문에 법적 **행위**개념에도 그대로 반영된다.[109]

따라서 행위를 통해 **타인과 관련된** 세계에서 실존하게 되는 인간이 '법의 영역으로' 들어서게 되는 것은 결코 우연이 아니다.

인간이 법의 영역으로 들어서게 된다는 것은 **적법행위**에서뿐만 아니라, **불법행위**에서도 마찬가지다. 왜냐하면 적법행위는 인간이 미리 지시되어 있는 사회적 형태에 따라 행위하고, 따라서 사회적 형태의 '규범'이 그러한 행위를 한 인간에게 **효력**을 갖는다는 것을 의미하며, 불법행위는 인간이 '소극적 당위규범(금지)'을 통해 들어가지 못하도록 미리 규정되어 있는 사회적 형태에 '들어갔다'는 것을 의미하기 때문이다.[110]

인간이 세계 내에서 행한 '외부적' 행태의 의미는 그의 **주관적 목적설정과 의미부여**에 따라 규정되는 것이 아니라 언제나 사회적 세계의 연관 속에서의 **객관적 목적지향성과 의미성**에 따라, 즉 타인들의 '**수용자 지평**(Empfängerhorizont)'을 통해 규정된다.

그러나 타인들의 수용자 지평은 개인의 입장이나 개인들의 총합의 입장이 아니라 '이성적 인간', 즉 '이성적으로 개인화'한 **타인**의 입장이다.

실정법질서의 수많은 규율은 얼핏 보면 임의적인 것으로 보일지 모

---

109 이러한 기초구조는 법에서는 불법과 책임의 영역에 해당한다. 이에 관해서는 Maihofer, Der Handlungsbegriff im Verbrechenssystem, 1953, S. 53 이하, 63 이하, 74 참고.

110 이에 관해서는 G. Husserl, Negatives Sollen, S. 131 이하, 135 이하 참고. 물론 훗설 자신의 관점에서는 오로지 '의지의 분열'이라는 가정을 통해서만 금지의 효력기초를 발견할 수 있었다.

른다. 그러나 그러한 규율들은 존재론적 근거를 지니고 있다. 인간이 모든 삶의 표현과 더불어 법의 세계로 들어섬으로써 갖게 되는 삶의 형태를 자세히 고찰해 보면 그러한 존재론적 근거가 확인된다. 법의 세계에서 인간의 삶의 형태는 바로 **사회세계에서의 사회적 존재의 사회적 형태**이다.

B. 사회적 존재로서의 인간

세계 내에서 인간의 현존재는 비교할 수 없는 고유한 자아로 존재할 뿐만 아니라, 동시에 타인과 비교할 수 있고 또한 같은 종류의 존재, 즉 **'로서의 존재'**로 세계에 의해 미리 지시되어 있는 관련 속에서 존재하기도 한다. 즉 '로서의 존재'는 자기존재와 마찬가지로 근원적이다. 인간은 남자와 여자로서, 자식과 부모로서, 소유자와 점유자로서, 물건 사는 사람과 물건 파는 사람으로서, 시민과 이웃으로서, 특정한 직종이나 국적 또는 종파의 '구성원'으로서 존재하며, 그 때문에 타인과 비교할 수도 있고 구별할 수도 있다.

현존재의 유일성은 하나의 사건이다. 그러나 이러한 현존재의 모든 자아실현은 태어날 때부터 운명적인 삶의 형태 또는 삶을 영위하는 '과정'에서 덧붙여진 삶의 형태 가운데서 이루어지며, 따라서 그러한 삶의 형태는 타인과 비교할 수 있다.

다시 말해서 세계-내-현-존재는 오로지 **'로서의 존재' 가운데서의 자기존재**(Selbstsein im Alssein)로서만 가능하다.

Ⅰ. '로서의 존재'

모든 **개인적 실현**은 특정한 **사회적 형태**에 들어설 때만 세계 내에서 현실성을 가질 수 있다. 이 사회적 형태의 존재와 의미는 현존재에 의해 임의적으로 규정되거나 발명되는 것이 아니라 세계 내에 미리 주어져 있다. 즉 사회적 형태는 바로 세계의 포괄적 연관성에 의해 이미 규정되어 있다.[111]

현존재가 세계 내에서 **존재**할 수 있는 모든 형태는 **'로서의 존재'의 형태**로, 즉 세계에 의해 미리 지시되어 있는, '내용이 아직 채워지지 않은 형식(Leerformel)'으로 이미 마련되어 있다. 그리고 이 위치에서 인간존재의 우주에서 그러한 삶의 표현에 특정한 자리(Ort)가 '주어지며', 따라서 타인과 비교할 수도 있고 구별할 수도 있게 된다.

설령 한 개인이 '보통사람'들처럼 평범한 존재가 되는 것을 당당하게 거부할지라도, 그도 또한 다른 사람과 마찬가지로 **같은 위치에 있는 한 존재**(Isotop)이다. 즉 가장 극렬하게 평범함에 저항하는 자일지

---

111 이 점은 플라톤의 『국가』의 마지막 부분에 등장하는 신화에 나타나 있는, 자기존재와 '로서의 존재'에 대한 신화적 해석에 내재하는 존재론적 '핵심'이기도 하다(Platon, *Politeia*, X, 614a-d, 619a-d). "현존재는 자기존재 가운데서의 '로서의 존재'이다"라는 명제가 존재론적으로 볼 때 결코 뒤바뀔 수 없다는 점은 이 신화에서도 잘 나타나 있다. 즉 이 신화에서는 '로서의 존재'라는 '삶의 양태(Lebensmuster)'가 '피안의 세계'에서 새롭게 분배되는데, 이는 새로운 '삶의 변화'가 이루어지기 전에 우선 피안의 '법정'에서 이전의 자기존재를 완전히 '정화'한 이후에 이루어진다고 한다. 그렇다면 새롭게 분배받은 '삶의 역할'은 바로 '로서의 존재' 가운데서의 자기존재의 '체화(Inkarnation)'를 의미한다. 다시 말해 이 새로운 삶의 역할 속에서 '로서의 존재' 가운데서의 자기존재는 그가 현세에서 다시 새로운 삶을 누리는 동안 자신의 삶을 '완성'해야 한다. '존재론적'으로 볼 때, 이러한 사건은 이미 우리의 현세의 삶에서도 여러 가지의 '삶의 변화' 속에서 이루어지고 있다.

라도 삶과 죽음의 위치를 지정하는 이 존재의 집으로부터 결코 빠져 나갈 수 없다. 세계 내의 인간은 존재의 집에서 태어났으며, 따라서 바로 이곳이 인간의 '고향'이다.

인간의 현존재가 **현실적인** 존재, 즉 세계 내의 **존재**가 되고자 한다면, 인간은 언제나 또한 '유일자'의 **개인성**을 뛰어넘지 않을 수 없으며, 이미 자신의 실존과 함께 그러한 개인성을 뛰어넘었다. 왜냐하면 현존재가 갖는 현실성의 측면, 즉 구체적 형태를 획득하고 있는 측면은 현존재가 타인과 아무런 관련도 맺지 않고 따로따로 고립된 존재로서 자신의 개별세계에서 나타나는 바와 같은 사건적이고 유일한 존재의 측면만이 아니기 때문이다. 물론 현존재는 그러한 개별세계의 유일한 존재로서 그렇게 현실적으로 '**존재**'하고 있지만, 그러나 그와 동시에 그 현존재는 또한 이미 타인들의 사회세계 내에서도, 즉 타인과 비교할 수 있는 특정한 삶의 형태의 **사회성** 가운데서도 '현실적'이다.

물론 그렇다고 해서 사회세계의 사회성을 통해 현존재가 갖는 사건적 일회성이 사라지는 것은 아니다. 개인의 자기세계의 관점에서 보면, 현존재는 **지금도 의연히 언제나** 진정 하나의 사건이며, 하나의 독립된 사건으로 고려된다면, 타인과 비교할 수 없으며, 따라서 '유일한' 존재이다.

그러나 사회세계에서는 그러한 유일성이 뒷전으로 물러나고, 현존재가 자신의 세계를 구성할 때 타인과 더불어 사는 존재로 탈바꿈한 자신의 세계를 구성할 때 타인과 더불어 사는 존재로 탈바꿈한 전혀 다른 존재가 전면에 부각한다. 왜냐하면 사회세계에서의 현존재는 이미 '**타인들 가운데 한 사람**'으로서 이 '공동'세계의 법칙 아래 놓이게 되기 때문이다. 우리 현대인에게 이 공동세계는 '자연에 의해' 미리 주어져 있는 의미연관뿐만 아니라, 우리의 선조와 동시대인들에 의해 창출되었고 또한 풍부한 전통의 구조로부터 조성된 문화를 통해서도 규정된다. 즉 인간은 자신의 역사적 존재의 실현공간으로서의 문화세계에 발을 들여놓는다.[112]

엄밀히 고찰해 보면, 우리는 우리 자신의 활동을 '의도적으로' 세계를 향해 확장함으로써 비로소 그러한 실현공간으로서의 문화세계에 발을 들여놓게 되는 것이 아니라 우리가 **출생**을 통해 세계화하는 순간 이미 특정한 방식으로 문화세계에 서 있게 된다. 다시 말해 우리는 출생과 함께 아직 실현되지 않은 형태의 가장 고유한 자기존재로 존재할 뿐만 아니라, 동시에 특정한 형태의 '로서의 존재'로 지시되어 있다.

개인적 존재로서의 내가 또한 언제나 특정한 **성별**에 속하는 존재라는 사실은 곧 나는 태어날 때부터 이미 내게 주어져 있는 하나의 '로서의 존재'임을 의미하며, 따라서 나는 세계에 있는 특정한 상응 관계에

112 인간이 그의 실현공간으로서의 문화상태에 들어선다는 사실은 예컨대 오늘날 우리의 **문화**가 도달하게 된 '우연한' 상태에 비추어 볼 때 그렇다는 것이 아니다. 문화는 인간행태의 규칙, 의미, 가치에 관한 보편적 **약속**일 뿐이다. 따라서 문화는 인간이 타인과 함께 존재하는 이상 어디에나 존재한다. '인간이 만든 문화세계'에서 **질서** — 이는 곧 인간존재를 그 의미와 가치에 따라 **위치지움**을 의미한다 — 를 통해 창조된 것은 바로 인간 스스로 만든 '집'이다. 현존재는 '자연적 세계'와 이 자연적 세계를 통해 미리 주어져 있는 질서에서 벗어나면서 자신이 만든 '집'에 '안주'하게 된다. 그 대가로 인간은 '자연으로부터' 주어져 있지 않았던 법칙과의 관련 — 이는 인간이 정신세계에서 그의 '제2의 자연'으로 만들어 낸 것이다 — 속에서 살게 된다.

지시되어 있다. 즉 나는 '그러한 자로서' 나의 현존재가 영위하는 모든 삶에서 불가피하게 그러한 상응 관계에 지시되어 있다.[113] 하나의 특정한 의미 위치에서 나는 이미 주어져 있는 세계의 의미연관에 따라 남자로서 또는 여자로서 이러한 지시를 따르지 않을 수 없으며, 내가 선택할 가능성은 존재하지 않는다. 즉 지시는 내게 하나의 '규정'을 부여하며, 그 규정은 내가 원하든 원하지 않든 받아들여야 한다. 이러한 지시는 남자 또는 여자라는 특정한 성별로서 내가 존재할 수 있는 가능한 방식들을 규정하며, 내가 '존재'에서 '비존재'로 전도되지 않는 이상 나는 그러한 규정을 뛰어넘을 수 없다.

내가 '태어날 때부터' 갖게 되는 다른 지위도 마찬가지다. 내가 태어날 때부터 갖게 되는 지위에 관한 한, 이미 나는 규정되어 있다. 즉 나는 특정한 가족, 특정한 민족, 어떤 국가 또는 어떤 교회의 구성원으로서 세계의 의미연관, 즉 하나의 '로서의 존재'로 규정되어 있다. 자기존재를 선택할 수 없는 것과 마찬가지로 이 '로서의 존재'도 또한 내가 선택할 수 없다. 즉 나는 이 '로서의 존재'에 지시되어 있고, 이 지시에서 벗어날 수 없다.

---

113 하이데거는 자아가 '성별'의 관점에서도 '중성'이라고 확언하면서 이렇게 주장한다. "자아성은 결코 … (그 자아에 대응하는 — 옮긴이) '너'와 관계되지 않는다. 자아성은 — 모든 것을 비로소 가능하게 만드는 것이기 때문에 — 나의 존재나 너의 존재와는 무관하며, 예컨대 '성별'에 대해서도 완전히 중립적이다(*Vom Wesen des Grundes*, S. 35)." 그러나 하나의 개체로서의 자기성이 갖는 이러한 무관련성은 '현존재에 관한 존재론적 분석'에서 인간의 본질적 위치로 밝혀진 것 가운데 **한 가지**에 불과하다. 왜냐하면 인간은 **또한** '자기 바깥'에 상응하는 대상들과의 **관련성**을 통해 '로서의 존재'로 서 있으며, 이 '로서의 존재'도 자기성과 마찬가지로 '본질적'이기 때문이다. 즉 인간은 상응하는 대상을 통해 비로소 자신의 삶의 완전성을 '실현'할 수 있다.

내가 태어남과 동시에 내게는 앞으로 감당해야 할 특정한 '**역할**'이 지정되고, 이 역할을 바꾸는 것은 오로지 그러한 역할을 '규정'하는 존재가 자연의 필연성(물리적 존재) 영역이 아니라 정신의 자유(도덕적 존재) 영역에 그 '근거'를 갖고 있을 때만 가능하다.

그러나 내가 자유로운 자기결정에 따라 들어갈 수도 빠져나올 수도 있는 사회적 형태, 즉 내가 **선택**한 사회적 형태라 할지라도, 내가 그러한 '역할' 지위에 놓여 있는 이상 나는 내 마음대로 처분할 수 없는 하나의 척도에 따라야 한다. 그 척도는 하나의 '이성적 인간'으로서 기울여야 할 주의, 이른바 법에서 말하는 '선량한 관리자의 주의(diligentia boni patris familias)', 즉 내가 타인과 어떠한 관계에 있더라도 지켜야 할, '**본래적' 타인**으로서의 신중함이다.

Ⅱ. 법에서의 사회적 존재

내가 특정한 사회적 형태 속으로 들어가게 됨으로써 나는 "너 자신이 돼라!"라는 자율적 자기세계의 준칙을 넘어섰으며 공동세계의 타율적 명령 아래 놓이게 되었다. 이 타율적 명령을 통해 모든 사회적 형태에 대해서 특정한 **누구**로서, 즉 임차인이나 매수인으로서, 의사나 법관으로서 또는 아버지나 이웃으로서 그 존재의 본래성이 미리 지시되어 있다.

1. '로서의 존재'의 '자리'

우리는 타인과 더불어 사는 일상의 공존세계에서 사회세계의 포괄적 존재연관에 따라 미리 지시되어 있는 **사회적 형태**의 내용을 '채우게' 된다. 따라서 이러한 공존세계에서는 자기존재가 아니라 '**로서의 존재**'가 **본래적**이다.

내가 차표를 건네주는 차장, 내가 거리에서 길을 비켜주는 자전거 탄 사람, 내게 물건을 파는 식료품 장사 등 나는 그러한 타인들과 일상적으로 공존한다. 그러나 이러한 방식의 상호 관련에서는 우선 그들과 나는 '개인적으로'는 누구인지 서로 모르고 있다. 그들과 나 사이에 알려진 '측면', 그들이 내게 보여주는 '면모'는 내가 승객으로서 '대면'하는 차장의 면모, 나와 마찬가지로 거리를 이용하는 자로서 일정한 방식으로 나와 '관련'되는 통행인의 면모, 물건을 사는 사람으로서의 '나의 성질'상 관련을 맺고 있는 물건 파는 사람의 면모이다. 나 자신이 타인의 실천적 행태에 지시되어 있다는 사실은 나를 타인과 '**접촉**'하게 만들고, 타인에 대해 '**관심**'을 갖게 만들며 그럼으로써 공통의 '**만남**'(설령 그것이 한순간에 불과하고 아주 특정한 방식에 의한 것일지라도)의 토대 위에서 타인과 **의사소통**을 하도록 만든다. 그러나 이 경우 그 '타인'은 일상적 공존에서 지시되어 있는 특정한 측면에서만 나에게 '**알려져**' 있을 뿐이다. 마찬가지로 나도 그에게 지금 여기의 구체적 상황에서 내가 그에게 어떠한 '의미'를 갖는 존재인가에 따라서만 '**알려져**' 있을 뿐이다.

이러한 사실은 소박한 입장의 '**관점주의**(Perspektivismus)'가 아니라 '로서의 존재'라는 사회적 형태 자체의 존재론적 구조에서 도출된 필연적 결론이다. 왜냐하면 사회적 형태는 타인과 관계를 맺고 타인을 지향하는 모든 방식에서 언제나 '**특정한**' 형태로 구성되어 있기 때문이다.[114]

아내, 어머니, 아버지, 이웃은 '일차적으로 그리고 통상' 아내**로서**, 아버지**로서**, 어머니**로서**, 이웃**으로서** 나와 만나게 된다. 내가 만나는 **타인들**의 존재는 이러한 친밀한 '개인적' 관계에서조차도 '의사소통'을 통해 언제나 특정한 방식에 따라서만 나에게 '알려져' 있다. 즉 의사소통을 통해 그 타인은 **나에 대해** 어떠한 존재인가에 따라서만 **존재**한다. 나의 아내는 다른 사람에게는 친구나 이웃이며, 나의 아버지는 다른 사람에게는 남편이나 동료이고, 나의 어머니는 다른 사람에게 언니나 딸이 된다. **나**와 마주치는 타인의 존재는 언제나 이 타인이 나와 **관련해** 갖는 존재, 즉 이 타인이 **나**와 '**관계**'되는 존재일 뿐이다.

그리고 타인의 입장으로부터 볼 때도 그 타인은 그가 **나**와 관련하여 가능한 존재**로서만** 나에 대해 자신을 실현할 수 있을 뿐이다. 그가 또 다른 사람들과 관련해 갖는 '모든' 존재는 그의 나에 대한 존재, 나의 그에 대한 관계에서는 실현되지 않은 채 남아 있고, 또한 대개는 실현될 수도 없다. 하이데거는 이러한 존재론적 사실을 다음과 같이 표현한다. "주변세계에서 관심의 대상이 되는 것 가운데 타인들은 그들 자신의 존재로서(각각의 자기존재로서 — 옮긴이) 만난다. 즉 그들은 그들 자신이 활동하는 바대로 **존재**한다(각자의 자기존재성 — 옮긴이)."[115]

114 이러한 존재론적 '구성'은 **의식**으로부터 도출(이에 관해서는 앞의 93면 이하 참고)되는 것이 아니라 특정한 '측면'에서 서로 상응하는 대상들의 **존재** 자체로부터 도출된다.

그러나 우리의 맥락에서는 이렇게 말하게 된다. 타인은 나에 대해 그가 **나**와 관련되는 바로 존재하며, 또 다른 타인에 대해서는 다르게 존재한다.

이처럼 모든 현존재는 다양한 '지시관계(Verweisungen)'[116]에 놓여 있다. 지시관계는 '특정한 방식'의 구체적 관련에 따라 현존재의 **타인에 대한 존재**('로서의 존재')를 형성한다.

나는 특정한 존재로서 타인과 만난다. 즉 한 통행인으로서 다른 통행인을, 승객으로서 차장을, 소비자로서 상인을, 스승으로서 학생을, 남편으로서 아내를, 한 이웃으로서 다른 이웃을, 아버지로서 자식을, 아들로서 아버지를 만난다. 이러한 수없이 많은 특정한 관계들이 내가 타인에게 보여주는 나의 '면모', 내가 타인에 대하여 행하는 '역할', 타인과 관련된 나의 과제를 형성한다. 나는 이 모든 것으로서 **존재**한다. 그러나 내가 타인의 관심 대상이 되는 것은 '본래적으로' 오로지 **그 타인**에 대한 나의 존재로서, 나의 수많은 존재 가운데 하나의 존재일 뿐이다. 따라서 그 타인은 나의 또 다른 존재에 대해서는 '개인적'으로 관련되지 않는다. 즉 나는 단지 '성실한' 소비자로서 상인에게, '좋은' 스승으로서 학생에게, '선량한' 이웃으로서 다른 이웃들에게 '관심의 대상'이 되며, 또한 때로는 나는 아들로서, 아버지로서, 남편으로서 타인의 관심 대상이 된다. 적어도 아주 친근한 '개인적' 관계에

---

115 Heidegger, *Sein und Zeit*, S. 126.

116 이에 관해서는 Heidegger, *Sein und Zeit*, S. 76 이하 참고. 내가 마주치는 대상들이 특정한 **상응 관계**에 그때그때 **지시**되어 있다는 사실로부터 그 대상의 **기능적 의미**(Bewandtnis)가 도출된다. 이 기능적 의미가 나의 가장 고유한 **필요**에 '상응'할 때 나와 '관련'된다. 이는 상호적 관련이다. 왜냐하면 이를 통해 타인에게는 그가 나에게 특정한 의미를 지닌다는 위상이 '부여되기' 때문이다.

서조차도 '본래적인' 아버지로서의 존재, 남편으로서의 존재, 아들로서의 존재는 이러한 존재 **이외**의 나의 모든 존재, 즉 나의 자기존재와 나의 또 다른 '로서의 존재'로 모든 타인 앞에 서 있게 된다.[117]

그러나 타인과 함께 하는 나의 존재가 오로지 **대응질서**(Zuordnung)**의 사회적 형태**에서만 이루어지는 것은 아니다.

나는 예컨대 여러 시민 가운데 한 시민, 여러 아이 가운데 한 아이, 여러 여행자 가운데 한 여행자로서 존재하기도 한다. 다시 말해 나는 **타인들**과 **서로 대응하는 상호적** 관계에 있을 뿐만 아니라, 동시에 **동등질서**(Gleichordnung)**의 사회적 형태**, 즉 **서로 동등한 병렬적** 상태에 있기도 하다.

모든 질서(Ordnung)가 갖는 **이중의 구조**는 바로 이러한 존재론적 기반에 근거하고 있다. 즉 모든 '위치지움(Ortung)'은 언제나 대응질서와 동등질서라는 두 차원에서 이루어진다.

이 구조의 하나의 질서형식에서 **대응질서**의 모든 사회적 형태는 상호적으로 서로 **'상응'**하는 '로서의 존재'에 지시되어 있다. 이 **차원**에서는 인간은 매수인과 매도인, 임차인과 임대인, 주문자와 제작자, 노동자와 사용자, 의사와 환자, 변호인과 의뢰인 등으로 서로 만나게 된다. 이러한 지위는 서로 상응하고 서로를 지향·지시하는 '로서의 존재'의 방식들이며, 그러한 각 존재방식들은 그 존재의 특수한 본래성

---

117 우리의 일상적 의사소통의 방식에서는 대체로 이러한 '개인적인 것'은 오히려 생소하다. 그렇지만 우리 '자신에게' 미리 주어져 있는 비개인적인 '역할'들을 충실히 수행할 때만 비로소 우리는 "각각의 '로서의 존재' **가운데서의 자기존재**"를 '실현'할 수 있다. 각각의 '역할'에서 우리와 '만나게 되는' '타인'도 언제나 동시에 '그 자신'이기도 하며, 따라서 **또한 동시에** 우리에게는 '이웃'이기도 하다.

을 갖고 있다. 즉 이들의 상응 관계는 서로를 필연적으로 제약하며, 그 역할을 서로 바꿀 수 없도록 대응되어 있다. 이러한 상응 관계에서는 상응하는 '역할'을 상호적으로 '이행'하는 것이 중요하다. 그리고 각각의 **본래적인** 역할이 무엇인가는 세계 내에서 만나는 타인들과 관계하는 '특정한' 방식의 총체적 의미로부터 미리 지시되어 있다.

동등질서의 차원에서의 사회적 형태는 대응질서에서의 그것과는 완전히 다르다. 즉 동등질서에서는 '**똑같은**' '로서의 존재'가 본래적이며, 따라서 이 질서에서는 그러한 본래성이 '효력'을 갖는다.

따라서 **사회세계**의 질서는 미리 주어져 있는 이중의 구조, 즉 **수직적** 및 **수평적** 구조를 갖는다. 사회세계의 이러한 질서구조에 따라 **법의 세계**에 대해서도 두 가지 기본구조가 도출된다. 즉 모든 **법질서**는 '**지배적**' 요소와 '**평등적**' 요소를 갖고 있다.

이상에서 개괄적으로 설명한 존재론적 기반은 법**질서**에 대해서 뿐만 아니라, 법의 **정당성**에 대해서도 의미가 있다.

2. '제도적 자연법'으로서의 '로서의 존재'의 법

왜냐하면 이러한 존재론적 기반으로부터 법의 **정당성**—이는 두 가지의 다른 차원에서 '**타당성**'을 갖는다—에 관해서도 이중의 척도가 도출되기 때문이다. 즉 **대응질서**의 모든 상호적인 사회적 형태에 대해서는 '**배분적 정의**(austeilende Gerechtigkeit)'라는 척도가, **동등질서**의 모든 병렬적인 사회적 형태에 대해서는 '**평균적 정의**(ausgleichende Gerechtigkeit)'라는 척도가 타당성을 갖는다.

이미 아리스토텔레스의 이론에서도 나타나 있고,[118] 우리의 존재론적 관점에서 다시 반복하는 이 척도는 사회세계에서의 본래적인 사회적 형태에 관한 척도이다. 이 척도는 사회적 형태가 **대응질서**의 모든 관계에 대해서는 "**각자에게 그의 것을**(Jedem das Seine)"이라는 척도, 즉 타인과 구별되는 비동일성에 따르도록 만든다. 이에 반해 **동등질서**의 모든 상태에 대해서는 "**각자에게 같은 것을**(Jedem das Gleiche)"이라는 척도, 즉 타인과 구별되지 않는 동일성에 따르도록 만든다.[119] 이러한 **비동일성**과 **동일성**은, 언제나 비교할 수 없고 또한 모든 '척도'에서 벗어나 있는 자기존재의 개별적 형태가 아니라 '특정한' 사회적 형태에 따라 판단된다. **'로서의 존재'의 본래성**을 **지시·보장·관철**하는 질서인 모든 법에서는 바로 이 특정한 사회적 형태가 어떻게 '구성'되는가가 중요한 문제가 된다.

따라서 법은 또한 **'로서의 존재' 가운데서의 자기존재**가 '가능하기 위한 조건'이 되기도 한다.

법은 예외의 **'실존적 자연권**(existenzielles Naturrecht)'의 의미에서 뿐만 아니라, 규칙의 **'제도적 자연법**(institutionelles Naturrecht)'의 의미에서도 파악되어야 한다. 사회적 세계의 의미연관에 따라 지시되어 있는 사회적 형태의 존재는 '사물의 본성(Natur der Sache)'에 기초하고 있다. 이러한 존재는 규칙을 통해 비로소 그 역사적 본래성이 확인되며 또한 법질서로 확정된다. 법질서는 하나의 **위치지움**(Ortung)으로서 '존재적 역사'의 배후에서 이루어지는 '존재론적 역사'의 끝없는

---

118 Aristoteles, *Nikomachische Ethik*, V, 7, 1131b.

119 이에 관해서는 E. Brunner, *Gerechtigkeit*, 1943, S. 32 이하; E. Wolf, *Rechtsgedanke*, S. 23 이하 참고.

'본질 변화'에 따르게 된다. 그 때문에 법질서는 오로지 '지금 여기'라는 역사적 위치에서 그 실질이 파악될 수 있다.[120] 따라서 현행법에 따르는 단순한 '도그마틱'이 아니라 법적 소재 자체의 '사물논리적 구조'를 통해 미리 주어져 있는 타당한 법에 관해 묻는 모든 진정한 **법이론**은 이러한 존재론적, 역사적 의미의 법질서를 대상으로 한다.[121]

따라서 **법존재론**은 법의 전 존재 영역을 지탱하는 근본구조를 탐구하고, 이러한 탐구를 통해 획득한 토대로부터 '법세계'와 '법인격', '법감정'과 '법양심', '법규정'과 '판결' 등 개개의 근본개념들의 존재구조를 '선험적 사물논리'의 방법으로 구명하는 것을 과제로 한다.

이제 이러한 과제의 해결을 위해 다시 한번 현존재의 **실존론적 변증법**, 즉 **자기존재**와 **'로서의 존재'**의 실존론적 변증법을 개괄적으로 서술하기로 한다. 왜냐하면 법-내-존재에 대한 체계적 분석, 즉 법존재론은 이러한 실존론적 변증법으로부터 출발해야 하기 때문이다.

---

120 '역사적 자연법' 또는 '실존적 본질법'의 이념에 관해서는 Müller, *Existenzphilosophie*, S. 105 참고.

121 이에 관해서는 Welzel, *Naturrecht*, S. 198도 참고.

제3장
자기존재와 '로서의 존재'

우리의 **존재론적** 관점에서 볼 때 **"인간이란 무엇인가?"**라는 물음에 대해서는 오로지 다음과 같은 대답이 있을 뿐이다. 즉 인간이란 그의 **자기존재**의 유일성과 고유성으로 '던져진' 존재로서 자기존재를 완성하기 위해서는 세계 내에서 **'로서의 존재'**라는 동일성과 동질성의 형태를 지향하게 된다. 이와 마찬가지로 **"나는 무엇을 해야 하는가?"**라는 **윤리적 물음**에 대해서도 존재론적 관점에서는 이중적 의미를 지닌 하나의 대답이 있을 뿐이다.[122]

윤리적으로도 인간은 이중의 법칙, 즉 **"너 자신이 돼라!"**라는 **실존적 준칙**과 **"보편적이 돼라!"**라는 **정언명령**에 따라야 한다. 이 이중의 법칙

---

122 모든 **당위**는 **존재**와 대립하고 있는 것이 아니라 **존재** 자체의 **사전기획**(Vorausentwurf)이다. 즉 당위는 이념과 가치의 '초월세계'와 같은 '다른' 세계에 있는 것이 아니라 존재자가 '현재'의 세계로 '던져졌다'라는 관점에서는 **이미** 존재자에게 **귀속되는 존재의 본래성**에 비추어, 그리고 **기획**이라는 관점에서는 항상 **미래에 지향되어 있는 존재의 본래성**에 비추어 파악되어야 한다. 그 때문에 존재와 당위는 별도의 '세계'에 속하는 것으로 서로서로 떨어져 있는 것이 아니며, 따라서 **존재론**과 **윤리학**은 서로서로 '무관한' 것이 아니다. 오히려 모든 **개인윤리**와 **사회윤리**는 인간의 존재, 즉 **자기존재**와 **'로서의 존재'**의 본래성을 향한 인간의 기획을 미리 지시하려는 시도이다. 인간은 '자연적' **필연성**으로부터 **자유**롭게 됨으로써 반드시 자기 자신을 기획하지 않을 수 없으며, 그러한 자유와 함께 인간에게는 자신의 운명을 스스로 형성해야 할 '도덕적' **과제**가 부여된다.

은 인간의 삶의 형성에 대해 상반되는 요청을 제기한다. 즉 **개인성**으로서의 고유성 그리고 이와 동시에 **일반성**으로서의 동질성을 가지고 세계 내에서 자기 자신을 '완성'하며,[123] 그리하여 **'로서의 존재'**의 미리 지시되어 있는 **형태** 가운데서 **자기존재**를 **실현**함으로써 인간의 **삶**을 '역사 속에서 실현'할 것을 요청한다.

인간은 **개인적 존재**로서 자기 자신을 완성해야 한다. 이러한 과제와 관련해서는 자기 자신 바깥에는 어떠한 근거나 규범도 존재하지 않는다. 즉 이 과제는 인간이 자신의 삶을 형성할 때 절대적 **자율**을 행사하도록 지시한다. 따라서 인간은 오로지 자기 자신의 양심 — 이는 가장 고유한 자기존재 가능을 위한 **배려**로 이해된다 — 에만 '귀 기울이고', 양심이 **자기존재를 향해 부르는 소리**만이 유일한 효력과 타당성을 갖는다.[124]

이와 동시에 인간은 사회적 형태의 **타율성** 속에서 세계 내에서 자신의 삶을 완성해야 한다. 인간은 외부의 현실을 향한 자신의 개인적 실현에서 필연적으로 그러한 사회적 형태를 취하게 되고, **사회적 존재**로서의 인간은 모든 자기실현에서 세계의 의미연관에 따라 미리 지시되어 있는 그러한 사회적 형태의 고유성을 함께 떠맡아야 하며 또한

---

123 라이프니츠의 '보편형이상학과 단자론적 개인주의'와는 반대로 **개인성**과 **일반성**을 대립 관계에 있는 존재규정으로 파악하는 견해로는 N. Hartmann, *Leibniz als Metaphysiker*, 1946 참고. 그리고 개인성과 일반성을 '보편논쟁'의 주제로 파악하는 N. Hartmann, *Aufbau*, S. 368 이하도 참고. 이러한 대립 관계의 '지양'은 '체계'를 통해서 뿐만 아니라, 세계와 현존재 자체를 통해서도 관철되어야 한다. 이 대립 관계는 미리 주어져 있고 또한 부과되어 있는, 모든 존재의 '규정'이며, 대립 관계에 있는 개인성과 일반성은 모두 근원적이다.

124 이에 관해서는 Heidegger, *Sein und Zeit*, S. 274 이하; Jaspers, *Philosophie*, S. 599 이하 참고.

이를 충족시켜야 한다. 인간이 뛰어넘을 수 없는 사회적 형태의 고유성이라는 '한계'는 인간이 **'로서의 존재'를 향해 부르는** 완전히 '다른' **양심**에 귀 기울이도록 지시한다. 인간은 이러한 양심의 '법정' 앞에 서게 되며 이는 자기존재의 양심의 법정과 마찬가지로 근원적이다. 그리고 이러한 양심에 따른 보편적 '윤리법칙'은 '타인들 가운데 한 사람', 즉 '이성적 인간'인 우리에 대해 효력과 타당성을 갖는다.[125]

따라서 모든 세계-내-현존재는 삶의 형성의 **자율성**과 **타율성**이라는 긴장 관계에 놓여 있다. 즉 아주 단순한 삶의 상황에서도 **자기존재**의 고유성과 **'로서의 존재'**의 고유성을 동시에 자신의 삶에서 '완성'해야 한다는 모순되는 요청을 받고 있다. 이러한 대립에 대한 '완벽한' 해결방법은 존재하지 않으며, 우리 인간존재 자체가 안고 있는 근원적 **이율배반**에 비추어 볼 때, 이러한 대립이 '근본적'으로 '해소'**될 수는** 없다.

그러나 우리는 자기존재와 '로서의 존재' 사이의 대립뿐만 아니라, '로서의 존재' 자체 내에서도 모든 결정상황에서 서로 중복되는 **도덕의 역설**에 처하게 된다.[126]

우리는 우리가 행위하고 활동하는 모든 상황에서 "너 자신이 돼라!"

---

125 칸트는 양심에 관한 자신의 해석에서 이러한 '**양심**'을 염두에 두고 있다. 이에 관해서는 Kant, Metaphysik, S. 242 이하, 283 이하 참고. 그러나 하이데거는 자신의 관점에서 칸트의 입장을 '천박한 양심해석'이라고 비판한다. 이에 관해서는 Heidegger, *Sein und Zeit*, S. 289 이하 참고.

126 이미 푸펜도르프도 이러한 역설을 분명하게 파악하고 있다. 그는 권리의 주체에게 그의 (이차적인) 지위에 따라 '중복된 인격성'을 인정하고, 이러한 중복된 인격성을 "서로 다른 행위'법칙'에 복종할 수 있다"라고 한다(이에 관해서는 E. Wolf, *Rechtsdenker*, S. 342 참고). 이에 반해 칸트는 **하나**의 '주체' 내에서는 '**의무의 충돌**이나 책임의 충돌'을 결코 생각할 수 없다고 한다(*Metaphysik*, S. 27).

라는 요구와 "보편적이 돼라!"라는 이중의 요구를 받게 되지만, 이와 동시에 우리에 대한 이러한 '**보편성**'의 요구 자체도 매우 다양하다.

아주 '단순한' 삶에서도 이미 '로서의 존재'의 사회적 형태 속에 있는 현존재는 극히 다양한 요구를 받고 있다. 즉 아들로서 부모에게, 남편으로서 아내에게, 아버지로서 자식들에게, 의사로서 환자에게, 한 이웃으로서 다른 이웃에게 '본래적으로' 존재해야 한다는 요구를 받는다. 이러한 다양한 관계는 우리에게 그때그때 완전히 다른 본래성을 지닌 행태를 요구하며, 심지어 그러한 관계들이 '본래적'으로 서로 '조화'할 수 없는 경우조차도, 삶의 영역이 중복되지 않는 이상 '우리 자신의 한 몸'에 집중된다. 따라서 이 모든 관계는 우리의 '**로서의 존재**'의 형태가 갖는 삶의 총체성으로서 모든 **자기 책임**을 지는 근거인 그 **한 사람의 자기존재**로 되돌아간다.[127]

이러한 경우에도 진정 양자택일의 결정을 내려야 할 상황에서는 '해결방법'이 존재하지 않으며, 단지 '선택'이 있을 뿐이다. 모든 **의무충돌**의 상황에서 우리는 어쩔 수 없이 선택해야만 하며, 그러한 선택은 우리에게 부과되어 있다.

법의 과제는 바로 '로서의 존재'의 **사회적 형태**의 **기획**과 그러한 사회적 형태 상호 간에 존재하는 이율배반의 해결을 시도하는 데 있다.

법을 통한 이율배반의 해결은 타인과의 공존 속에서 개인의 **개별적**

---

127 따라서 자기 책임은 언제나 '로서의 존재' 가운데서의 자기존재의 '책임'이다. 이에 관해서는 W. Weischedel, *Das Wesen der Verantwortung*, 1933 참고. 바이쉐델은 현존재를 자기존재로 해석하는 하이데거의 관점에서 출발하고 있기 때문에 '사회적 책임'에 대해서도 그 '본래적'인 존재론적 근거를 오로지 '자기 책임성'에서만 찾을 수 있을 것이다. 이에 관해서는 *Das Wesen der Verantwortung*, S. 100 이하 참고.

실현이 이루어지는 **사회적 형태**를 **지시·보장**하거나 필요할 때에는 이를 **관철**함으로써 이루어진다.

모든 **법**의 **근거**와 **목표**는 **'로서의 존재'**의 본래성이다. **자기존재**는 이 '로서의 존재' 가운데 타인과 함께 하는 삶을 통해 자신을 완성해야 한다.

법과 **존재**는 서로 다른 '세계'에 속하는 것으로 분리되지 않으며, 따라서 존재의 입장에서 법적인 것이 '비본래성의 양태', 즉 '(존재와) 무관한 양태' 또는 심지어 '(존재가) 결핍된 양태'로 규정될 수 없다. 법도 존재와 직접적 관련을 맺고 있으며, 모든 법적인 것에서는 '근본적으로' 바로 **'로서의 존재'의 본래성**을 문제로 삼게 된다. 인간은 모든 '당위'를 통해 이러한 '로서의 존재'의 본래성을 향해 자기 자신을 '기획'하며, 또한 '규범'을 통해 그러한 본래성으로 자신을 '인도'한다.

'법적인 존재'[128]의 의미를 이처럼 **자기존재**와 **'로서의 존재'**의 **실존론적 변증법**[129]으로부터 해석함으로써 우리의 **서론적 연구**(Prolegomena)는 확고한 **기반**에 도달했다. 하나의 체계적 **법존재론**이 이 존재 영역의 **'근본구조'**와 **'근본개념'**의 **현상학**을 탐구할 때는 바로 이러한 기반으로부터 출발하게 된다.[130]

---

128 이에 관해서는 앞의 99면 이하 참고.

129 이 실존론적 변증법으로부터 '사실상' 법의 이중적인 '자연법(권)적' 근거, 즉 **예외(자기존재)의 실존적 자연권**과 **규칙('로서의 존재')의 제도적 자연법**이 도출된다. 이러한 '주관적' 자연권과 '객관적' 자연법의 양극성을 **극복함**으로써 아마도 자연법 '그 자체'에 관한 존재론적 문제 제기의 사고영역에도 도달할 수 있을 것이다.

130 그러나 현존재의 기초변증법에 대한 이러한 통찰과 함께 현존재의 존재론에 관한 길이 열리는 것은 아니다. 현존재에 관한 연구는 '하나의 예시'에 불과하며, '존재 일반'에 관한 물음과 관련해서는 우리가 전혀 가 보지 못한 미답의 길이 남아 있다. 즉 자기**존재**와 '로서의 **존재**'의 실존변증법을 **극복**해 모든 양극성의 '저편'에 있는 **하나의 근거**, 즉 **존재**에 이르는 길은 어디에 있는가?

몽록(夢鹿) 법철학 연구총서 5

인간질서의 의미에 관하여

Vom Sinn menschlicher Ordnung

책머리에

행동하는 삶(vita activa)의 문제를 해결하려는 '실천철학'에서는 우리 누구나 모든 결정상황에서 마주치게 되는 하나의 물음이 그 중심에 서 있다. 그것은 바로 "나는 무엇을 해야 하는가?"라는 물음이다.

이 물음에 답하려는 모든 시도는 결국 하나의 명확한 규칙을 설정하여, 이 규칙을 준수하게 되면 우리 인간세계 내의 공존 관계가 하나의 질서를 이루게 된다는 생각의 표현이다.

"너의 의지의 준칙이 언제나 동시에 보편적 입법의 원칙에도 부합할 수 있도록 행동하라!"라는 칸트의 유명한 정언명령이든, "남이 너희에게 행하기를 원하는 것을 너희 또한 남에게 행할지니!"라는 산상수훈의 황금률이든 바로 그와 같은 대답에 속한다.

인간행동에 관한 이 두 가지 근본규칙은 개인을 보편으로 지향하게 하며, 개인이 인간의 공존세계라는 신비한 구조 속으로 들어서게 만든다. 일상생활 속에서 우리가 행동하고 작용하는 가운데 우리가 서로 마주치는 것은 이 다른 인간과 함께 하는 공존세계 내에서 이루어진다.

우리가 당연히 지향해야 하는, 당연히 전제되어야 할 보편적 질서에 비추어 우리의 행동이 올바른지 아니면 완전히 잘못된 것인지를 판단하게 된다. 다시 말해 어떤 행동이 '질서에 부합하는지(in Ordnung)' 아니면 질서에 반하는지를 판단하는 기준은 그와 같은 보편적 질서이다.

그러나 우리의 행동의 척도가 되는 이 보편적 질서가 도대체 무엇인지를 캐묻게 되면 그 대답은 아주 막연할 뿐이며, 대개는 그러한 질서가 어떠한 속성을 지니고 있다거나 질서가 반드시 존재해야 한다는 정도의 상식적인 답에 만족하지 않을 수 없게 된다. 우리가 '질서'라고 부르는 이 기이한 자명성을 저자의 교수자격논문 『법과 존재(Recht und Sein)』에서 얻어진 이론적 성과에 비추어 다시 한번 깊이 사고해 보는 것이 프라이부르크 대학교의 취임강연에 기초해 쓰인 이 책의 관심사이다.

『인간질서의 의미에 관하여』 차례

서론 — 인간질서의 의미에 대한 물음

이 책에서 우리는 인간질서의 의미에 관한 물음을 제기한다. 그러나 이 물음 자체의 의미가 우선은 명확하지 않다. 과연 이 물음이 묻고자 하는 것은 무엇인가?

무엇보다 이 물음은 **인간의** 질서를 대상으로 한다. 자연질서나 신이 창조한 세계질서가 아니라 세계 **속에서** 인간이 만들어 낸 질서를 묻고자 한다. 따라서 우리의 물음은 법**신학**의 물음이 아니라 법**철학**의 물음이다. 물론 이 물음이 법철학에만 국한되지는 않는다. 이 물음은 인간의 사회적인 삶을 다루는 모든 학문, 즉 넓은 의미의 사회과학의 기본주제이다.

그렇다고 해서 이 물음이 사회과학에서 흔히 등장하는 "인간질서가 어떻게 가능한가?", "질서를 실현하기 위해 어떠한 기술적 문제가 등장하는가?", "어떠한 정치적 질서가 실현되어야 하는가?" 등의 물음을 제기하려는 것은 아니다. **우리의 물음**은 법정책이나 학문정책 또는 일반적인 질서(규율)정책의 물음이 아니다. 이러한 물음들은 이미 너무나도 당연히 제기되는 물음들이다. 우리의 물음은 바로 이러한 물음들에 대한 답을 구하려는 **모든 시도의 배후에 자리 잡은 더욱 근원적인 문제를 묻고자 한다**. 즉 "도대체 질서란 무엇인가?"가 우리의 물음이다.

인간은 어떻게 — 우리 모두가 일상에서 경험하듯이 — '질서' 속에서 살게 되었는가? 인간은 처음부터 '법을 통해' 또는 '국가를 통해' 이 세계에 존재한 것은 아니다. 과연 무엇이 인간에게 질서와 관계를 맺도록 만드는가? 우리는 모두 어떠한 방식으로든 **법**질서, **국가**질서, **경제**질서 또는 여타의 질서 속에서 살아간다. 그렇다면 우리 인간은 도대체 어떠한 존재로서 그러한 질서들과 '만나게' 되는가?

타인과 함께 하는 공동체 속에서 이루어지는 우리의 모든 사회적인 삶은 질서를 통한 공존생활 가운데 실현된다는 이 자명한 사실 자체는 무엇을 의미하는가? 인간은 분명 자연이 정한 질서 속에서 살아갈 뿐만 아니라, 동시에 문화의 세계 속에서도 살아간다. 문화의 세계를 통해 인간은 자연의 필연성 상태에서 벗어난 자유로운 존재로서 스스로 자신들의 세계를 만들어 낸다. 이러한 사실은 과연 무엇을 뜻하는가?

인간이 만들어 낸 이 질서란 과연 무엇인가? 즉 타인과 마주침이 이루어지는 궤도로서의 질서란 무엇인가? 그러한 질서라는 것이 과연 인간들이 제멋대로 만들어 냈거나 힘센 자들 또는 다수의 강요로 형성된 것인가? 또는 어느 한 영웅이 정립했거나 여러 민족이 함께 제정한 것인가? 아니면 인간의 질서는 인간이 만들어 낸 것이 아니라 그저 찾아낸 것이기에 이를 우리가 늘 새롭게 발견해야 하는, 이미 존재하는 그 어떤 것이고 우리는 그것을 찾아내야 할 부담을 떠안고 있을 뿐인가?

이러한 물음들에 근거하기 때문에 우리는 다름 아닌 **인간질서 자체의 근원과 목표에 대한 철학적 물음을 제기한다**. 이 물음에 대한 답을 어디에서 찾을 것인가?

제1부
인간존재의 주관성으로부터 질서의 의미를 이해하는 길

우리의 물음에 대해 지금껏 행해진 대답들 가운데 특히 두 가지 대답이 우리 시대의 철학에까지 영향을 미치고 있고, 어쩌면 우리 스스로 대답을 구하려고 노력할 필요가 없다고 보일 정도로 질서에 관한 우리들의 상식적인 생각들을 규정하고 있다. 관념론과 생철학(Lebensphilosophie)의 대답이 바로 그것이다. 이 두 가지 사상을 발전시키고 또한 양자를 결합한 것이 우리 시대를 풍미하는 실존철학[1]이다. 실존철학은 칸트와 니체의 사상을 통해 혁신을 경험한 '주관성의 형이상학'을 완성했다.

이 주관성의 형이상학은 칸트의 도덕 형이상학에 대한 저작[2] 그리고 니체의 저작 가운데 그의 고유한 의미의 철학 작품이긴 하지만 미완성으로 그친 의지의 형이상학[3]에서 찾을 수 있다.

---

1 실존철학과 실존주의에 대한 기본적인 설명은 Max Müller, *Existenzphilosophie im geistigen Leben der Gegenwart*, 1949 참고.

2 Immanuel Kant, *Grundlegung zur Metaphysik der Sitten*(1785); *Metaphysik der Sitten*(1797). 이하의 인용은 Vorländer가 편집한 1947년의 제3판과 1945년의 제5판에 따른다.

3 Friedrich *Nietzsche, Der Wille zur Macht. Versuch einer Umwertung aller Werte.* 인용은 Baeumler가 편집한 1952년 판에 따른다.

과연 이 두 철학자가 우리가 찾고자 하는 대답을 줄 수 있을 것인가?

먼저 철학적 사유를 되짚어가면서 칸트의 질서사상을 구명해보기로 하자. 칸트의 질서사상은 흔히 인간질서의 의미에 대한 물음과 관련해 오늘날에도 여전히 타당한 대답으로 여겨진다.

Ⅰ. 칸트의 질서사상

"질서란 무엇인가?"라는 물음에 대한 칸트의 대답은 그의 글 「세계시민적 의도에서 바라본 보편사의 이념」[4]에서 찾을 수 있다. 이 작은 논문은 『도덕형이상학 원론』보다 먼저 쓰인 것으로 여기에서 칸트는 처음으로 자신의 '실천철학'[5]의 형이상학적 토대를 밝혔다.

1. 함께하는 질서(공존질서)

칸트는 이 글에서 인간질서의 의미에 대한 물음은 결국 인간의 본성 자체에 대한 물음에 귀착한다고 본다. 칸트는 인간 본성의 본질을 '비사교적 사교성(ungesellige Geselligkeit)'[6]이라는 '충돌관계

---

4 Immanuel Kant, "Idee zu einer allgemeinen Geschichte in weltbürgerlicher Absicht(1784)", Ausgabe Vorländer(Meiner) in: *Ausgewählte Kleine Schriften*, Neudruck, S. 23 이하.

5 이론철학과 실천철학의 구별 및 모든 실천철학의 근본적인 물음인 "나는 무엇을 해야 하는가?"에 관해서는 Kant, *Kritik der reinen Vernunft*, Ausgabe Schmidt (Meiner), Neudruck 1944 der 2. Aufl. S. 727 이하 참고.

6 이하의 서술에 관해서는 Kant, *Idee*, S. 27 이하 참고.

(Antagonismus)'로 이해한다. 칸트가 보기에 인간은 서로 대립하는 이중적인 성향의 투쟁을 통해 규정된다. 즉 인간은 "타인과 함께 **서로 어울리려는 성향**을 갖고 있다." 왜냐하면 "인간은 다른 사람과 함께하는 상태에서 자기 자신을 더욱 인간답게, 다시 말해 자신의 타고난 자연적 소질을 계발한다고" 느끼게 되기 때문이다. 이와 동시에 인간은 "자기 자신을 타인과 구별하려는 **고립적인" 성향**도 갖고 있다. 왜냐하면 인간은 "모든 것을 오로지 자기 뜻대로만 재단하고 타인과 서로 어울리지 않으려는 성격을 갖고 있기 때문이다." 따라서 인간은 자신이 타인에 대해 저항하는 것과 마찬가지로 어디서나 타인의 저항에 부딪힐 수밖에 없다.

그러나 그러한 타인의 저항이야말로 칸트가 보기에는 각 개인이 '모든 인간적 능력을 일깨우게 되는 근원'이며, "게으른 성향을 극복하고, 명예욕, 지배욕, 소유욕에 사로잡혀 자신이 딱히 호의를 갖지는 않지만, 그렇다고 결코 무시해버릴 수도 없는 다른 동료들 속에서 자신의 지위를 차지하게 만드는 동인動因이다."[7] 이러한 '시기하고 질투하는 자만심', 즉 '결코 만족할 줄 모르는 소유욕이나 지배욕'이 없다면 '인간에 내재하는 훌륭한 자연적 소질 모두가 영원히 발현되지 못한 채 잠자고 있을 것'이라고 칸트는 말한다.

결국 '비사교적 사교성'은 개인들이 서로 충돌하고 대립하게 만들

---

7 니체도 '생명'에게는 이러한 '저항'이 필요하다고 본다. 왜냐하면 '대립'과 '저항'이 있을 때만 '권력을 향한 의지'가 '더 많은 것을 향한 의지'로 펼쳐질 수 있기 때문이라고 한다. 따라서 모든 '살아 있는 것'뿐만 아니라, — 니체의 입장에서는 — 모든 존재가 갖는 그러한 '근원적 의지'도 "다른 모든 힘과 마찬가지로 저항에 부딪힐 때만 비로소 자기 자신을 전개할 수 있다(*Wille zur Macht*, S. 468 이하)."

며, 동시에 '어디에서나 부딪히게 되는 저항'의 '근원'이 된다. 하지만 이러한 '충돌관계'는 칸트가 보기에는 인간이 '현명한 창조주의 지시에 따른' '목가적인 양치기의 삶'에서 빠져나와, '전력을 기울여 자연적 소질을 더욱 발전시키도록 자극하는' '자연적 충동'일 뿐만 아니라, 이와 동시에 '사회' 속에서 '인간들의 법률적 질서를 형성하게 하는 원인'이기도 하다.

'아무런 구속도 받지 않는 자유를 획득하려고 끝없이 투쟁하는 인간'은 바로 이러한 '근원적인 비사교성'으로 말미암아 발생하게 되는 '고통' 때문에 결국 강제가 수반된 법률적 상태에 들어서지 않을 수 없게 된다. "인간들 서로가 그들의 자연적 성향으로 인해 그들 서로에게 가할 수 있는 모든 고통 가운데 최악의 고통은 바로 인간들이 야만적 자유를 누림으로써 도저히 서로 공존할 수 없게 된다는 사실이다."[8]

그러나 '시민적 결합'이라는 '틀' 속에서는 똑같은 "인간의 자연적 성향이 오히려 최선의 작용을 하게 된다." 왜냐하면 "마치 숲속의 나무들이 모두 다른 나무들보다 더 많은 공기와 햇빛을 차지하려고 노력하고", 그럼으로써 서로 경쟁하면서 더 높이 뻗어 나가듯이, 인간도 그러한 사회적 틀 속에서 경쟁이 필요하고, 그리하여 자신의 **존재상태**(Sein)에 머물러 있지 않고, 끝없는 **변화**(Werden)를 통해 더욱 성장하게 되기 때문이다. 바로 이러한 이유에서 칸트는 '법이 보편적으로 지배하는 시민사회에 도달하는 것'이야말로 '가장 중요한 문제'이며, 동

8 홉스(Hobbes)는 이 상태를 '인간은 인간에 대해 늑대(homo homini lupus)'인 상태로 묘사한다.

시에 '자연이 인류에게 부과한 최대의 과제'라고 말한다. "왜냐하면 자연의 최고의 의도, 즉 인간의 모든 자연적 소질의 발전은 시민사회에서만 달성될 수 있기 때문이다."

따라서 인류의 미래 자체를 위해 사회의 질서가 요구되며, 이 사회질서는 "그 구성원들의 최대한의 자유, 즉 철저한 충돌관계와 함께 그러한 자유의 한계에 대한 가장 면밀한 규정과 그 안정성을 확보해야 하며, 그리하여 각자의 최대한의 자유가 타인의 자유와 양립할 수 있게 해야 한다."

칸트의 관점에서는 그러한 최대한의 자유의 질서 속에서만 개인들 사이의 충돌관계가 생생하게 유지될 수 있으며, 인류 전체의 '발전'뿐만 아니라, '모든 문화' 또한 개인들 사이의 충돌과 대립의 관계로부터 '개인들 자신이 자발적으로 억제하지 않을 수 없는 비사교성의 열매'로 성장한 결과이다. 그것은 처음에는 외적 상황으로 인해 '어쩔 수 없이 하나의 사회로 결집한 상태를 종국적으로는 도덕적 총체'로 변모하게 하는 '강제된 예술'인 셈이다.

칸트는 **법률과 도덕의 총체**를 통한 인간의 사회적 공존질서는 이중의 방식으로 이루어진다고 본다. 첫째, 개인의 자유가 **보편적인 외적 규범**, 즉 **법규범**(Rechtegesetz)에 복종해야 한다. "법규범은 마땅히 행해져야 할 행위를 객관적으로 필연적인 것으로 표현하며", 그러한 행위를 외적, 다시 말해 '법적(juridisch)' 의무가 되게 한다. 둘째, 개인의 자유는 또한 **보편적인 내적 명령**, 즉 **도덕규범**(Sittengesetz)에 복종해야 한다. 도덕규범의 '표현'은 마땅히 행해져야 할 행위를 주관적으로 '필연적인 것'으로 규정하며, 동시에 내적, 다시 말해 '윤리적

(ethisch)' '의무'가 되게 한다. 즉 마땅히 행해져야 할 행위 자체가 법규범이나 도덕규범에 따르는 행동의 ('도덕적') '동기'가 되게 만든다.[9]

따라서 법질서와 국가질서의 모든 의미는 개인적 영역에 대한 상호적인 한계설정 — 각 개인은 이러한 한계설정에 대해 자발적으로 복종한다 — 에 있다.

이러한 관점에서 볼 때 보편적인 법은 결국 '외적 법률'을 뜻하며, 법질서와 국가질서는 그러한 외적 법률을 제정·집행해야 한다. 그 때문에 칸트는 그의 『도덕형이상학』에서 외적 법률을 "한 사람의 자의가 다른 사람의 자의와 자유의 보편법칙에 따라 서로 양립할 수 있는 조건의 총체"[10]라고 표현하고 있다. '**도덕성**'의 영역에서 그 자체 자율적인 개인이 타인과 함께 하는 질서의 '**합법성**'[11]에 복종하는 것을 칸트는 자신의 실천철학의 근원적인 '문제'로 삼았다. 즉 '목적 그 자체로 여겨지는', 개인[12]의 '자유로운 도덕적 인격'으로부터 어떻게 하나의 보편적 질서에 이르러 가는 길을 찾을 수 있을 것인가?

---

9 이에 관해서는 Kant, *Metaphysik der Sitten*, S. 20 이하, 25 참고.

10 *Metaphysik der Sitten*, S. 34 이하. 이렇게 볼 때 법률은 개인의 '행위범위'에 대한 한계설정이라 할 수 있다. 즉 단순한 '조정법(Koordinationsrecht)'을 뜻하게 된다. 이와 관련된 상세한 논의로는 Gerhard Husserl, *Rechtssubjekt und Rechtsperson*, 1927, S. 154 이하 참고.

11 칸트는 "하나의 행위가 … 그 행위의 동기와는 관계없이 규범과 일치하는 것" 자체를 '합법성(합법칙성)'이라고 하며, 이에 반해 "규범에 근거한 행위가 하나의 의무라는 생각이 동시에 행위의 동기인 경우" 그러한 행위는 '도덕성'에 합치한다고 한다(*Metaphysik der Sitten*, S. 21).

12 칸트는 개인의 삶 "그 자체가 이미 절대적 가치를 갖는다"고 보고, 따라서 어떠한 정언명령, 즉 어떠한 실천법칙도 '오로지 개인'에게서만 그 '근거'를 찾을 수 있다고 한다(Kant, *Grundlegung zur Metaphysik der Sitten*, S. 52).

2. 명제: "보편적이 돼라!"

칸트는 보편적 질서 속에서 모든 개인이 '결합'하는 방법을 다음과 같은 근본원칙으로 파악한다. 즉 개인의 행위 또는 행위의 **준칙**(Maxime)은 "각자의 자의에 따른 자유가 다른 모든 사람의 자유와 보편법칙에 따라 서로 양립할 수 있을 때만 정당하다"[13]라는 원칙이다.

이러한 원칙에 상응하는 행위의 근본규칙을 구체적인 행위상황에서 준수함으로써 각 개인은 다른 모든 타인을 함께 고려하는 올바른 질서에 스스로 복종하는 것이 된다. 이러한 근본규칙을 칸트는 유명한 **정언명령**(절대적 명령)으로 집약한다. "너의 준칙이 동시에 보편법칙으로 타당할 수 있도록 행위하라!"[14] 그렇다면 이 정언명령은 각 개인이 구체적인 상황에서 올바르게 행동하는 것과 어떠한 관련이 있는가?

모든 개인은 어떠한 결정상황에서나 다음과 같이 자문해야 한다. "너의 **준칙**이 보편법칙이 되도록 그렇게 너 또한 의욕할 수 있는가? 만

---

13 *Metaphysik der Sitten*, S. 35.

14 *Metaphysik der Sitten*, S. 29. 칸트는 준칙을 '주체 스스로 규칙으로 삼는 주관적 행위원칙(즉 주체가 어떻게 행위하기를 원하는가)'이라고 한다. 이에 반해 명령(Imperativ)은 '객관적 원칙'을 집약한 '공식(Formel)'으로서, 이러한 원칙의 '표현'은 주체에 대해 "이성 자체가 객관적으로 명령하는 바가 무엇인가(즉 주체는 어떻게 행위해야 하는가)"를 말해준다고 한다. 칸트는 그가 제시한 '도덕명령'을 '절대적(kategorisch)', 다시 말해 '무조건적'이라고 표현한다. 왜냐하면 도덕명령은 "하나의 행위를 그 자체로서, 즉 다른 목적과는 아무런 관계없이", 따라서 행위주체 자신이나 타인을 고려함이 없이 '객관적으로 필연적인 것'으로 표현한 것이기 때문이라고 한다. 그 때문에 도덕명령에 부합하는 행위는 "일정한 행동을 통해 도달하고자 하는 여하한 의도도 그 행위의 조건으로 삼지 않고" 행하도록 명령되어 있다. 이에 관해서는 Kant, *Metaphysik der Sitten*, S. 35; *Grundlegung zur Metaphysik der Sitten*, S. 34, 36, 38 참고(강조 표시는 지은이).

일 그렇지 않다면 너의 준칙은 비난받아 마땅하다. 단순히 그로 인해 너나 다른 사람에게 불이익이 생길 것이기 때문이 아니라 그러한 준칙이 하나의 원칙이 된다면 결코 보편적 입법에 부합되지 않을 것이기 때문이다."[15]

다시 말해 **각 개인의 의욕의 주관적 준칙이 보편적 당위의 객관적 법칙**에 상응하는가를 심사하는 것은 단지 다음과 같은 심사를 뜻한다. 즉 "너는 너의 행위를 … 우선 그 행위의 주관적 원칙에 따라 고찰해야 한다. 그러나 이 주관적 원칙이 객관적으로도 타당한지를 알기 위해서는", "너의 이성이 일단 주관적 원칙을 통해 너 자신이 동시에 보편적 입법을 하는 사람으로서 생각하는지를 심사한 이후에 그 주관적 원칙이 보편입법으로서 자격이 있는지를 밝혀야 한다."[16] 따라서 정언명령의 근본사상에 따른다면 우리 각자의 의욕이 '**이성적인가**'를 심사하는 것은 결국 우리 각자의 행위원칙(준칙)이 모든 사람에게 타당한 하나의 보편적 행위규칙(법칙)으로 통용될 수 있는가를 묻는 것이다. 칸트 자신의 표현을 빌리자면, 그것은 "하나의 준칙이 실천법칙의 보편성으로서 자격"을 갖추고 있는가를 묻는 것이다.[17] 이 물음에 대한 대답은 모든 개인을 향한 "**보편적이 돼라!**"[18]라는 호소이다. 이 호소는 인간의 모든 법-내-존재의 근본규칙으로서, 우리는 이 근본규칙에 따라 우리 양심의 법정 앞에서 끝없이 우리 자신을 '심판'[19]한

---

15 *Grundlegung zur Metaphysik der Sitten*, S. 22.

16 *Metaphysik der Sitten*, S. 28.

17 *Metaphysik der Sitten*, S. 29.

18 정언명령에 대한 이러한 해석에 관해서는 Maihofer, *Recht und Sein*, 1954, S. 27, 각주 79(앞의 40/41면 각주 79) 참고.

19 칸트가 보기에 인간은 바로 이러한 '내면의 법정', 즉 '여러 가지 생각들이 서로 고

다. 칸트에 따르면 이러한 근본규칙은 단순히 '경험'에 비추어 사후적으로(a posteriori) 추론한 이성명령이 아니라 **'이성적 존재**(homo noumenon)**'로서의 인간의 진정한** (제2의) **'본성'** 자체로부터 **선험적으로**(a priori) 도출되는 것이다. 그 때문에 칸트는 모든 인간존재의 '근원'에 비추어 바로 **이러한** 근본규칙을 실현하는 문제만이 중요할 따름이며, 이에 비해 '감각적 존재(homo phaenomenon)'로서의 인간의 다른 '본성'의 실현은 단지 피조물의 우연적이고 임의적인 산물에 지나지 않는다고 본다.[20]

왜냐하면 칸트의 관점에서 볼 때, "자신의 의지의 준칙을 통해 자신이 과연 보편적으로 입법하는지를 고찰해야 한다"[21]는 사실은 '모든 이성적 존재 일반의 개념'에 속하는 것이자, '이성적 존재'로서의

발하고 용서하는 법정'에서 '자기 자신과 … 마주하는 가운데' '이중의 인격', '이중의 자아'가 서로 만나게 된다고 한다. 다시 말해 '감각적 존재'로서 늘 그러한 법정의 한 편에 '떨면서' 서 있는 한 측면의 자아에 대해 법정의 다른 편에 서 있는 '이성적 존재'로서의 다른 자아가 심판을 한다는 것이다. 이 심판하는 자아는 이성을 갖추고 있다는 그 사실 자체만으로 이미 '권위를 갖춘 양심의 재판관'으로서 '타고난 권위(이성)'에 따라 자기 자신에 대한 재판관직을 행사한다. 따라서 칸트가 우리의 양심에 자리 잡은 '마음을 바라보는 주재자(경건주의)'의 목소리를 '의무'라는 정언명령의 목소리로, 그리하여 모든 사람에 대해 어느 때나 타당한 행위법칙의 '보편성'에 대한 호소로 선언한 것은 당연한 결론이라 할 수 있다. 이와는 반대로 하이데거는 칸트의 입장을 '천박한 양심해석'이라고 비판하고, 양심을 '가장 고유한 존재가능'에 대한 '배려'를 호소하는 것으로 해석한다. 하이데거에 따르면 인간의 '고유한 존재'는 사람마다 각각 다른 것으로 경험된다고 한다. 아마도 양심에 대한 이 두 가지 해석 모두 양심의 '본질'을 지적한 것은 아닐까?(이에 관한 구체적 내용은 Kant, *Metaphysik der Sitten*, S. 242 이하, 289 이하; Heidegger, *Sein und Zeit*, 1927, S. 289 이하 참고).

20 '이성적 존재(예지적 intelligibel 존재, 예지적 성격)'로서의 인간의 진정한 본성에 관한 인간학적 기본입장에 관해서는 특히 *Metaphysik der Sitten*, S. 45 이하, 262, 269, 279의 사례와 *Kritik der praktischen Vernunft*, S. 50 이하 참고.

21 *Grundlegung zur Metaphysik der Sitten*, S. 58 참고.

인간의 개념에 속하기 때문이다. 이처럼 '이성적 속성'은 다름 아닌 '보편성'으로 파악될 수밖에 없다는 사고는 칸트뿐만 아니라, 플라톤 이후 서양 전체의 사상적 전통을 관통하는 **유(類)의 형이상학**(Gatttmgsmetaphysik)에서도 하나의 필수 불가결한 도그마로 확립되어 있다.[22]

이로써 칸트의 철학에서 **정언명령**은 단순한 '인간'-존재를 뛰어넘어 **모든 이성적 존재 일반의 본질적 법칙**으로서의 열정과 권위를 갖추게 된다. 따라서 칸트는 '근본적으로' 정언명령을 다음과 같이 서술할 수 있게 된다. "너의 준칙이 동시에 (모든 이성적 존재의) 보편법칙에 이바지할 수 있도록 행위하라!"[23]

모든 '이성적 존재'에 대해 효력을 갖는 이러한 정언명령에 자유롭게 복종할 때만 개인은 본질적인 삶에 도달할 수 있다고 칸트는 말한다. 왜냐하면 그럴 때만 개인은 '도덕적 인격'으로서 자신의 **진정한 자율**을 획득할 수 있기 때문이다. 여기서 진정한 자율이란 '감각적 존재'로서의 '감각적 본성'에 따른 우연성과 '성향'으로부터 '자의(Willkür)'가 독립하는 소극적 자유뿐만 아니라, '이성적 존재'로서의 '초감각적(=이성적) 본성(übersinnliche Natur)'에 따른 '의무'의 필연성으로 '의지(Wille)'를 적극적으로 실현하는 **진정한 자유**까지 포함한다. 이 진정한 자유는 이성적 존재의 초감각적 '본성이 순수 실천이성

---

22 '실재의 실재성', '존재자의 존재', '현실적인 것의 본질'을 이처럼 이념의 유類적 보편성으로 해석하는 것이 어떻게 형성되었는지에 관해서는 Heidegger, *Einführung in die Metaphysik*, 1953, S. 137 이하 참고. 인간의 존재(주체의 주관성)을 '이성적 본질'로 해석하는 문제에 관해서는 S. 108 이하 참고.

23 *Grundlegung zur Metaphysik der Sitten*, S. 65.

의 자율에 복종하는 것'을 말한다.[24]

개개의 이성적 주체가 보편적 도덕법칙의 이성적 필연성에 스스로 복종함으로써, 다시 말해 "모든 개별적 행위의 준칙이 보편법칙에 … 부합할 수 있는 조건에 복종함으로써" 실현되는 그러한 '자율(자기입법)'을 통해 비로소 개개의 '인간'은 같은 유(類)에 속하는 다른 모든 존재와 가장 내면적인 본질이 서로 똑같은 보편적인 (이성) 주체(즉 '우리의 인격에 깃든 인간성'의 이념)로서 자신의 **진정한 본질**을 실현할 수 있게 된다고 칸트는 생각한다.[25]

또한 칸트는 모든 **개인에 대한 진정한 개념규정뿐만 아니라, 모든 개인 사이의 본질적인 결합**도 정언명령에 따른 삶을 통해 보장된다고 한다.

왜냐하면 각 개인이 '이성적'으로, 즉 '보편적으로' 행동하고 다른 모든 '이성적 존재'와 '똑같이' 행동하는 것과 함께 모든 사람의 ("목적 그 자체로서의 이성적 존재의 자기실현뿐만 아니라, 각자가 자기 스스로 설정한 목적까지도 포함한") 자기실현이 아무런 모순 없이 서로 '결합'하는 상태가 형성되기 때문이다. 모든 자기실현의 '체계적 결합'은 우리의 문화적 세계의 '공통의 법칙' 가운데서 실현되며, 그러한 공통의 법칙을 통해 인간은 "하나의 예지적 질서 속에서 펼쳐질 수 있는 자신들의 삶을 의식하게 된다."

바로 이 점에서도 칸트는 **정언명령에 따른 공존질서**를 인간세계를 초월하는 하나의 '예지적 질서'와 관련되어 있다고 생각한다. 예지적

---

24 이에 관해서는 특히 *Kritik der praktischen Vernunft*, S. 39, 51 이하 참고.

25 이에 관해서는 특히 *Metaphysik der Sitten*, S. 14, 45 이하 참고.

질서(intelligibele Ordnung)는 '모든 이성적 존재 일반의 보편적인 목적의 왕국'으로서 '이성적 존재'인 각 개인은 이 왕국에서 '입법을 담당하는 구성 부분'으로 이해된다. 이로써 정언명령에 따른 공존질서는 **이성적 존재 자체의 본질질서**가 된다.[26]

정언명령에 대한 이와 같은 '선험적' 정당화가 비록 필연적인 것으로 여겨지긴 하지만, 우리가 이 사상을 이해하기 위해 노력하는 도중에 이미 "보편적이 돼라!"라는 칸트의 명제가 개인의 삶이나 타인과의 공존 속에서 드러나는 '고유한' 인간의 모습을 제대로 파악하지 못한 것은 아닐까 하는 의문이 계속 머리에 맴돌게 된다. 물론 우리는 칸트의 이 모든 논증에 진리의 내용이 담겨 있다는 사실을 감지하고 있긴 하지만, 칸트가 생각하듯이 문제가 그처럼 '단순'한 것인지 의심하지 않을 수 없다. 우리가 칸트가 말하는 보편법칙에 따르는 삶이 과연 '본래적으로' 어떠한 것을 의미하는지를 밝혀보면, 칸트의 질서사

---

26 이에 관한 구체적 내용은 Kant, *Grundlegung zur Metaphysik der Sitten*, 59 이하; *Kritik der praktischen Vernunft*, S. 50 이하 참고. 이로써 칸트로서는 '목적 그 자체'로 이해되는 개인이 어떻게 다른 모든 사람과 '모든 목적의 총체' 속에서 공존할 수 있는가라는 물음을 해결한 셈이다. 왜냐하면 칸트처럼 '본질 그 자체'인 개인을 같은 유類로서의 모든 개인에게 보편적으로 내재하는 '이성적 존재'의 이념으로서, 다시 말해 모든 사람이 스스로를 '보편적으로' 실현한다는 공통의 목적규정으로 이해한다면, '목적 그 자체'로서의 인간의 모든 목적실현이 아무런 모순 없이 결합하는 것이 가능하다. 즉 모든 개인의 개별적 목적설정은 그 자체 개별적이지만, 동시에 언제나 '이성적'이고, 따라서 '보편적'인 목적설정 자체가 되는 것이다. 그렇다면 언제나 '보편적으로만' 자신의 목적을 정립하며, 따라서 언제나 다른 모든 타인과 일치된 상태에서 자기 자신을 '정립하는' 개인들 사이에서 모순과 대립은 존재하지 않는다. 그 때문에 칸트는 종국에는 어쩌면 놀랍게 여겨질지도 모를 결론에 도달한다. 즉 "'모든 이성적 존재(너 자신과 다른 이성적 존재들)와의 관계에서 너의 준칙이 동시에 목적 그 자체로서 타당하도록 행동하라!'라는 원칙은 … '다른 모든 이성적 존재에 대한 보편적 타당성을 그 자체에 내포한 준칙에 따라 행동하라!'라는 원칙과 기본적으로 동일하다"라고 한다(이에 관해서도 *Grundlegung zur Metaphysik der Sitten*, S. 64 참고).

상에 대한 우리의 의문이 확실한 근거가 있다는 점을 확인하게 된다.

우리가 구체적인 상황에서 정언명령에 따라 "나는 무엇을 해야 하는가?"를 묻는다고 생각해 보자. 이 경우 우리는 사실 우리 자신의 가장 고유한 결정이 필요한 상황에 있는 것이 아니라 모든 '이성적 존재'의 '보편적인 목적의 왕국에서 입법을 담당하는 구성 부분'으로서, 즉 '이성적 인격체'라는 유類의 한 개체로서 결정을 내려야 하는 상황에 있을 뿐이다. 더욱이 '우리의' 결정은 '다른 모든 사람'을 고려하도록 지시되어 있다.

그렇다면 다른 모든 사람도 '이성적 존재'로서 '어디에서든 그리고 언제나' 그와 같은 상황에서 정언명령에 따른 행위방식을 선택할 때만 우리 또한 우리의 양심 앞에서 정언명령에 따라 무엇인가를 '우리의 도덕'으로 선택하고 그에 대한 책임을 떠맡을 수 있을 것이다.

결국 '실천적'인 관점에서 우리에게 요구되는 것은 다름 아닌 각 개인의 삶의 형성이 다른 모든 사람에 비추어 이루어져야 한다는 점이다. 이러한 요구는 우리 자신의 자의에 따른 삶을 배척하고, 우리의 모든 행위가 보편적 행위의 법칙이 '규정한 대로 살 것'을 지시한다. 즉 정언명령은 원칙적으로 **사람이라면 본래부터** 어느 곳에서나 그리고 언제나 마땅히 행하거나 행하지 말아야 할 것에 스스로 자유롭게 복종하도록 요구한다. 그 때문에 이러한 요구는 우리의 삶을 다른 모든 사람에 투영하는 **타율**(Heteronomie, 타인의 입법)에 복종케 하는 것이다. 만일 우리가 우리 자신의 고유한 삶의 기획을 의도한다면 그것은 다른 타인들에게는 '자의'로 밝혀질 따름이다.

따라서 정언명령의 '**자율성**'이라고 말할 수 있는 것은 단지 보편적 질서에 대한 복종이 적어도 스스로 복종한다(autonom)는 **형식**으로 이루어진다는 점에서만 그러할 뿐이다. 이에 반해 그 **내용**에 비추어 보면 정언명령의 자율성은 사실상 모든 사람의 척도에 따라 살아가는 순수한 타율을 뜻한다.

칸트가 '목적 그 자체'로 이해되는 삶의 자율에 대한 자신의 근본적인 사고를 정언명령에 대한 '실천철학'에서 그 정반대의 방향으로 전환할 수밖에 없었던 것은, 그가 서양의 전통적인 **유의 형이상학**으로부터 물려받은, **인간학적 기본입장**에 따른 필연적 결과였다. 즉 유의 형이상학에 따르면 '이성적 인격'으로 이해되는 우리의 '도덕적 인격성'의 근원적 본질과 진정한 의지는 우리의 삶의 '보편성' 속에서 비로소 실현된다고 한다. 이러한 칸트의 관점에서 출발한다면 결국 '인간'은 '**내 안에 자리 잡은 인간성의 이념**(Menschheit in mir)'에 따른 '의지'나 '이성적 인간'의 실현을 통해서 비로소 피조물의 우연성에 따른 '감각적 인간'의 '자의'로부터 **자기 자신을** 해방하는 길에 도달한다고 보게 된다. 그러나 이러한 이론은 **이성과 보편성**이 일치한다는 사실을 자명한 것으로 전제할 때만 가능하다.[27]

그러나 칸트에서는 관념론이 취하는 유의 형이상학이라는 같은 배경에서 — 헤겔에서도 그렇듯이 — 다음과 같은 원칙이 반론의 여지 없는 도그마로서 타당성을 갖는다. 즉 **이성적**인 것은 **보편적**인 것이고, **보편적**인 것은 **이성적**인 것이다.[28]

---

27 따라서 이러한 전제의 '진리' 여부에 따라 정언명령의 근거가 좌우된다. 즉 정언명령에 대한 '선험적' 정당화가 반드시 선험적이라고 할 수는 없다.

28 이처럼 이성적인 것과 현실적인 것을 동일시하는 입장에 관해서는 Hegel, *Grundlinien der Philosophie des Rechts*, Vorrede S. 14 참고(인용은 Ausgabe

우리가 정언명령에 따른 삶을 영위함으로써 실제로는 '다른 사람들 가운데 한 사람'으로서의 삶을 위해 우리 자신의 가장 고유한 삶을 포기한다는 것을 뜻한다는 사실을 이미 니체는 칸트의 실천철학이 안고 있는 커다란 문제점으로 여겼다.

Ⅱ. 니체의 질서사상

칸트에 대한 니체의 비판 의도는 정언명령의 사회윤리가 표방하는 형식적 자율로부터 개인윤리의 실질적 자율로 전환하려는 것이었다. 니체가 『모든 가치의 전도(Umwertung aller Werte)』에서 '도덕주의자 칸트'에 대항하여 말한 바와 같이 '우리의 미덕(Tugend)'은 바로 '**우리의** 발명품'이자 **우리 자신**의 필요에 따라 어쩔 수 없이 만들어낸 극히 개인적인 것일 뿐이라고 한다. 따라서 도덕을 이와는 다른 의미로 이해할 때는 언제나 그 자체 '위험'하다.[29] 니체가 보기에 '의무'나 '선善 그 자체'와 같이 '개인성이 없이 보편성만을 갖는' 것들은 '몰락해 가는 생명의 마지막 안간힘을 표현하는 망상'에 불과하다. 그리하여 니체는 "어떠한 내적 필요성도 없고, 극히 개인적인 선택도 허용되지 않으며, 아무 즐거움도 얻지 못한 채, 마치 '의무'의 기계인 양 그저 일하고, 생각하고, 느끼는 것보다 더 빨리 파멸을 불러일으키는 것이 또 무엇이 있단 말인가?"라고 외친다. 오히려 "가장 근원적인 자기보

Hoffmeister, 4. Aufl. 1955에 따름).

29 이에 관해서는 Nietzsche, *Umwertung aller Werte*, 서문과 제1권(*Der Antichrist*, Ausgabe Baeumler, Bd. 77, 1930), S. 199 이하 참고.

존과 성장의 법칙에 기초해" 그 정반대로 행해야 한다고 니체는 주장한다. 즉 "각자는 **자신의** 미덕을, **자신의** 정언명령을 스스로 만들어내야 한다." 왜냐하면 "'개인성이 없는' 모든 의무, 추상성의 제단 앞에서 행해지는 모든 희생만큼 우리의 심연과 내면을 더 철저히 파괴하는 것은 없기" 때문이다.

그리하여 니체는 "보편적이 돼라!"라는 정언명령 대신 정언명령만큼이나 극단적인 "너 자신이 돼라!"라는 정반대의 절대적 요청을 제기한다. 이 정반대의 요청을 통해 비로소 주관성의 형이상학은 형식으로 굴절되어버린 자율사상으로부터 해방되어 주관성의 형이상학이 내포하고 있는 가장 근원적인 윤리적 결론에 도달하게 된다. 이러한 결론을 통해 주관성의 형이상학은 자기 자신을 완성해야 하며, 동시에 주체의 주관성으로부터 현존재와 세계의 의미를 해석하는 최후의 한계선까지 나아가야 한다.

1. 반대명제: "너 자신이 돼라!"

단지 형식적으로만 자기입법일 뿐, 실질적으로는 '타인'의 모범에 따라 자신의 삶을 기획하도록 만드는 정언명령의 형식적 자율 대신 니체가 바라본 인간의 자율은 **"너 자신이 돼라!"**[30]라는 실존적 준

30 Nietzsche, *Also sprach Zarathustra. Ein Buch für Alle und Keinen*(Ausgabe Baeumler bei Körner, 1930), S. 263에서는 "바로 너 자신이 돼라!(Werde, der du bist!)"라고 말한다. 무엇이 '된다(Werden)'라는 표현은 니체에서는 언제나 우리가 우리 자신의 삶을 변화시키는 '도중(unterwegs)'에 서 있음을 표현하는 삶의 길(Lebensweg)을 지칭한다. 여기서 우리의 삶의 길이 향하고 있는 곳은 '다른 어떤 누구' 또는 '모든 사람'이 아니라 바로 우리 자신이다. 그 때문에 삶의 길은 언제나 '나의 길'이며,

칙[31]을 통해 실현된다. 이 준칙에 따르면 삶의 형성은 자신의 고유한 존재의 자기실현 이외에는 다른 어떠한 것도 고려하지 않는, 절대적이고 또한 실질적인 자율을 통해 이루어져야 한다.

그러나 "**너 자신이 돼라!**"라는 각 개인을 향한 호소는 니체에서도 역시 칸트의 정언명령에서와 마찬가지로 어떤 경험으로부터 도출되는 행위명령이 아니라 인간의 진정한 본질 자체로부터 '**선험적**'으로 도출된다.

다만 니체는 칸트와는 달리 인간의 진정한 본성이 ('이성 중심주의적으로') 이성적 본성이 아니라, ('의지 중심주의적으로') 의지적 본성에 있다고 본다.[32] 즉 인간존재뿐만 아니라, 모든 존재를 관통해 존재 전체를 규정하는 '권력에의 의지'가 바로 인간의 본성이라는 것이다.

인간의 진정한 본성은 '권력에의 의지'를 통한, **의욕하는 존재**로 규정된다는 이 생소하기 짝이 없는 근본명제를 과연 어떻게 이해해야 하는가?

니체는 자신의 '미래의 철학'이 완결된 '체계'로 향하는 길 위에서

이런 이유에서 차라투스트라는 '길을 묻는' 사람들에게 이렇게 되물으며 대답한다. "너희의 길은 어디에 있는가?" 왜냐하면 "단 하나의 길 ... 그런 것은 존재하지 않기" 때문이다(*Also sprach Zarathustra*, S. 217). 이 점에서 니체가 말하는 '미덕'은 "모든 사람에게 최상의 길!"이 아니라 "각자마다 다른 길!"을 뜻한다. 그렇다면 "아마도 누구든지 다른 사람에게 다리가 되어 주고, 가르침을 줄 수 있을 것이다."(니체는 이 점을 그의 유고 가운데 하나인 『차라투스트라에 대한 명상』이라는 부분에서 밝히고 있다. 이에 관해서는 *Nachgelassene Werke*, S. 275, *Nietzsche Werke*. Bd. XIV, 1904. 이하에서는 'N. W. XIV'로 약칭한다.)

31 "너 자신이 돼라!"라는 '실존적 준칙'에 관해서는 Maihofer, *Recht und Sein*, S. 18, 20 이하, 23 이하, 26 이하(앞의 28면 이하, 31면 이하, 36면 이하, 39면 이하) 참고.

32 이성중심주의(주지주의)와 의지중심주의(유의주의) 사이의 대립이 자연법의 역사에서 갖는 의미에 관해서는 Hans Welzel, *Naturrecht und materiale Gerechtigkeit. Prologonunena zu einer Rechtsphilosophie*, 1951 참고.

'미리 준비하고 또한 먼저 묻는 방식으로' 거쳐 가는 사유들을 '권력에의 의지'라는 '표어' 아래 전개했다. 하지만 그 자신은 이 '표어'를 통해 그러한 '권력'을 '권력의 원칙'으로 심각하게 오해할 수 있다는 사실을 분명하게 의식하고 있었다.[33] 즉 자신이 '권력에의 의지'라는 용어를 강조하면서 자주 사용하는 것이 그러한 권력을 '강자의 권력'이나 '권력감정'으로 오해하는 것을 조장한다는 점을 니체 자신이 잘 알고 있었다. 그러나 니체가 자신의 사유가 갖는 존재론적 차원을 깨달으면서 "모든 세상사에 대한 새로운 해석"을 통해 우리에게 말하고자 하는 바를 권력의 행사라는 사회학적 의미라든가 권력감정과 같은 심리학적 의미로 이해할 수는 없다. 물론 사회학적 또는 심리학적 의미와 같은 존재적(ontisch) 해석이 여전히 니체 자신의 사유 속에서도 어느 정도는 흔적을 남기고 있다. 자신의 '권력에의 의지'가 '기존의 심리학'에서 의미하는 의지와 단지 이름만 같을 뿐이라는 점을 니체 자신이 명확히 인식하고 있었음에도 말이다.[34]

그렇다면 그러한 '의지'의 본질을 우리는 어떻게 이해해야 하는가?

흔히 니체의 전체 '생철학'의 형이상학적 근본 현상을 '삶에의 의지'로 이해하곤 한다. 그러나 니체 스스로 쇼펜하우어에 대항해 그와 같은 해석은 충분한 것이 못 된다고 명시적으로 비판하고 있다는 점에서 이러한 통상적 해석을 취할 수는 없다. "삶은 단지 권력에의 의지의 한 개별사례에 불과하며", 따라서 니체의 관점에서 볼 때, "만물은 그러한 형태의 권력에의 의지로 넘어가기 위해 노력한다는 식의

33 이 점에 관해서는 *N. W. XIV*, S. 418, 420 참고.
34 이하의 내용에 관해서는 *Wille zur Macht*, S. 468 이하 참고.

주장은 완전한 억측이다."

니체의 관점에서는 이 '근원적인 의지'가 살아 숨 쉬는 곳 속에서 가장 뚜렷하게 '드러나고', 따라서 우리 인간에게도 가장 직접적으로 표현된다는 사실을 뜻할 뿐이다. 더욱이 우리 내면에서 이 근원적 의지가 우리를 움직이는 원칙으로 작동한다는 것을 우리 스스로 느낀다. 물론 끝없이 '긍정과 부정이 오락가락하는' 가운데, 다시 말해 '**쾌**'와 '**불쾌**'라는 두 가지 '**핵심적인 사실**(Kardinal-Tatsachen)'이 교차하는 가운데 그러한 근원적 의지가 우리의 삶의 원칙으로 작용한다. 이 두 가지 핵심적인 사실을 니체는 인간존재에 대한 자신의 실존론적 분석의 출발점으로 삼았다.

이 **근본적 상태**(Grundbefindlichkeiten)와 더불어 인간의 본질로, 더 나아가—인간을 모범으로 삼아 분석하게 되는—'존재 일반의 본질'로 경험되는 것은 무엇인가? 니체의 철학에서 쾌와 불쾌는 더 많은 권력인가 아니면 더 적은 권력인가의 문제와 관련되어 있고, 따라서 심리학적으로 보면 '권력에 대한 감정'이다.

바로 이 점에서 니체는 "존재 자체가 권력의지이며, 그 때문에 쾌와 불쾌의 느낌이다!"라는 사실을 여실히 보여주고 있다.

인간의 '핵심적인 사실'을 "쾌락이란 권력이 성장하는 모든 경우를, 불쾌란 저항할 수 없고 지배할 수 없다는 모든 느낌이다"라고 해석하는 것은 니체로서는 **인간의 가장 핵심적인 본질적 규정**에 대한 지적에 그치지 않고, 인간존재를 모범으로 삼아 파악할 수 있는, **존재 일반의 근본규정**이기도 하다. 즉 존재 일반이 '**자기 자신을 드러내는 … 근원적 의지**'로서 이 의지 가운데 '존재의 가장 핵심적인 본질'이 표출된다.

'바로 모든 살아 있는 것들 속에서' "살아 있는 것은 자신을 단순히 유지하기 위해서가 **아니라 더 많은 것**(mehr)이 되기 위해 모든 것을 행한다"[35]라는 사실이 '가장 뚜렷하게' 드러나기 때문에 니체는 존재 일반도 그 '근원'은 그러한 '**더 많은 것에의 의지**'[36]에 의해 철저히 규정되어 있다고 본다. '더 많은 것에의 의지'는 자신의 존재가 '**생성과 변화**' 속에서 단순한 '**보존**'을 뛰어넘어 '**상승**'하려는 의지이다. 왜냐하면 모든 "의욕은 언제나 **더 강하게** 되려는 의욕, 성장하려는 의욕이며, 이를 위한 수단을 마련하려는 의욕"이기 때문이다.[37] 이처럼 인간의 '가장 핵심적인 본질'을 '더 많은 것에의 의지', 즉 **생성과 변화에의 의지**로 해석하는 철학에서는 '**가치**'**의 개념** 또한 근본적으로 바뀌게 된다.

칸트의 경우 인간의 존재와 그 행위의 가치 또는 반가치는 그것이 보편적 당위에 상응하는가에 따라 판단되는 반면, 니체의 철학에서는 이와는 정반대로 어떤 존재나 행위가 **가장 고유한 의욕**, 즉 생성과 변화 속에서 상승하려는 의지에 보탬이 될 수 있는가에 따라 판단된다.

따라서 모든 '가치'는 생성과 변화에의 의지가 취하는 단순한 '**관점**(Gesichtspunkt)'이 될 뿐이다. 즉 자신의 가장 고유한 생성과 변화에 비추어, 다시 말해 '변화 가운데 상대적으로만 지속하는 삶의 복잡한 형상'에 따라 파악된, 존재의 '**보존조건**'—여기서 보존조건은 언제나

---

35 *Wille zur Macht*, S. 465.

36 *Wille zur Macht*, S. 469.

37 *Wille zur Macht*, S. 451.

'상승조건'을 뜻한다 — 이라는 관점이 곧 가치이다.[38]

그렇다면 '도중'에 있는 모든 것들을 가치가 있다고 여기게 만드는 저 생성과 변화의 목표는 어디에 있는가? 여기서 '가치'는 칸트 철학에서처럼 '인류 전체의 인간성의 발현'이 '상승하기 위한 조건'이 아니라 '인간', 즉 각 개인이 '인간'으로 생성, 변화하기 위한 '상승조건'으로 파악된다. 이것은 무슨 뜻인가?

니체의 철학에서는 칸트의 경우와는 달리 각 개인은 유의 한 표본으로서가 아니라 '유의 과정'의 한 부분으로서 유의 보존과 상승이라는 본질적 목표를 갖고 '생성과 변화'에 참여한다.[39] 니체에서 하나의 '유로서의' 인간성은 전혀 '진보'하지 않았으며, 그 자체 '다른 동물과 비교해 볼 때도' '진보'를 뜻하지 않는다.[40] 본질적인 목표는 인간성 전체와는 전혀 **다른** 생성과 변화에서 달성되며, 그 속에서만 고유한 의미의 '인간적' 운명이 전개된다. 그것이 바로 '개인'으로서의 '인간'이 '상승'할 수 있는 최선의 과정이다.[41] '생성과 변화 속에 있는' '각각의 개별적 존재' 그 자체가 '곧장 앞으로 향해 가는 전체과정'이다.[42] 따라서 '인간'이 되어감으로써 각 개인은 '생성과 변화'의 확고한 진영 속에 있게 되며, '인간성'이 아니라 '인간'이라는 목표에 도달하는 길

---

38 이에 관해서는 Nietzsche, *Wille zur Macht*, S. 482; Heidegger, *Holzwege*, 1950, S. 210 이하 참고.

39 따라서 '개인성의 과정'은 니체에서는 헤겔에서처럼 '유의 과정'이라는 고차적 단계를 통해 지양되어, 결국 유의 과정 속으로 '해소'되는 것이 아니다(이에 관해서는 Hegel, *Wissenschaft der Logik II*, S. 423 이하 참고. 인용은 Ausgabe Lasson, Neudruck 1948 der Auf. 1934에 따름).

40 *Wille zur Macht*, S. 460 이하.

41 *Wille zur Macht*, S. 541 이하.

42 *Wille zur Macht*, S. 524.

위에 서 있게 된다. 이런 이유에서 '인류 전체의 인간성'은 니체에서는 "목표가 아니라 하나의 수단일 따름이다." 즉 인간성은 '지금껏 엄청난 양의 실패가 산적해 있는 실험재료'[43] 일 뿐이다. 결국 '인간'의 시도를 통해 그의 진정한 본질에 도달하고, 그럼으로써 칸트에서처럼 자신을 '본질적으로' 유로서의 인간성의 한 '표본'으로 이해하고 또한 유에 속하는 다른 모든 표본과 똑같이 보편적이 '되고자' 의욕했던 여태까지의 '마지막 인간'을 극복하는 것, 그것이 바로 목표이다.

그렇다고 해서 이러한 **생성과 변화의 본질법칙**인 "**너 자신이 돼라!**"라는 명령이 개인주의적 또는 이기주의적 도덕의 근본규칙이 되는 것은 아니다. 니체는 그렇게 **천박한 개인주의**의 관점에서 개인을 해석하는 것을 추상적인 유적 주체로 개인을 해석하는 칸트의 철학과 마찬가지로 철저히 배격한다. 니체가 인간의 '고유한' 측면으로 파악한 것은 보편성의 실현이나 개인성의 실현이 아니라 유일하고도 너무나도 특유한 인간 '자신'의 특수성을 '완성'하라는 것이다. 왜냐하면 니체가 보기에 "각 개인은 모두 … 무엇인가 완전히 **새로운 것** 그리고 **새롭게 창조하는 것**이고, 따라서 어떤 절대적인 것이며 또한 모든 행위가 완전히 그 **개인 자신의 것**"이기 때문이다.[44] 그러므로 개인을 그 존재나 행위에 비추어 비교할 수는 없다. 니체의 **관점**에서 각 개인은 '어떤 **일회적인 존재**이며, 단지 **일회적인 것만을 행하기**' 때문이다.[45]

따라서 니체가 보기에 '기존의 모든 개인주의'는 **두 가지 측면에서 오류**를 범했다. 하나는 피히테 이후 모든 철학적 인간학에서 불문의

43 *Wille zur Macht*, S. 482.
44 *Wille zur Macht*, S. 512.
45 *Wille zur Macht*, S. 623.

도그마로 지배한, **'나**(Ich)**'와 '나 아닌 것**(Nicht-Ich)'을 **대립적으로 파악한 오류**이며, 다른 하나는 사회의 원자화(Atomisierung)에 따른, **다수의 '나'를 동일시한 오류**이다. 이러한 두 가지 오류로 말미암아 기존의 개인주의는 개인과 사회의 본질을 제대로 파악할 수 없었다.

기존의 개인주의는 '자아(das ego)'를 '즉자적이고 대자적인 존재(ein An-und-für-sich)', '원자'로 파악함으로써 "'개인'의 독립성에 대한 잘못된 이해"[46]에 기초해 마치 개인이 '사회(그것이 국가이든 교회이든)의 우월한 권력에서 **벗어나는 것**'[47]만으로 충분한 것처럼 여기도록 만들었다. 그리하여 자유를 향한 개인의 노력이 순전히 '나 아닌 것'에 대해 저항하는 노력에 불과한 것처럼 오해하게 했다. 니체로서는 이러한 생각들은 모두 "'자아'와 관련된 잘못된 교조주의"의 산물이며, '자아를 인위적으로 분리하고 즉자적이고 대자적인 존재로 설명'함으로써 '자아를 실체화하는 오류'에 기인한 것이다.[48]

이러한 오류에 반해 니체에서는 '**원자로서의 주체**'란 존재하지 않으며, 그 대신 '**주체의 영역**(Sphären)'만이 있을 뿐이며, 이 영역은 계속해서 '그 범위를 **넓혀가거나, 좁혀가며**', 이러한 "체계의 중심은 **계속** 이동한다."[49] 이 영역에서 '상승'의 '조건'이 되는 모든 것들의 '가치'는 이미 앞에서 본 바와 같이 '지배의 중앙부가 확장하느냐 또는 축소하느냐에 대한 관점'이 될 뿐이다. 이때 지배의 중앙부는 주체(인간)와 객체(세계)의 여러 가지 복잡한 사건들을 토대로 살아 숨 쉬는 것 각각

---

46 *Wille zur Macht*, S. 526.
47 *Wille zur Macht*, S. 522.
48 *Wille zur Macht*, S. 525.
49 *Wille zur Macht*, S. 341.

의 생활세계로 구성된다.[50]

다시 말해 니체의 철학에서 **주체의 존재**(주체의 주관성)는 유의 형이상학이라는 서양의 전통에서 풍미한 실체존재론에서와는 달리 "결코 '실체'가 아니라 자기 자신을 더 강하게 만들고자 추구하고 또한 자기보존 자체는 간접적으로만 의미를 갖는(즉 자기 자신을 극복하는 것이 언제나 직접적인 의미를 지닌다) 그 무엇이다."[51] 왜냐하면 주체는 '그 무엇인가'가 되고자 하며, 바로 이 그 무엇은 자신의 주체로서의 실체 그 자체만으로 이미 있는 것이 아니라 주관성과 객관성 사이의 '여러 가지 사건들의 복합성' 속에서, 다시 말해 주체의 **실존**(Existenz) 속에서 비로소 '되어 가는' 것이기 때문이다.[52]

니체는 기존의 철학이 주체의 주관성을 실체적(substanziell)으로, 즉 '원자적'으로 여김으로써 주체가 '생성과 변화'로부터 '분리'된 채 '어떤 존재하는 것'으로 파악될 뿐만 아니라, 기본적으로 " '나 아닌 것'에 반대되는 것"으로 여겨지는 오류까지 범하게 되었고, 그와 같은 잘못된 충돌관계는 결국 '가치의 충돌'로까지 연장되어 "개별적인

---

50 *Wille zur Macht*, S. 483.

51 *Wille zur Macht*, S. 341.

52 이에 관해서는 Nietzsche, *Wille zur Macht*, S. 376 참고. "지속성, 자기 자신과의 일치, 존재 등은 주체에도 객체에도 내재해 있지 않다. 그것은 복잡한 사건들 속에 있다." 따라서 니체는 자신의 '생철학(즉 '인간'은 '유로서의 인간성'이 아니다)'을 통해 진정한 인간존재를 '내 안에 있는 인간성'이라는 유적 보편성의 실현으로 보는 모든 관념론뿐만 아니라, 인간존재의 '가장 심오한 본질'이 초개인적인 '실체'에 근거한다고 보는 기존의 실체존재론도 철저히 반대한다. 이로써 니체는 또한 우리가 실존철학이라고 부르는 현대의 철학에 거의 맞닿아 있다. 실존철학도 '주체의 주관성'을 실체가 아니라 실존으로 파악한다. 또한 실존철학이 인간존재를 '세계-내-존재'로 규정하는 근거는 바로 주관성과 객관성의 '여러 가지 사건의 복합'이다.

'나'와 거대한 '나 아닌 것'"이라고 말하는 것이 전혀 모순이 아닐 정도가 되고 말았다고 비판한다.[53]

니체로서는 이처럼 사회를 개별적인 '나'로 원자화하는 오류로부터 이 모든 원자가 똑같고 서로서로 비교할 수 있다고 생각하는 천박한 개인주의라는 두 번째 오류가 필연적으로 도출될 수밖에 없다고 보았다.

왜냐하면 천박한 개인주의에 따를 때, 각 개인은 '본능적으로 다른 개인과 똑같은' 위치에 있기 때문이다. 그리하여 한 개인이 모든 '개인주의적 반항'을 통해 '사회의 우월한 권력'에 맞서 투쟁할 때, "개인은 인격으로서가 아니라, 개인들의 대리인으로서 전체에 대항하여 투쟁하는 것이며", 이 경우 개인은 심지어 "**하나의 인격으로서가 아니라** 단순히 같은 사람들 가운데 한 사람으로서 대립하는 것일 뿐이다."[54]

이렇게 되면 개인은 인간이 된다는 것, 즉 유일하고도 너무나 특유한 자기 자신으로 자기 자신을 완성한다는 본래의 과제를 그르치고 만다. 개인은 자기 자신이 되기 위해 투쟁하는 대신, '모든 사람'이라는 일반적 유형의 종족보존을 위해 앞서서 투쟁하는 자가 될 뿐이다. 다시 말해 개인은 인간성이라는 유의 **원자**로서 '자유'와 '평등'을 쟁취하고자 할 뿐, 자신이 하나의 인격이 되는 것은 실현할 수 없게 된다.

이러한 관점에서 니체는 — '개인주의'라는 통상의 개념을 넘어서서 — 이처럼 '인격이 되지 않으려고 하는 것', '거대한 유형 속으로 침

---

53 *Wille zur Macht*, S. 525.

54 *Wille zur Macht*, S. 522.

잠해버리는 것'[55]을 지금까지의 모든 '개인주의적' 및 '집단주의적' 도덕의 공통분모라고 보았다.[56] 니체의 관점에서는 개인이 **사회에서** 벗어나는 **자유**를 목표로 하는 개인주의적 도덕이든 **사회 내에서** 개인들의 **평등**을 목표로 하는 전체주의적 도덕이든 개인이 진정한 인간이 되는 것을 실현할 수 없다.

이에 반해 니체의 철학에서는 모든 '도덕'의 목표가 **'인간성'**의 '보존'이나 '발전'에 있는 것이 아니라 **그 반대로 '인간'**이 자신의 최고의 존재 가능성으로 **'상승'**하는 데 있다. 즉 인간이 **추상적 개인성으로서가 아니라 구체적 개인**이라는 '인격'으로서 유일하고도 너무나도 특유한 자기 자신이 되는 것이 니체가 말하는 도덕의 목표이다. 이렇게 하여 니체의 도덕은 기존의 모든 **'개인주의적'** 도덕과 이에 기초한 '개인'에 대한 오해를 명백히 거부하면서 **인격적 도덕**이 된다.

왜냐하면 니체에서는 진정으로 인간이 된다는 것이 무엇인지를 참되게 이해한다면 본질적으로 중요한 것은 바로 '인격'이 되는 것('Persorn'-Werdung)이기 때문이다. 다시 말해 **원자로서의 개인이 아니라 인격으로서의 개인**이 되는 것이다.

니체의 이러한 관점에 설 때 '개별적 존재는 **참으로 거대한 의미**'를 획득한다.[57]

왜냐하면 '거대한 과정'의 마지막 단계에서 개별적 존재는 지금까지 '인간성'이라는 유의 한 '원자'로서 자신의 '진정한 본질'을 파악했던 '종래의 인간'을 극복하고, 이제 인격이라는 새로운 존재로 성장하

55 *Wille zur Macht*, S. 522.

56 *Wille zur Macht*, S. 522.

57 *Wille zur Macht*, S. 524.

는 인간이 되기 때문이다. 니체는 개인이 인간이 된다는 것에서 한 걸음 더 나아가 이를 통해 인간의 미래 자체를 전망하려고 한다. 그가 보기에 지금까지 인간이 행한 '엄청난 양의 노동'은 모두 미래의 인간을 향한 '조건과 준비'일 따름이었다.[58]

그러한 조건과 준비를 거쳐 인간은 일단 "관습과 사회적 강제가 갖는 윤리성의 도움을 빌려 … 예측 가능한 존재"가 되었다.[59]

"나무에 열매가 맺히고, 사회와 관습의 윤리성이 결국 무엇을 위한 수단이었는지가 밝혀지는" 거대한 과정의 종착점에서 이제 '이 나무에서 가장 잘 익은 열매'로서 '고차원의 인간'이 성립한다. 이 고차원의 인간을 통해 **인간의 운명** 자체, 즉 '**종(種)을 초월하는 새로운 종**'으**로의 변화**가 완성된다.[60] 이제 "오로지 자기 자신과만 **일치할** 뿐이며 관습의 윤리성에서 다시 벗어나 자율적이고 초윤리적인('자율적'과 '윤리적'은 서로 모순이기 때문에) **당당한 주권자로서의 개인**"이 탄생한다.[61] '자신의 독립된 … 의지'를 가진 이 '인간'은 근본적으로 **더 이상 '유형'이 아니라 '개인', '인격', '자기 자신'**이다.

인간의 본질을 '인격'으로 규정하는 바로 이 점에서 **"너 자신이 돼라!" 라는 '실존적 준칙'**의 '**선험적 성격**'이 드러날 뿐만 아니라—비록 니체 자신이 중대한 오해를 범하고 있다고 여기지 않을 수 없을 만큼 너무나도 막연하게 서술하긴 했지만—그의 '**초인**(Übermensch)'에 관한 주장에 남아 있는 참된 내용 또한 인간의 본질을 인격으로 규정한 데

58 이와 관련해서는 *Genealogie der Moral*, S. 287(Ausgabe Baeumler, 1930)도 참고.

59 *Genealogie der Moral*, S. 287.

60 *Zarathustra*, S. 80.

61 *Genealogie der Moral*, S. 287에 명백히 이렇게 쓰여 있다.

있다. 즉 니체가 말하는 초인은 앞에서 설명한 대로 '고차원의 유형'이 아니라, "'**자기 자신'이 된다**"라는 근원적 명령에 철저히 복종하면서 생성과 변화를 거쳐 오로지 '자기 자신과만 일치하는 존재가 되는 것'을 말한다.[62]

이러한 인간의 모든 행위가 과연 가치 있는 것인지 아니면 가치에 반하는 것인지는 오로지 행위가 '**인격 그 자신의 행위**'인지에 달려 있다. 다시 말해 행위가 '타인'의 의지나 '보편적' 의지에서 벗어나 자기 자신의 자기입법, 즉 완전한 '인격적 **주권**'을 갖고 '자신 위에 더 이상 어떠한 신도 어떠한 인간도 존재하지 않는' 존재로서 '내가 의욕'하는 행위인가에 달려 있다.[63]

인간은 '자기 자신에게 명령'하고 '자기 자신에게 복종'함으로써 비로소 의지의 **참 자유**를 구가한다고 니체는 생각한다. 그러나 이러한 참 자유는 제멋대로 자기를 실현할 자의가 아니라 자신의 가장 고유한 생성과 변화의 법칙에 자발적으로 복종한다는 것, 즉 "나는 반드시 그렇게 해야 한다"를 뜻한다. 이와 같은 필연성은 자기 자신을 '창조'하려고 시도할 뿐만 아니라, 인간 일반이 '**진정한 존재**'가 될 수 있도록 노력하는 이 '창조자' 인간의 양심에도 명확히 표현되어 있다. 이때 인간은 "**책임**(Verantwortlichkeit)이라는 엄청난 특권을 누리고

---

62 이에 관해서는 특히 *Zarathustra*, S. 8 이하, 317 이하; *Wille zur Macht*, S. 589 이하, 658 참고. 니체의 오류는 그가 이러한 '종을 초월한 새로운 종'으로서의 '인간'을 하나의 '유형'으로 이해하고, 그러한 초인을 '사육'하려고 했다는 데서부터 시작한다. 그러나 '인격'으로서의 초인은 '인간'의 운명 속에서 '행복'한 경우일 수도 있고 '불행'한 경우일 수도 있다는 점을 니체는 의식하지 못했다.

63 *Wille zur Macht*, S. 601, 515; *Nachgelassene Werke*, S. 40, 217(*Nietzsche Werke* Bd. XIII 1903; 아래에서는 'N.W.XIII'으로 인용).

있다는 사실을 자랑스럽게 인식"하고 또한 "이 고귀한 자유, 자신과 인간의 운명을 지배하는 이 권력을 의식"하지 않을 수 없다. 이제 인간의 운명은 '인격으로서의 인간의 심연에까지 밀려 들어와' '인간을 지배하는 본능', 즉 인간 '자신'의 '양심'이 된다. 이 양심은 "너는 마땅히 그렇게 해야 한다(Du-sollst)"라는 명령의 법정 앞에 서 있는 것이 아니라 "내가 의욕한다(Ich-will)"라는, 말 그대로 '절대적' 명령에 복종하는 것이다. 이 절대적 명령의 정당성은 '좋은 인간'이라는 보편적 미덕의 법칙이 아니라 오로지 **자기 자신이 된다**는 '나 자신의' **미덕**이 실현되도록 자기 자신을 기획한다는 데서만 찾을 수 있다.[64]

그 때문에 니체의 철학에서 모든 '미덕'과 관련해 오로지 다음과 같은 사실만이 중요할 뿐이다. 즉 "너희의 미덕은 너희 자신일 뿐, 피부나 복장 … 따위 다른 어떤 것이 아니다."[65] 왜냐하면 니체가 보기에 각자에게 '미덕의 길'은 오로지 "너 자신에 이르러 가는 길"일 뿐이기 때문이다.[66] 따라서 니체는 (차라투스트라의 입을 빌려) 자기 자신을 향해 가는 이 '고독한 자'의 길에 '매복해 있는', "너는 마땅히 그렇게 해야 한다"라는 명령에 맞서 "내가 의욕한다"라는 근원적인 명령을 내세운다. 이를 통해 비로소 인간은 자신의 참된 '자유'를 '창조'한다. 그 때문에 인간은 "의무 앞에서도 '아니오'라고 말하는 성스러운 의식"을 행해야 한다.[67] 왜냐하면 니체가 보기에 우리가 행위를 통해 "너는 마

---

64 *Wille zur Macht*, S. 247; *Zarathustra*, S. 66 이하; *Genealogie der Moral*, S. 288; *N.W.XIV*, S. 320 참고.

65 *Zarathustra*, S. 100.

66 *Zarathustra*, S. 66, 68.

67 *Zarathustra*, S. 26, 68.

땅히 그렇게 해야 한다"라는 명령을 이행하는 것이 아니라 "마치 어머니가 자기 자식만을 생각하듯이 너희 스스로가 행위의 중심에 서 있는 것"이 곧 미덕이다.[68] 이런 이유에서 니체는 '좋은 인간', '이상적인 노예'와 같은 보편적 미덕은 '자기 자신을 박탈하는 도덕(Moral der Entselbstimg)'일 뿐이라고 말한다.[69]

이로써 오늘날의 실존철학에서도 견지되고 있는 개인윤리의 토대가 마련되었다. 다만 그러한 개인윤리가 사르트르의 실존주의에서는 극단적 개인주의의 모습으로 왜곡되기도 한다.

이러한 니체의 입장에 비추어 볼 때, 질서의 문제는 그의 철학의 핵심문제가 된다. 물론 **추상적 개인성의 형식적 공존질서**라는 의미에서가 아니라 **구체적 개인들의 실질적 등급질서**라는 의미에서 질서의 문제를 다룬다.

2. 등급질서

이미 칸트에서도 개인이 자신의 '동료'인 다른 인간들 속에서 '획득'해야 하는 '등급'에 관한 사상이 나타나 있다.[70] 물론 칸트는 이 사상을 질서와 본질에 연결해 어떤 실질적 결론을 도출하지는 않았다.

니체의 경우는 칸트와는 완전히 다르다. 즉 개인의 실질적 등급질서(Rangordnung)는 사회적인 삶에 대한 그의 철학의 고유한 주제가

---

68 *Zarathustra*, S. 102.

69 *Wille zur Macht*, S. 247.

70 이에 관해서는 앞의 196면 이하 참고. 아래에서 서술하는 니체의 '법'사상에 관한 간략한 서술로는 Maihofer, *Recht und Sein*, S. 99 이하(앞의 146면 이하) 참고.

된다.[71] 왜냐하면 니체처럼 주체를 구체적 개인으로 해석하게 되면, 모든 질서는 각자의 '자기'-존재에 비추어 귀속되는 등급상의 위치에 걸맞게 인간의 자리를 정돈한다는 것을 뜻하기 때문이다.

그렇다면 이러한 등급을 결정하는 요인은 무엇인가? 이 물음에 대해 니체는 "너 자신의 힘의 크기이며, 힘 이외의 나머지는 비겁이다"라고 대답한다.[72] 그러나 이 말이 누구나 자신의 힘을 통해 강탈한 지위를 차지할 수 있다는 뜻은 아니다. 니체 스스로 그러한 등급상의 지위에 따라 '인간이 스스로 **획득한** 모든 권리'의 고유한 근거는 언제나 '인간이 **자기 자신에게 부과**한 의무, 인간이 **감당해야 한다고 느끼는 과제**'와의 관계에서 찾아야 한다고 명백히 강조하고 있기 때문이다.[73]

이렇게 볼 때 모든 **권리**는 각 개인이 다른 사람에 비해 우선한다는 사실로부터 도출되는 **특권**이 되며, 이런 이유에서 니체는 이렇게 말한다. "모든 사람은 자신의 존재방식에 따라 자신의 특권을 갖고 있

---

71 이와 관련해 니체는 자신의 철학이 그가 살아가는 '시대와는 완전히 동떨어진' 내용을 담고 있다고 여긴다. "개인주의 도덕과 집단주의 도덕이라는 두 가지 사유경향에 대항하는 완전히 다른 내용이다. 왜냐하면 개인주의 도덕에서도 등급질서가 전혀 존재하지 않으며, 각자에게 다른 모든 사람과 똑같은 자유를 부여하려고 하기 때문이다(*Wille zur Macht*, S. 582)." 이 두 가지 도덕에서는 모두 "'평등'이라는 끔찍한 결론"이 지배하며 "모든 등급질서가 상실되고 만다(S. 582)." 평등이라는 '집단의 도덕'에 대한 저항(*Wille zur Macht*, S. 194 이하)을 통해 니체는 자신이 말하는 인격적 도덕을 인간의 '등급질서에 관한 이론'으로 이해하고, "결과적으로는 인간의 행위와 그 성과가 이 등급질서에 대해 갖는 의미에 관한 이론, 즉 모든 인간적인 것과 관련하여 인간의 가치평가에 관한 이론(*N.W. XIII*, S. 114)"이라고 천명한다. 그가 말하는 '모든 가치의 전도'는 결국 "등급질서를 다시 회복하고(*Wille zur Macht*, S. 581)", "이로써 더욱 고차적인 유형의 인간을 형성"하기 위한 '토대(Basis)'를 마련하고자 한다(*Wile zur Macht*, S. 582).

72 *Wille zur Macht*, S. 582.

73 *Wille zur Macht*, S. 594 이하에서 이 점을 명백히 밝히고 있다.

다."[74] 그렇다면 권리는 어떤 '보편법칙'에 따라 외부에서 또는 자기 자신으로부터 부여되거나 분배되는 것이 아니라 인간이 스스로 **'감당해야 한다고 느끼는'** 등급상의 위치와 함께 자기 자신의 온전한 힘에 기초하여 귀속되는 것이다. 이러한 사실로부터 니체는 **모든 권리**가 본질적으로 **불평등**(서로 같지 않음)하다는 점을 도출한다. 이 권리의 불평등이 니체가 보기에는 권리 자체가 '존재'하기 위한 조건이 된다.[75] 더 나아가 **권리에 대한 정당화 또한 절대적 자율**이라는 점도 그와 같은 사실로부터 도출된다.

그리하여 니체는 "너에게 권리를 부여해 줄 수 있는 자가 누구일 것인가?"라고 묻고, "너의 권리는 네가 찾아라!"라고 외치며 이 물음에 스스로 대답한다.[76] 따라서 권리에 대한 정당화는 언제나 그 내용이나 형식 모두 생각할 수 있는 가장 철저한 의미에서 자율적이다. 모든 권리는 인간 개개의 존재 자체로부터 나오며, 이때 자신 이외에는 그 어떠한 외부의 동의도 필요로 하지 않는다. 즉 모든 권리는 "너 자신이 돼라!"라는 명령으로부터 직접 도출되며, 이 명령의 실현 — 이는 모든 현존재의 최고목표이다 — 과 함께 각 개인에게도 최상의 **'권력에의 의지'**에 따른 온전한 힘으로부터 가장 고유한 존재의 '보존조건 및

---

74 *Der Antichrist*, S. 272.

75 *Der Antichrist*, S. 272. 이런 이유에서 니체는 (주관적) '권리'를 옹호한다. "하나의 권리는 내가 다른 사람으로부터 쟁취해 낸 특권이다." 따라서 "나의 권리는 다른 사람이 내게 인정했을 뿐만 아니라, 그들이 계속해서 나에게 용인하고자 하는 나의 힘의 한 부분", 즉 '인정되고 보장된 힘의 정도'를 말한다(*Morgenröte. Gedanken über die moralischen Vorurteile*, S. 94. 인용은 Ausgabe Baeumler, 1930에 따름).

76 *Bruchstücke zu den Dionysos-Dithyramben(Liedern Zarathustras)*, S. 568(인용은 Ausgabe Baeumler, 1930에 따름). 또한 *Zarathustra*, S. 220의 다음과 같은 극단적인 표현을 참고. "네가 빼어낼 수 있는 권리를 다른 사람으로부터 얻지 말라!"

상승조건'인 권리가 귀속된다. 이 온전한 힘은 바로 **자기 자신**이 되려는 의지이다.

따라서 니체는 그와 같은 권리의 등급질서가 각 개인이 다른 개인들과 다투면서 자기 자신을 관철하는 가운데 저절로 실현된다고 본다.[77] 이 **실존의 등급질서**[78] 속에서 한 개인이 더 높은 곳에 자리할수록, 귀속되는 권리의 양도 그만큼 더 많아지며 동시에 의무의 양도 많아진다. 이렇게 보면 '평범한 사람'들도 그들의 특권을 갖고 있다. 왜냐하면 '더 높은 곳으로 올라가는 삶'에서는 권리의 등급뿐만 아니라, 의무의 등급도 상승하며, "갈수록 더 험난해지고, 올라갈수록 더 추워지며, 책임도 더 커지기" 때문이다.[79]

따라서 니체로서는 '등급질서와 관련된 가장 중요한 물음'은 근원적으로는 너무나 단순하다. 즉 어떤 사람이 '얼마나 고독하게(혼자서)' 또는 "얼마나 무리를 지어 그 속에서 존재하는가"에 달려 있다.[80] 후자의 경우 그 사람의 "가치는 그가 속한 유형의 … 존립을 보장하는 속성에, 전자의 경우 그 사람의 가치는 그를 다른 사람과 구별 짓는 … 그리고 그를 고독하게 만들 수 있는 것"에 달려 있다고 니체는 생각한

77 따라서 "네가 속한 등급질서에 따라 처신하라"라는 식의 명령은 여러 가지 이유에서 "말이 되지 않는다." 일단 우리는 "우리가 어디에 속해 있는지"를 알아야 하고, '그러한 질서'가 무엇인지도 알아야 하는데, "우리는 두 가지 모두 알지 못하기" 때문이다. 더욱이 "그냥 그렇게 자연스럽게 이루어지는 것을 명령한다는 것은 쓸데없는 짓"이기 때문이기도 하다(*N.W. XIV*, S. 59).

78 이 궁극적 근거에 기초한 등급질서는 "우리의 이웃들에 대해서 뿐만 아니라, 상황에 따라서는 후세나 심지어 다른 별에서 사는 자들에게까지도 적용된다. 왜냐하면 그곳에 우리를 그들과 비교할 그 누군가가 사는지 알 수 없기 때문이다(*N.W. XIV*, S. 59)."

79 *Der Antichrist*, S. 273.

80 *Wille zur Macht*, S. 601.

다.[81] 우리가 야스퍼스의 실존철학에서 질서에 대한 '본래적인' 물음으로 재발견하고 있는 내용 또한 다름 아닌 바로 이 '실존의 초월적 등급질서'를 핵심으로 한다.[82]

하지만 니체는 현존재 일반의 본래성을 '**예외**(Ausnahme)'의 실패한 모험으로 파악하는 오늘날의 실존철학[83]보다 훨씬 더 깊이 통찰한 것 같다. 왜냐하면 니체는 인간의 본질에 대한 그와 같은 일방적인 고찰의 한계도 감지하고 있었기 때문이다. 이 점은 다음과 같은 그의 말에서 잘 드러난다. "고독한 유형을 무리를 지어 사는 유형에 따라 가늠해서는 안 되며, 거꾸로 무리를 지어 사는 유형을 고독한 유형에 따라 가늠해서도 안 된다. 고도의 관점에서 보면 두 가지 모두 필연적이다. 양자 사이의 대립 또한 마찬가지로 필연적이다."[84]

니체의 관점이 갖는 극단성에도 불구하고 그가 말하는 '권력에의 의지'는 그저 규칙을 '비본래적'이고 '비본질적'이라고 폄하하는 수준에 머물러 있지는 않았다. 그 때문에 니체는 자기 자신에 대해 이렇게 말한다. "**내가** 투쟁하는 대상은, 규칙의 존속이 곧 예외가 가치를 갖기 위한 전제가 된다는 사실을 깨닫지 못한 채, 예외에 해당하는 종

---

81 *Wille zur Macht*, S. 601.

82 니체와 마찬가지로 야스퍼스에게도 기본적으로 "인간 사이에는 평등이 없다. 세계 내에서 인간은 성격 이론과 사회학적 측면에서 서로 다르며, 다만 특수한 권리나 특수한 목적에 비추어 볼 때만 평등할 뿐이다." 인간은 본래 "초월성과 불확정적이고 가능한 관련성이라는 측면에서만 서로 평등하고, 이 점에서 서로 같은 차원에 있을 뿐이다." 하지만 이 경우에도 같은 차원에 있다는 것이지, 같은 등급에 있다는 의미는 아니다. 왜냐하면 "인간의 영원한 존재는 초월적 등급질서 속에 있기 때문이다." 그것은 "내가 결코 알 수 없는 실존의 등급질서이다(Jaspers, *Philosophie*, 2. Aufl. 1948, S. 657, 376)."

83 이에 관해서는 Maihofer, *Recht und Sein*, S. 19 이하, S. 100 각주 73(앞의 146면 이하) 참고.

84 *Wille zur Macht*, S. 602.

류를 가지고 규칙과 전쟁을 일삼는 짓이다."[85] "평범함에 대한 증오는 철학자의 품위에 맞는 일이 아니다. 그런 식의 증오는 거의 '철학에 대한 자신의 권리'에 의문부호를 찍는 것과 다를 바 없다. 자신이 예외라는 바로 그 사실 **때문에** 철학자는 규칙을 보호해야 하며, 모든 평범한 것과 관련해서도 자기 스스로 용기를 갖도록 한껏 북돋우어야 한다."[86]

무엇보다 니체는 질서를 실존의 실질적 등급질서로 파악하는 자신의 사고로는 보편적인 **법과 국가질서**의 본질을 이해할 수 없다는 점을 분명히 감지하고 있었다. 왜냐하면 개별적인 '자아'의 실존적 등급질서로는 등급과 관련된 어떠한 척도도 갖고 있지 않은 평균적이고 일반적인 권리에 대해 그 권리로서의 지위를 보장할 수 없기 때문이다.

모든 보편적 법질서는 필연적으로 하나의 규칙상태를 지향하고 있게 된다. 이에 반해 니체는 "고도의 생물학적 관점에서 볼 때 법상태는 언제나 **예외상태**일 수밖에 없다"라고 말한다. 법상태는 '권력', 즉 삶의 보존뿐만 아니라, **삶의 상승**을 '향하고' 있는 "고유한 삶의 의지에 대한 부분적인(그래서 예외적인) 제한"이라는 것이다. '절대적이고 보편적인 법질서'는 '모든 투쟁에 대항하는 수단으로서' 이 질서 속에 있

---

85 *Wille zur Macht*, S. 602.

86 *Wille zur Macht*, S. 606. 이 점에 관해서는 *Der Antichrist*, S. 273도 참고. "평범함 자체에서 이미 어떤 반감을 느끼는 것은 심오한 정신의 소유자의 품위에 완전히 반하는 일이다. 평범함은 그 자체 예외가 존재할 수 있는 첫 번째의 필연적 조건이다." 왜냐하면 "고도의 문명은 예외에 의존하지만," 예외는 "그 무엇보다 탄탄하고 건전하게 자리 잡은 평범함을 전제로 하기" 때문이다. 만일 '예외적 인간'이 "마치 자기 자신이나 자신과 같은 예외적인 인간들에게 하듯이 평범한 사람들도 부드러운 손길로 다룬다면, 그것은 단순히 마음에서 우러나오는 예의가 아니라 바로 예외적 인간으로서 그가 당연히 해야 할 의무이다."

는 모든 사람의 평등한 자유와 평등한 권리를 목표로 하고, 그에 따라 "어떠한 의지도 다른 의지를 평등한 것으로 받아들여야 한다." 니체가 보기에는 바로 이 점에서 법질서는 "삶에 적대적인 원칙, 인간을 파괴하고 해체하는 것, 인간의 미래에 대한 암살행위, 권태의 상징, 아무런 쓸모도 없는 샛길"일 뿐이다.[87] 그러나 니체는 어떤 **규칙상태**로서의 **보편적 질서**가 갖는 **진정한 가치**를 자신의 관점에서는 전혀 이해할 수 없긴 했지만, 자신의 생각이 "무언가 우려할 만한 내용을 담고 있음"을 알고 있었다.

보편적 질서가 갖는 진정한 가치에 관한 내용은 아마도 '**영구회귀**(ewige Wiederkehr)'에서 펼친 **완전히** 다른 **형태의** 사고에서 찾을 수 있을 것이다. 물론 니체의 철학 전반에 걸쳐 볼 때 '영구회귀'에 드러난 사고는 결국 '**권력에의 의지**'에서 펼친 사고와 밀접하게 맞물려 있다.[88]

니체는 이러한 보편적 법이 어떤 **가치가 있는 본질적 기능**을 갖추고 있음을 알고 있었다. 그래서 그는 마치 자기 자신에게 외치듯이 이렇게 말한다. "'법'과 '불법'을 일정한 좁은 소시민적 의미로 받아들이는 것은 **쓸모** 있는 일이다 … 다시 말해 하나의 공동체를 존립하게 만드는 큰 틀에 맞추어 보자면, 법과 불법은 그 기능을 충분히 발휘하고 있다. 물론 우리는 수천 년 동안 우리의 정신에 도덕을 배양시켜 왔던 신 따위는 조금도 생각할 필요가 없다."[89]

니체는 분명 우리가 그 안에 서 있고 또한 — 그 자신이 말하듯이 —

---

87 *Genealogie der Moral*, S. 308.

88 이하의 내용에 관해서는 특히 *Wille zur Macht*, S. 689 이하 참고.

89 *Wille zur Macht*, S. 190.

그 안에서 '우리의 책무를 다하는' 그 객관적이고 보편적인 질서가 의미와 가치를 갖고 있음을 느끼고 있었다. 즉 보편적 질서는 니체에서도 단순히 '더 나은 것'을 알지 못하는 자들을 위한 '임시적인 질서(Vorordnung)'나 '어쩔 수 없이 만든 질서(Notordnung)'가 아니다. 물론 니체는 세계를 주체를 토대로 해석하는 그 **자신의** 관점으로 말미암아 그러한 질서의 본질을 제대로 파악할 수 없었다.

'주관성의 형이상학'으로부터 출발하는 한, 질서의 의미는 결코 포착할 수 없다. 왜냐하면 칸트처럼 질서를 형식적으로 추상적인 초개인적 개인성의 공존질서로 파악하든 아니면 니체처럼 실질적으로 구체적인 개별적 개인의 등급질서로 파악하든 그 어느 경우나 질서는 '개인'과 관련이 있다는, 우리의 관점에서는 매우 의심스러운 전제를 상정하고 있기 때문이다. 그와 같이 주체의 주관성으로부터 질서를 해석하는 것이 과연 질서의 문제 자체에 합당한 것일까? **'개인'에 관한 사상이든 '인격'**에 관한 세속적 또는 기독교적 사상이든, 그러한 관점에서 출발하면 오히려 **'질서'의 문제 자체가 의문의 대상**이 되고 말지 않겠는가?

왜냐하면 우리가 개별적 존재를 '각각의 유일성'으로 이해하게 되는 즉시 ― 과르디니Guardini가 올바르게 지적하듯이[90] ― 이처럼 비교할 수 없는 유일한 존재로서의 인격이 과연 어떻게 "질서의 세계 속으로 들어갈 수 있는지"를 묻지 않을 수 없기 때문이다. 더욱이 질서를 정립할 때는 언제나 비교 가능성, '똑같은 것의 지속적 반복'을 전제할

---

90 Romano Guardini, *Welt und Person. Versuche zur christlichen Lehre vom Menschen*, 1950 S. 98 이하, 각주 9.

수밖에 없다는 사실 또한 명백하지 않은가?

질서의 세계 속에 '실존'하는 인간은 과연 개인으로서의 인격인 것일까?

제2부
세계-내-존재의 객관성으로부터 질서의 의미를 이해하는 길

칸트와 니체의 질서사상을 추적해 보는 길의 끄트머리에서 우리는 과연 그와 같이 **인간존재의 주관성으로부터 질서의 의미를 이해**함으로써 질서의 '문제'가 안고 있는 고유한 측면이 제대로 드러나게 되었는지 물음을 제기했다. 오늘날 우리는 무엇보다 모든 인간질서의 의미 중심인 인간의 존재를 평등(같음)하다고 또는 불평등(같지 않음)하다고 전제된 어떤 **본질적 실체**로부터 파악할 가능성 자체를 의심하게 되었고, 니체가 그러했듯이 인간의 존재는 오히려 인간의 세계-실존(Welt-Existenz)이라는 완전히 다른 측면에서 비로소 인간에게 귀속되는 존재로부터 이해되어야 하는 것은 아닌가 하는 의문을 품게 되었다. 그와 같은 세계-실존으로부터 인간에게 귀속되는 존재에 비추어 본다면, 결국 인간은 때로는 다른 인간과 같게, 때로는 다른 인간에 비해 다르게 질서 속에서 '실존'하는 것이 아니겠는가?

이러한 의문과 함께 우리는 질서의 의미를 주관성과 객관성의 '여러 가지 사건의 복합'[1]이라는 관점으로부터 이해하려고 시도하게 된다. 바로 이러한 관점에 기초해 우리는 오늘날 '인간존재'를 **'세계-**

1 앞의 218면 각주 52 참고.

내-존재(In-der-Welt-sein)'로 규정한다. 이러한 사건의 '복합'을 분석해 보면 인간의 세계 내 실존에 근거하고 있는 존재는 결국 '**로서의 존재' 가운데서의 자기존재**(Selbstsein im Alssein) 임이 밝혀질 것이다.

A. 세계-내-존재 : '로서의 존재' 가운데서의 자기존재

인간의 실존에 대한 그와 같은 물음은 우리가 지금까지 칸트와 니체에서 특징적인 측면으로 확인했던 인간의 '비사교적 본성과 사교적 본성' 사이의 '**충돌관계**(Antagonismus)'나 '고독한 존재와 무리를 지어 사는 존재' 사이의 '**충돌관계**'가 기초하고 있는 존재론적 근거에 도달하기 위해 별다른 방법적 성찰도 없이 그저 사실 그 자체로부터 **물음을 제기했던** 방식과는 철저히 단절할 것을 요구한다. 물론 그러한 대립은 인간 자체에 내재하는 변증법에 대한 통찰의 일단을 보여주고 있는 것처럼 보인다. 하지만 그러한 변증법의 진정한 의미는 '개인'이 하나의 **본질적 '실체'**가 갖는 주관성의 한계를 넘어서서 전체 속에 있는 **세계-'실존'**의 객관성으로 나간다는 점에 있다.

Ⅰ. '충돌관계'

'**주관성의 형이상학**'이 전개한 모든 질서사상의 중심에 위치하는 이 '대립과 충돌'이라는 기이한 현상의 배후에는 무엇이 자리 잡고 있는가? 앞에서 살핀 바와 같이 **칸트**[2]는 그러한 **충돌관계가 사교적이고 동시에 비사교적인 인간의 이중적 본성** 사이의 내적 투쟁에 근거한다고 보았고, **니체**[3]는 이 충돌관계가 사회 내에서 **고독한 인간과 무리를 지어 사는 인간이라는 두 가지 존재유형**의 외적 투쟁이 된다고 **보았**다. 이러한 충돌관계는 결국 **개인적 존재로서의 인간과 사회적 존재로서의 인간, 주관성이라는 고유한 세계의 중심으로서의 인간과 객관성이라는 공동세계의 구성 부분으로서의 인간**, 즉 **'로서의 존재' 가운데서의 자기존재**인 인간이 안고 있는 근원적 변증법이다. 이는 과연 무엇을 의미하는가?

1. 자기존재

인간은 그 자체 각각 유일한 인격으로서 그 자신이 세계의 중심이다. 인간은 내면을 향한 **성찰**을 통해 자신의 세계중심으로 자신을 집중시킬 뿐만 아니라, 이러한 세계중심에서 벗어나 세계-내-존재의 외부를 향한 **활동**을 통해 자신을 형성해 가기도 한다. 개인적 존재로서의 인간은 자기 자신에게 가장 가까우면서도 동시에 도저히 가늠하지 못할 만큼 가장 멀기도 하다. 인간은 "내가 말한다"라는 자명성 속에서 자기 자신에게 대답을 듣기 위해 말을 걸기도 하고 동시에 자기 자신에게 말을 하기도 하는 존재이다. 그러한 존재는 이 세상에서 단 한 번뿐이며, 따라서 어떠한 선택이나 어떠한 긍정에 앞서 그 자신이

2 앞의 196면 이하 참고.

3 앞의 227면 이하 참고.

이미 이 세계에서 **유일**하고 **고유**한 존재라는 사실을 놀라운 눈으로 발견한다. 나는 바로 '이러한 존재'로서 나 자신을 떠맡게 되며, 나는 특정한 **개인**, 즉 **개인적 인격**으로서 이미 사전에 완전히 결정되어 있다. 왜냐하면 나는 '이러한 존재'로서만 이 세계 안에서 자신을 '완성'할 수 있기 때문이다. 비유해서 말하자면, '재능'은 이미 주어져 있고, 이를 '활용'하는 것은 나의 과제이다.[4]

우리의 심연 속에서 울려 퍼지는 저 '염려(Sorge)'야말로 바로 이 **세계-내-존재에서의 자기존재**(Selbstsein im In-der-Welt-sein)를 대상으로 하며, 하이데거가 적절히 표현하고 있듯이 — 우리가 귀 기울이며 우리 자신을 한껏 열어젖힐 때 그 염려가 외치는 양심의 소리는 우리의 '가장 고유한 존재가능'으로 밀려 들어온다.

이처럼 인간의 본질적 삶을 자기존재로부터 해석하는 관점에서 보면 "나는 무엇을 해야 하는가?"라는 물음에 대한 대답으로서의 모든 윤리는 가장 고유한 '자기 자신'이 갖는 유일성과 고유성에 대해 자신을 열어젖히고, 자기존재를 '역사가 되게 하며' 또한 우리를 그 역사 속에 '서 있게 하라'는 요청이 된다. 왜냐하면 이승의 존재가 갖는 역사성과 유한성에 비추어 **자기존재의 '완성'**만이 **'본래적으로'** 중요한 것이기 때문이다.[5]

과연 오늘날의 실존철학의 이러한 해석이 존재론적 근거에 부합하는 것일까? 물론 세계-내-존재에서는 분명히 그러한 '자기-존재-가능'이 중요하다. 하지만 오로지 그것만이 중요한 것일까?

---

4 이에 관해서는 Maihofer, *Recht und Sein*, S. 94 이하(앞의 139면 이하) 참고.

5 이에 관해서는 Heidegger, *Sein und Zeit*, S. 184 이하, 274 이하, 316 이하; *Einführung in die Metaphysik*, S. 110 참고.

세계 내에서의 삶은 '본래적으로' 오로지 자기존재일 뿐, 다른 존재일 가능성은 전혀 없는 것일까? 우리는 우리 자신의 '가장 고유한' 삶을 살아갈 뿐, 다른 삶이란 전혀 없는 것일까? 그리고 우리가 세계-내-존재의 일상에서 마주치게 되는 이 '다른' 삶이라는 것은 — 기존의 실존철학이 견지하고 있듯이 — 단순히 고유한 자기존재가 '일반인(Man)'의 '비본래성'으로 타락한 것, 즉 '자기 자신'의 '결핍된 형태'에 불과한 것일까? 적어도 오늘날의 실존철학은 자기존재와는 다른 삶이 '자기 자신'의 결핍된 형태라고 단정하고, 이로부터 우리가 타인과 함께 하는 모든 사회적인 삶을 '사회성'과 '평균성'이 지배하는 삶으로 해석하고자 한다.[6]

하이데거는 그의 '현존재의 기초분석'에서 일단은 다음과 같은 타당한 사실에서 출발하고 있다. 즉 일반인이 일상성 속에서 영위하는 삶은 등급에 대한 염려로 인해 '불안정'하고, 심지어 자기 자신과 자기의 자기-존재-가능성을 망각하고 그르친다는 것이다.[7] 하이데거가 확인하고 있는 이러한 사실은 다름 아닌 현존재가 행하는 모든 삶의 표현이 오로지 '차이에 대한 염려'에 기인한 것이고, 따라서 '타인과의 구별'을 '걱정'한다는 것을 의미한다. 결국 삶의 표현은 각 개인이 끝없이 '다른 사람'을 곁눈질하면서 이루어지는 움직임이다. 물론 그러한 움직임은 '자신의 삶이 다른 사람에 비해 뒤져있고, 그래서 다

6 이와 관련된 '일상적 공존의 세계'에 대한 하이데거의 분석에 관해서는 Heidegger, *Sein und Zeit*, S. 126 이하, 167 이하, 175 이하 참고.

7 이하의 내용에 관해서는 Heidegger, *Sein und Zeit*, S. 126 참고. 자기존재로부터 등급에 대한 염려를 이와는 반대로 해석하는 니체의 입장에 관해서는 앞의 224면 이하 참고.

른 사람을 따라잡으려고 하는' 경우에는 다른 사람과의 '차이'를 '만회하려는' 노력이 될 것이고, 이와는 반대로 자신의 삶이 '다른 사람보다 우월하여' 이 우월한 지위를 상실하지 않기 위해 또는 단순히 우월한 지위를 '보존'하는 대신 자신의 가장 고유한 삶을 더욱 '상승'시키기 위해 다른 사람을 '억누를' 경우에는 '다른 사람과의 차이'를 '유지'하려는 노력이 된다. 이처럼 자신을 다른 사람에 지향시키고 다른 사람과 비교되는 자신의 등급만을 염려하게 됨으로써 개인은 어쩔 수 없이 '다른 사람의 지배' 하에 들어가게 되며, 결국 자신을 잃어버린 채 스스로 서 있지도 못하고 스스로 생각하지도 못하며 스스로 책임지지도 못하는 삶으로 전락하고 만다.[8] 이 점을 하이데거는 '잡설(Gerede)'과 '호기심'에 관한 그의 분석[9]에서 정확하게 표현하고 있다.

하이데거에 따른다면 결국 '자기 자신'의 일상적 '타락', 즉 '일반인의 사회성 속으로 상실'된 채, "삶이 … 고유한 자기존재 가능으로서의 자기 자신에서 벗어나 '세계' 속으로 타락과 몰락을 겪게 된다."[10] 그러나 하이데거가 이러한 결론으로 **일상성 가운데서의 삶의 '실증적 구조'**를 밝혔다고 생각한다면, 그것은 실제로는 오늘날까지도 실존철학이 '사회적인 삶'의 현상에 대한 적절한 분석에 다가서는 것을 차단하는 치명적인 오류의 토대를 제공한 셈이다.

하이데거가 일반인(Man)에 대한 자신의 분석에서 우리에게 제시한 바와 같은, 삶에 대한 그러한 '어두운 견해(Nachtansicht)'[11]에서는 비

8 이 점이 바로 하이데거의 현존재 분석의 실질적 결론이다. 이에 관해서는 *Sein und Zeit*, S. 126 이하 참고.

9 *Sein und Zeit*, S. 167 이하.

10 *Sein und Zeit*, S. 175.

11 *Sein und Zeit*, S. 179에 분명하게 이 표현이 등장한다.

록 식물과도 같은 대중적 실존이 내포하는 '사회성'과 '평균성'을 적절히 표현하고 있긴 하지만, 일상성이 지닌 행동하는 삶(vita activa)의 진정한 측면은 그 출발점부터 제대로 파악되고 있지 못하다.

왜냐하면 이 '일상적이고 평균적인 공존'은 모든 사람이기도 하고 또한 누구도 아닌, 아무런 형태도 없는 군중을 뜻하는 모든 다른 사람과의 차이에 대한 염려가 아니라, 본질적으로 개인이 마주치는 특정한 타인에 대한 특정한 방식의 염려를 통해 규정되기 때문이다. 더욱이 '배려(Fürsorge)'에 대한 하이데거의 분석도 이미 그러한 특정한 방식의 염려가 '본래적인 공존'의 방식이라는 점을 시사하고 있다. 따라서 이와 같은 측면을 숙고해 보면, 문제 자체의 내적 논리에 비추어 보기만 해도 왜 하이데거가 '일상적이고 평균적인 공존'의 밝은 측면에 접근할 수 없었는지가 밝혀진다.

하이데거는 '일상적 자기존재'에 관한 자신의 분석을 다음과 같은 사실로부터 출발한다.[12] 즉 '일상적이고 평균적인 공존'은 '존재가 결핍되어 있거나 존재와 상관없는 형태'를 특징으로 하며, 이러한 형태를 하이데거는 '함께하는 것에 반하는 상태, 함께하는 것이 없는 상태', '서로 지나쳐버리는 상태', '서로 관련을 맺는 것이 전혀 없는 상태'라고 규정한다. 이에 반해 하이데거는 '배려'에 대한 분석에서 타인을 위한 본래적인 염려의 두 가지 '적극적 형태'를 제시하면서, 위에서 말한, 존재가 결핍되고 존재와 상관이 없는 형태와 구별한다. 두 가지 적극적 형태는 타인을 '대신해 문제를 해결하고 처리하는(einspringend-beherrsehend)' 배려와 타인보다 '앞서 뛰어가 그를

12 이하의 내용에 관해서는 *Sein und Zeit*, S. 121 이하 참고.

자유롭게 만드는(vorspringend-befreiend)' 배려이다(일상의 보기를 들면, 아이의 신발 끈을 늘 매주는 엄마와 아이에게 끈을 매는 방법을 가르쳐 주는 엄마의 차이라 생각하면 된다 — 옮긴이). 하이데거에 따르면 이 두 가지 적극적 형태는 앞에서 말한, 존재와 상관없는 중간영역의 양쪽 극단에 위치하며, 진정한 의미의 '서로 마주 서 있는 존재'의 두 가지 극단적 가능성이라고 한다. 그러나 이와 같은 해석은 하이데거가 자신의 탐구 범위의 "경계선 바깥에 있다"라고 명백히 표현한 이 중간영역에서 비로소 일상성 가운데 있는 삶의 '실증적 구조'에 따른 현상이 발생한다는 사실을 전혀 고려하지 못한다. 그러한 현상들에 비추어 보면, 하이데거가 수행한 '일반인'의 세계에 대한 분석에 근원적인 의문을 제기할 수밖에 없다.

왜냐하면 우리는 '평균적이고 일상적인 공존' 가운데 '서로 지나쳐 버리는' 현상뿐만 아니라, '서로 본질적으로 관련을 맺는' 현상, 즉 서로서로 필요로 하고 서로서로 의존하는 현상도 경험하기 때문이다. 당연히 이러한 현상의 존재론적 의미를 '자기-존재-가능'에 대한 염려로 이해할 수는 없으며, 다른 사람의 '가장 고유한 존재가능'을 위한 염려로 해석할 수는 더더욱 없다. 그런 식의 해석은 일상성 가운데서 서로 관련을 맺는 것이 이미 "타인을 대신해 문제를 해결하여 처리한다"라는 한계현상이 아니라는 점에서도 가능할 수 없기 때문이다.

'타인보다 앞서 뛰어가 그를 자유롭게 하는 배려'는 자기존재의 진정한 현상이며 그것은 내가 타인을 그의 가장 고유한 자기존재 가능으로 다시 불러들이는 것이다. '타인을 대신해 문제를 해결하고 처리하는 배려'는 이와는 완전히 다르다. 이 경우에는 내가 타인 대신 그의

'위치'에서 '염려'를 행하는 것이며, 이를 통해 타인은 '자신의 자리에서 내던져지고', 나중에 내가 배려한 것을 그대로 가져가거나 배려의 부담에서 완전히 벗어난다. 따라서 이러한 배려는 본질적으로 완전히 다른 차원에 있는 삶의 현상이다.

내가 '타인을 대신하는 것'은 그 타인의 가장 고유한 **'자기-존재-가능'이 문제되지 않는 경우에만 성립할 수 있다.** 예를 들어 **타인의** 질병이나 **타인의** 죽음에 내가 함께 고통받을 수는 있지만, 어떤 궁극적 의미에서 내가 그러한 질병이나 죽음을 타인으로부터 완전히 '떠맡을' 수는 없다. 이런 경우에는 '타인보다 앞서 뛰어가 그를 자유롭게 만드는 배려'의 가능성만이 존재한다. 즉 타인이 그 자신의 염려를 명확히 '통찰'하고 이로써 '자신 스스로 염려하도록' '도울 가능성'만이 있을 뿐이다.

그렇지만 내가 '타인을 대신하면서' 세계 내에서 마주치는 특정한 **타인을 위한 적극적인 방식의 염려**를 수행하는 경우도 단순히 '타인이 염려하는 그 무엇을 배려하는 데' 그치지 않고, **진정한 의미의 '서로 마주하는 존재'의 방식**으로 '타인의 실존에 직접 관련을 맺는' 것이 얼마든지 가능하다. 물론 이 경우도 그러한 타인을 '자기 자신'이라는 현상으로 해석할 수 없고, 또한 결핍된 '일반인'으로 해석할 수도 없다.

예컨대 나는 선생으로서, 의사로서, 변호사로서, 세입자로서 또는 구매자로서 타인을 '대신해', 그 타인이 다른 타인들과 공존하는 가운데 영위하는 '실존'에 중요한 그 무엇을 '떠맡을' 수 있다. 이에 반해 타인의 실존에서 '자기 자신'의 일회성과 유일성에 해당하는 **'극히 개**

인적인' 문제와 관련된 경우에는 나는 결코 그 타인을 진정으로 '대리' 할 수 없으며, 또한 타인을 '대체'할 수도 없다. 바로 '그 자기 자신'으로서의 타인이 문제되는 경우라면, 타인을 '대리'하거나 '대체'하는 것은 완전히 불가능하다.

따라서 적어도 '타인을 대신하는 배려'는 서로서로 대리하고 서로서로 대체하는 일상 속에서 행해지듯이 타인의 자기 존재와는 완전히 다른 존재에 그 근거를 두고 있다는 사실과 타인의 '자기-존재-가능' 자체가 대상인 경우에는 현실적으로 타인을 '대신하는 것'이 완전히 배제된다는 사실을 인식해야 한다. 타인의 실존이 자신의 가장 고유한 자기존재를 넘어서는 '형태'로 수행될 때는 언제나 나는 그 타인을 대신할 수 있고, 그의 '위치'를 대리할 수도 있다. 이러한 사실로부터 어떠한 결론이 도출되는가?

타인과의 공존 속에 있는 실존의 방식 가운데는 단순히 자기 존재로 파악할 수도 없고, 그렇다고 자기 자신이 일반인으로 타락한 존재로 해석할 수도 없는 경우가 명백히 존재한다. 위에서 제시한 모든 예에서 우리가 일상의 세계 속에서 서로 함께 관련을 맺고 서로서로 만나면서 함께 마주 서 있는, 다시 말해 내가 나의 자리에 '서 있게 되고' 타인을 그들의 '자리에 서게 하는' 존재는 결코 '자기 자신'이 아니다. 그리고 우리를 그와 같은 **초개인적 관련** 속으로 '끌려 들어가게' 만들고, 어느 정도까지 타인을 '대리'할 수 있도록 만드는 '실존'은 결코 결핍되고 무의미한 '일반인'의 실존이 아니다. 그렇다면 '그 중간에' 또 다른 존재가 있는 것인가?

2. '로서의 존재'

우리가 일상성의 세계를 깊이 성찰해 보면, 자기 자신과 일반인에 관한 하이데거의 철학이 보지 못했던 완전히 다른 측면이 밝혀진다. 즉 다른 사람과 함께 하는 세계에서 이루어지는 모든 삶의 표현은 자연과 문화라는 공동의 세계가 미리 지시해 놓은 특정한 형태 속에서 수행된다는 사실이 밝혀진다. 그것은 바로 **객관성의 형태**이며, 이 객관성의 형태가 타인과 함께 하는 공존세계(Mitwelt)에서 우리가 어떠한 존재인지 그리고 어떤 모습으로 그 타인에게 우리를 외면화하는지를 결정한다.

예를 들어 어떤 삶이 '어머니'라는 형태로 하나의 질서형태로 들어서게 되면, 그 질서는 더 이상 그 삶 자체에 의해 결정되는 것이 아니라 '자연에 의해' 미리 지시된 관계를 대상으로 한다. 따라서 이러한 미리 지시된 관계에서 '어머니'라는 형태의 존재에게는 여하한 개인적 자의恣意도 허용되지 않으며, 이 존재가 자식을 위한 일정한 행동의 고유성을 향하도록 정해져 있다.

과연 이러한 형태의 존재가 유일성과 고유성이라는 특징을 갖는 '가장 고유한 자기존재'인가 아니면 본질적으로 완전히 다른 존재인가? 우리는 특정한 형태를 지니고 미리 지시되어 있는 **위치**(Topos)에서 미리 주어진 세계연관 속으로 들어선다. 이 특정한 형태의 존재는, 예를 들면 어머니로서의, 아버지로서의 또는 의사로서의, 법관으로서의 존재를 말한다. 그러한 존재는 **사회적 위치**(Isotop)에 내재하는 존재이며, 바로 그와 같은 존재의 형태를 지니고 우리의 삶은 타인과의

공존세계에서 **특정한 누구**로서 '객관화(Objektivierung)'한다.[13]

타인과의 만남과 타인과의 질서라는 일상성 속에서 우리는 타인에 대해 우리 자신을 **외면화**(ek-sistent)하고, 이러한 외면화는 아주 근원적 의미에서 우리를 **바깥으로 드러내는 것**이며, 따라서 타인의 세계에 **깊이 들어가는 것**이다. 이로부터 우리가 타인에 대해 어떠한 기능과 의미를 갖는지가 결정된다. 하지만 타인에 대한 우리의 기능과 의미는 '모든 사람'이고 또한 '그 어느 것도 아닌 사람'으로서의 추상적인 '관계없음'과 '소원함'을 통해서가 아니라, 일정한 사회적 형태에 따른 특정한 **구체적인 누구**로서 획득된다.

야스퍼스도 '세계 내에서의 자기실현을 해명'하면서 필연적으로 그와 같은 **공존의 형태**들을 마주치게 된다.[14] 야스퍼스는 그러한 공존의 형태를 '국가와 사회'의 '객관성' 가운데 있는 '현존재의 현실'로 규정한다. 그러나 공존의 형태들은 야스퍼스가 생각하는 것처럼 단순히 '**이념**(Idee)'[15]에 불과한 것이 아니다. 다시 말해서 각 개인이 거기에 '참여'함으로써 '사회적 객관성 속에서의 충만한 삶'이 가능하게 된다거나, 그로부터 '특정한 역사적 위치와 소명에 따라 절대적이고 진정한 의미의 요청'이 연유하는 이념이 아니다. 더 나아가 공존의 형태들이 단순히 우리 삶의 현실의 '**껍질**(Hülle)'[16]인 것도 아니다. 즉 '객관적 의사소통의 매개체'로서 현존재는 자아와 자아 사이의 모든 '실존적 의사소통'을 위해 그러한 객관적 의사소통의 '실현'을 필요로

13 '객관화' 현상의 구체적 내용에 관해서는 Maihofer, *Recht und Sein*, S. 103 이하(앞의 152면 이하) 참고.

14 Jaspers, *Philosophie*, 2. Aufl. 1948, S. 606 이하.

15 *Philosophie*, S. 620 이하.

16 *Philosophie*, S. 338 이하. 또한 S. 376도 참고.

하고, 그 이유는 '사회학적 및 심리학적 현실' 속에서 이루어지는 실존적 의사소통이 언제나 '나의 역할에 구속되기 때문'[17]이라는 식으로 공존의 형태들을 이해해서는 안 된다. 야스퍼스가 공존의 형태가 갖는 성격을 단순한 **'매개체'**로 규정하고, 이를 토대로 '진정한(실존적)' 의사소통의 영원한 과제는 '비본래적이며', 그 때문에 참된 실존에 '위험'할 따름인 '공존의 형태로부터 빠져나오는 것'이라고 결론짓는다면, 이는 공존의 형태가 갖는 '본래적인' 의미를 완전히 잘못 파악한 것이다. 공존의 형태는 단순히 '자기실현'이라는 목표를 위한 수단이 아니며, 따라서 가치가 있는 수단이라거나 가치가 없는 수단이라는 식으로 말할 수 없다. 오히려 공존의 형태는 일정한 다른 형태의 객관성과의 '상응(Entsprechungen)'으로서 그 나름의 고유한 가치를 갖고 있다. 그러한 객관성에 비추어 우리는 '바로 그와 같은 사람으로서(als Solche)' 실존할 수 있을 따름이다. 예를 들어 '선생과 제자의 관계, 의사와 환자의 관계, 상사와 부하직원의 관계, 물건을 파는 사람과 물건을 사는 사람의 관계, 창구에서 일하는 공무원과 시민의 관계'는 야스퍼스가 생각하듯이 단순히 존재적 현실(ontische Wirklichkeit), 즉 **'심리적 사실'**을 토대로 하는 **'사회학적 관계'**[18]가 아니라 우리가 세계-내-존재라고 부르는 '여러 가지 사건의 복합' 속에 있는 **객관성이라는 존재론적 사실**이다. 야스퍼스 자신도 니체와 헤겔의 근본적 사상[19]을 다시 받아들이면서 그러한 '사건의 복합'을 '주관성이 객관성

---

17 *Philosophie*, S. 374.

18 *Philosophie*, S. 341.

19 니체에 관해서는 앞의 218면 각주 52 참고. 헤겔에 관해서는 Hegel, *Wissenschaft der Logik II*, S. 413 이하, 423 이하, 477 이하 참고.

으로 해체되고, 동시에 객관성이 주관성으로 해체되는 운동'이라고 적절하게 표현하고 있다.[20]

따라서 이러한 **공존의 형태를 '충족'**하는 것은 야스퍼스가 생각하듯이 그저 우리 '자신'을 실현할 수 있는 다른 방법이 없기 때문에 어쩔 수 없이 이루어지는 필연성이 아니다. 그리고 그러한 '충족'이 "'나 자신'과 다른 자기 자신이 절대적으로 가까이 다가서며, 그리하여 어떠한 대리 가능성도 없는 관계",[21] 즉 자아와 자아 사이의 '절대적'이고 '참되고' '진정한' 의사소통에 비해 부차적인 그 무엇이지만, 달리 어쩔 수 없기 때문에 우리가 '복종'하지 않을 수 없는 '단순한' 객관적 의사소통에 불과한 것은 더더욱 아니다.

'공존의 형태'에 '순응(Einfügung)'하는 일은 실존철학이 그와 같은 '객관적 의사소통' 모두를 '경멸'하면서 바라보는[22] 시각과는 달리 천박한 삶의 나락으로 '빠져드는' 일이 아니다. 오히려 객관적 의사소통이야말로 인간존재의 가치와 존엄을 본질적으로 규정한다. 즉 객관적 의사소통에서 비로소 일상 속에서 마주치는 타인들에게 우리의 '실존'이 차지하는 '위치'가 드러난다.

만일 누군가가 자신의 자식들에게 아버지가 아니고, 자신의 선생에게 제자가 아니고, 자신의 이웃에 대한 이웃이 아니라면, 그는 이 타인들에 대해 '바로 그와 같은 사람으로서의(als Solcher)' '현존재'가 아니다. 예를 들어 전혀 모르는 사람에 관한 나의 물음에 대한 대답[23]이나 어느 죽은 자에게 바치는 추도사를 한 번 생각해 보라. 그 경

20 Jaspers, *Philosophie*, S. 580.

21 *Philosophie*, S. 341.

22 이에 관해서는 앞의 228면 이하 참고.

우 누구의 배우자, 누구의 형, 누구의 직장상사, 누구의 동료 따위의 내용이 우선 언급된다. 더욱이 우리가 오로지 일상성 속에서만 서로 만나게 되는 타인의 '자기 자신'마저도 또 다른 타인들에게는 기껏해야 일정한 삶의 역할에 대한 '개인적' 색채로만 파악될 수 있을 뿐이다. 타인의 '자기 자신' '그 자체'는 심지어 '가장 가까운 사람'조차도 파악할 수 없다. 왜냐하면 가장 가까운 사람들 사이에도 도저히 건널 수 없는 심연이 존재하기 때문이다. 물론 우리가 진정으로 타인을 이해하고 타인과 함께 느끼면서 순간적으로나마 그의 '자기 자신'을 바라볼 수는 있다. 그러나 나와 상대방 사이에 존재하는 그 심연을 극복하는 것은 영원히 불가능하다. 설령 나 자신을 완전히 포기한 채 나의 '자기 자신'의 '근거'를 떠난다고 할지라도 그러한 심연은 극복되지 않는다. 그와 같은 '실존적 의사소통'과는 달리 '일상적이고 평균적인 공존' 속에서 우리는 타인에 대해 일정한 의미를 지닌 우리의 '자리'와 '위치'를 차지하게 되고, 이를 통해 우리는 인간질서의 범위 내에서 '실존'하게 된다. 이러한 진정한 의미의 '자리'와 '위치'는 우리의 세계-내-존재 가운데서의 자기존재가 떠맡게 되는 **세계-존재**에 대한 참여이다.

우리가 타인들과 함께 하는 일상적인 삶을 영위할 때는 수없이 많은 공존의 형태가 우리 앞에 나타나게 된다. 우리가 **세계로 나아갈** 때

23 이에 관해서는 Heidegger, *Sein und Zeit*, S. 126 참고. 하이데거에서 "고유한 현존재와 타인의 '주체로서의 성격'은 '일정한 존재방식에 따라' 결정된다. 즉 타인들은 주변세계에 대한 염려 속에서 마주치게 된다. 따라서 타인의 존재는 곧 그 타인들이 행하는 것이다." 그렇다면 타인들에 대한 나의 외면화는 다름 아닌 **'로서의 존재'** 가운데서 나 자신이 외면화하는 것, 즉 **'실존'**이다.

는 언제나 일정한 위치마다 이미 주어져 있는 **세계연관** 속으로 들어서게 된다. 세계연관의 존재는 결코 우리의 자율적 형성에 복종하는 것이 아니다. 오히려 우리의 개인적 발현이 일정한 사회적 형태 속에서 이루어지는 한, 우리는 세계의 포괄적인 의미연관에 따라 미리 지시되어 있는 **타율성**에 복종해야 한다. 우리의 행위 또한 그러한 사회적 형태에 비추어 '자연에 따른다', '자연에 반한다' 또는 '인간의 존엄에 상응한다', '인간의 존엄에 반한다'라고 말하게 된다. 그리고 가장 고유한 자기존재의 완성과 실패가 있듯이 사회적 영역에서도 우리의 존재와 비존재에 본질적 의미를 지닌 충족과 실패가 존재한다.

그 때문에 사회적 영역에서 — 사르트르의 실존주의가 생각하듯이 — 각자가 제멋대로 자신의 정언명령을 만들어낼 수는 없다. 오히려 각 개인은 그가 이런 사람으로서 또는 저런 사람으로서(예를 들어 남편으로서 또는 부인으로서) '본래적으로' 존재해야 하는 바를 발견해 낼 수 있을 뿐이다.

그러므로 모든 질서의 핵심은 우리가 **세계로 나아갈 때 결코 피할 수 없도록 미리 주어져 있는 형태들에 순응하고, 그러한 형태들을 충족하는 것**이다. 이 질서 속에서 우리는 우리의 주관성을 뛰어넘는 존재에 참여하게 된다.[24] 그것이 바로 세계의 객관성의 존재이며, 이 존재가 갖는 가치와 반가치는 결코 고유한 자기존재의 관점, 즉 고유한 존

---

24 이러한 참여를 통해 우리는 세계존재의 의미이해를 획득한다. 따라서 '존재에 관한 이러한 선존재론적 의미이해에 대한 명시적 분석'의 길 또한 가능해야 하며, 하이데거는 그의 실존론적 분석을 통해 우리에게 그와 같은 길을 지시하고 있다. 그렇다면 우리의 경험으로는 도저히 알 수 없는, 우리 바깥의 '피안'으로 나가지 않고서도 객관성의 세계존재와 그 의미연관에 대한 의미이해를 밝히는 방법만으로도 얼마든지 진정한 '객관성의 존재론'이 가능하지 않겠는가?

재의 '보존조건'과 '상승조건'에 비추어 결정되지 않는다. 객관성의 존재가 갖는 가치는 오히려 우리 자신이 들어서게 되는 존재연관과 의미연관으로부터 우리에게 귀속되는 객관성의 세계존재를 통해 규정된다. 이 세계존재를 우리는 **'로서의 존재**(Alssein)'라고 부른다.

'로서의 존재'라는 표현은 조금은 이상할 뿐만 아니라, 언어적으로도 매우 생소하게 여겨질 것이다. 그렇지만 우리는 이 표현을 고집하고자 한다. 왜냐하면 이 용어는 예를 들어 아버지**로서의** 또는 아들**로서의** 존재, 배우자**로서의** 또는 형제**로서의** 존재, 의사**로서의** 또는 판사**로서의** 존재 등에서 문제의 핵심이 되는 내용을 가장 잘 표현해 주고 있기 때문이다. 이 '로서의 존재'의 형태 속에서는 세계의 객관성 자체가 우리의 현존재 속으로 들어오며, 또한 인간의 공존 영역에서 현존재의 외면화(현존재의 자리)를 구성한다. 우리는 '바로 그와 같은 사람으로서' 자연세계와 문화세계의 질서로부터 영향을 받는다. 이 질서 속에서 우리는 우리 자신을 외면화하는 실존이 되지만, 그것은 타인과 절대 비교할 수 없는 개인성의 주관성을 통해서가 아니라 타인과 똑같이 사회성을 가진 인간적 존재의 객관성을 통해 이루어진다.

이러한 관점에서 볼 때, 질서는 칸트와 니체에 이르기까지 지속한 '주관성의 형이상학'에서 바라보듯이, 본질적으로 똑같다고 파악되는 추상적인 **개인성들이 결집한 질서**(Zusammenordnung)이거나 본질적으로 같지 않다고 이해되는 구체적 **개인들**의 등급질서가 아니다. 오히려 질서는 인간이 만들어낸 것은 아니지만, 적어도 인간이 **찾아낸 지시관계**(Vorzeichnung)이다. 따라서 질서는 **타인들과의 세계 속에서** 우리의

개인적 발현이 이루어지는 **인간의 공존세계의 사회적 형태가 갖는 고유성**을 **보장**하고, 필요하다면 이를 **관철**하는 것이다.

다시 말해 질서는 인간이 자연의 우주와 문화의 세계 속으로 들어가 '**자리 잡는 것**(Einordnung)'이다. 이는 아우구스티누스가 말하는 'locatio(자리를 잡다)'나 토마스 아퀴나스가 말하는 'ordinatio(규율하다)'와 같은 의미이다. 물론 이 두 사람의 어법은 그리스와 로마의 스토아학파의 우주론에서 처음으로 등장한 객관성의 형이상학이 흔적을 남긴 결과였다.

이제 이러한 질서사상을 그 역사적 근원으로 거슬러 올라가 고찰해 보자. 질서사상을 가장 깊이 천착한 사람은 에픽테토스(Epiktet : 에픽테토스는 후기 스토아학파의 가장 중요한 학자 가운데 한 사람이다. 그는 원래 노예였다가, 폭군 네로에 의해 노예신분에서 해방되었다. 에픽테토스 철학의 핵심은 모든 철학을 윤리학에 국한하는 것만으로 충분하다고 역설한 데 있다 ― 옮긴이)였다. 질서에 대한 그의 심오한 사상은 역설적이게도 질서사상이 심각한 고통을 당하는 것을 목격한 그의 역사적 경험에 기인한 것이었다.

Ⅱ. 에픽테토스의 질서사상

에픽테토스에서는 객관성의 철학의 맹아가 나타나 있다. 적어도 철학의 영역에서는 플라톤 이후의 '주관성의 형이상학'의 전통이 오늘날까지도 지배적이기 때문에, 객관성의 철학이 갖는 의미가 제대로 평가되지 못하고 있는 실정이다.

'주관성의 형이상학'이 내포하고 있는 일방적인 세계관을 극복하여 질서사상을 철학적 사상으로 밝히는 것은 아마도 우리 시대의 철학적 과제 가운데 하나일 것이다. 물론 이러한 과제는 신학적 또는 기독교적 세계해석의 전제로부터 해방되면서 수행되어야 한다.

우리가 이러한 과제를 수행하는 데 에픽테토스가 상당한 역할을 한다는 사실은 그의 철학에 관한 아래의 설명을 통해 분명하게 밝혀질 것이다.

이미 질서사상에 근접했던 괴테Goethe가 그의 『시와 진리(Dichtung und Wahrheit)』에서 다음과 같이 고백한 것은 결코 우연이 아니다. "아리스토텔레스의 날카로운 분석력이든 플라톤의 풍부한 사유든 나에게는 아무런 성과도 가져다주지 못했다. 이에 반해 오래전부터 나는 스토아 철학자들을 좋아했으며, 결국 에픽테토스를 접하고 나서 비로소 깊은 관심을 지니고 그를 연구하게 되었다."

에픽테토스는 전적으로 현세의 존재로부터 세계를 해석한다. 그와 같은 세계해석에서는 "미래의 세계 따위는 관심 밖이며", ―괴테의 표현을 빌자면 ―'실제적이고 유용한 것'은 오로지 '지금 이 세계'에 있을 뿐이다. 더 나아가 '미래의' 응징이 갖는 위협이나 위안 따위도 필요로 하지 않는다. 왜냐하면 현세의 존재에서 출발하는 세계해석은 이 현세의 삶 자체에서만 의미가 있기 때문이다. 물론 이러한 세계해석은 여하한 방식의 개인적 삶이 내세우는 일방적 요구를 만족시키기 위한 것이 아니라 우리가 세계의 의미연관 전체에 참여하게 되는 '초개인적' 실존의 자기표출과 자기 외면화 속에서 개인적 삶을 충족시키는 것이다.

이러한 세계해석의 중심에도 자기존재와 '로서의 존재' 사이의 저 '충돌관계'가 자리 잡고 있다. 에픽테토스의 철학에 나타나 있는 모순은 바로 이러한 근원적 변증법의 양극성에 연유한다. 에픽테토스가 델피의 신탁에 쓰여 있는 "너 자신을 알라!"라는 오래된 경구에 대해 어떻게 대답하는지를 그 자신의 말을 통해 들어보자.[25]

"우선 너는 한 **인간**이다. 이 말은 자유로운 의지라는 가장 소중한 것을 가진 한 인간이라는 뜻이다. 다른 모든 것이 너에게 복종해야 할 뿐, 너 자신은 누구의 노예도 누구의 시종도 아니다."[26] 그렇다면 너는 이 세계의 **시민**이고, 이 세계의 한 부분이며, 그것도 하위의 부분이 아니라 우대를 받는 상위의 부분이다. 왜냐하면 너는 사물의 연관성과 그 질서에 대한 의식을 가지기 때문이다.[27]

"다음으로 네가 아들이라고 생각해 보라."[28] "너의 아들로서의 지

---

25 이하의 내용에 관해서는 Epiktet, *Handbüchlein der Moral und Unterredungen*(H. Schmidt의 편집과 번역), 1954, S. 68 이하 참고. 또한 영역본과 불역본인 Oldfather, *Epictetus*, 2 Bde., Neudruck 1946-52 der 1. Aufl. v. 1925-28; Soulihe, *Epictete*, 2 Bde., 1948-49도 참고.

26 에픽테토스의 이 말은 단순히 '로서의 존재'(즉 '인간으로서')에 관한 극히 일반적인 규정을 내리고 있는 것이 아니라 이하에서 밝혀지는 바와 같이 — 각자가 '그 자신'이 될 수 있는 개인의 궁극적 자유를 설명하는 것이다. '이성'을 통해 각 개인에게 부여되는 이 가능성, 즉 자유만이 '인간으로서의' 개인을 '동물'과 '구별'해 준다. 우리의 기본적인 — 다시 말해 국가와 법에 우선하는 — 인권은 이러한 자기결정에 대한 자유에 근거한다. 그러한 기본적 인권은 '법치국가'에서는 시민권이 된다.

27 에픽테토스가 자세히 설명하고 있는 대로 우리의 기본적인 시민적 의무는 '로서의 존재'에 대한 가장 일반적인 규정에 근거한다. 이 경우 인간은 '정치적 존재로' 규정된다.

28 인간존재를 '시민으로' 규정하는 추상적이고 일반적인 단계 이후에 이제 '로서의 존재'에 대한 개개의 구체적인 규정들이 제시되며, 그러한 규정들로부터 각각 일

위는 너에게 무엇을 요구하는가? 너의 모든 것은 곧 너의 아버지의 소유물로 여겨야 하고, 모든 문제에서 아버지에게 복종해야 하며, 아버지를 비난하는 말을 삼가야 하고, 아버지에게 손해가 되는 것을 말해서도 행해서도 안 된다 …"

"이제 네가 형이라고 생각해 보라. 이 지위에서도 너는 마땅히 양보와 믿음을 실천하고, 동생에 대해 좋은 얘기만 해야 한다 … 더 나아가 네가 어느 공동체의 대표회의에 참석해 있다면, 너는 진정으로 의원이어야 한다. 네가 청년이라면, 너는 진정으로 청년이어야 한다. 네가 노인이라면, 너는 노인으로서 처신해야 한다. 네가 아버지라면 너는 아버지답게 행동해야 한다. 왜냐하면 인간의 지위에 대한 개개의 명칭을 고찰해 보면, 그 명칭의 배후에는 이미 인간이 각각의 경우에 어떻게 행동해야 하는지가 밝혀져 있기 때문이다. 네가 만일 밖에 나가 너의 동생에 대해 나쁜 얘기를 늘어놓는다면, 나는 너에게 '너는 네가 누구인지를 잊어버렸구나'라고 말할 것이다. 만일 네가 대장장이면서 쇠망치를 보통의 방법과는 다르게 사용하려고 한다면, 너는 대장장이로서의 너의 직업을 잊어버린 셈이다. 만일 네가 형이고, 형인 네가 동생의 적이 되어 버렸다는 사실을 잊어버렸다면, 그런데도 너는 네가 전혀 변화하지 않았다고 생각할 작정인가?"

에픽테토스에서는 자유를 가진 자율적 존재와 필연성에 따른 타율적 존재 모두가 동시에 본질적이며, 그래서 에픽테토스는 때로는 이 측면을, 때로는 저 측면을 삶의 최고의 과제로 파악한다. 바로 이 점에서 그는 이 근원적 변증법의 양쪽 극단을 우리 인간존재의 총체성

정한 권리와 의무가 도출된다.

으로 함께 파악하고 있다.

아리안(Arrian: 에픽테토스의 제자로서 스승의 사상을 요약하여 후대에 남겼다—옮긴이)은 또한 세계의 외면성에서 벗어나 현존재의 내면성으로 물러섬으로써 **세계에 대한 독립성**을 획득하는 것이 '인간'이 되는 **유일한** 길이라고 여겨질 때는 인간을 전적으로 '자기 자신'으로부터 사고하는 에픽테토스의 말들도 기록해 놓았다.

1. 세계에 대해 혼자 서 있음

그리하여 에픽테토스는 '인간'이 되어가는 '본래적인' 목표의 관점에서 이렇게 말한다. "너 자신이 장군, 원로원의 의원 또는 집정관 따위가 되기를 원하는 것이 아니라 참으로 자유롭기를 원한다면, 길은 단 하나일 뿐이다. 우리 자신의 힘으로 해낼 수 없는 것들은 모두 무시해 버려라!"[29]

이처럼 "우리의 힘으로 해낼 수 있는 것과 그렇지 않은 것"을 구별함으로써 자율의 왕국과 타율의 왕국을 구별하는 것은 에픽테토스로서는 그 무엇보다 중요한 문제였다.[30] 왜냐하면 '**자기 자신의 자율의 한계를 인식**'하고 그에 따라 **자기 스스로 절제**함으로써 **자기 자신**이 자기 바깥의 다른 것에 **의존하고 지향**된 상태로부터 **내면적으로 해방**될 수 있기 때문이다. 그것은 자기 자신이 혼자 서 있을 수 없는 비독립성의 존재론적 근거로부터 해방되는 것이다. 네가 '삶'에서 너에게 밀려

29 *Handbüchlein*, S. 30.
30 *Handbüchlein*, S. 21 이하.

오는 모든 것을 그저 '지나가 버리도록' 할 수 있고, 심지어 '너의 자식들, 너의 아내, 너의 명성과 부에 대해서조차' 초연할 수 있으며, 남들이 "너의 일상을 보고 따분하고 멍청한 짓이라고 떠들더라도" 전혀 개의치 않을 수 있다면, 너는 '신神들과 함께 그들의 권세'를 나누어 가지게 된다. 왜냐하면 네가 그렇게 할 수 있을 때만 비로소 너는 신들처럼 강하게 되며, 그리하여 참된 의미에서 **혼자 서 있는**, 즉 **자율적인** 존재가 된다.[31]

에픽테토스는 이처럼 자기 자신으로 돌아와 자기 자신 옆에 머물러 있는 것을—이 점에서 그는 견유학파(Kynismus: 이 명칭 자체는 Kynosarges라는 그리스의 학당과 '개'를 의미하는 그리스어 'kyon'에 연유한다. 견유학파는 인간의 행복이 내면의 독립과 자율에 있다고 보고, 모든 세속의 욕구에서 벗어날 것을 주장했다—옮긴이)의 사상을 받아들였다—우리의 삶의 최고의 목표로 여겼다. 그래서 에픽테토스는 이렇게 말한다. "인간은 자기 자신에게 만족하고, 오로지 자기 자신의 문제에만 매달릴 수 있도록 노력해야 한다. 마치 제우스가 오로지 자기 자신으로만 존재하고, 자신의 중심을 자기 안에 갖고 있고, 이 세계를 어떻게 지배할 것인지를 독자적으로 생각하고, 자신의 뜻에 맞는 생각에 따라서만 행동하는 것처럼 말이다. 우리도 제우스처럼 홀로 말할 수 있어야 하고, 타인이 없이도 살아갈 수 있어야 하며, 그렇게 하더라도 기쁨을 느껴야 한다."[32]

이러한 길은 사실상 **'욕망'**, 즉 모든 육체적·정신적 차원의 '결핍

31 *Handbüchlein*, S. 28 이하.

32 *Handbüchlein*, S. 81 이하.

(infirmitas 그로티우스)'이나 '무력함(imbecillitas 푸펜도르프)'으로부터 **자신을 해방함으로써 사변적 삶**(vita contemplativa)으로 향하는 길이다. 다시 말해 그것은 **자기 자신을** 향해 가는 **하나의** 길이며, 만일 우리 인간의 유일한 과제가 세계 속으로 '타락'하는 것이 아니라 '홀로 서는' 것이라면, 이 '내면으로의 길(노발리스)'은 **단 하나**의 삶의 길일 것이다.

하지만 나의 내면이 내게 남아 있는 **주관성**의 영역으로 귀환하는 이 내면으로의 길과 함께 — 바로 이 점에서 우리 인간의 실존 자체가 갖는 역설이 드러난다 — 이와는 정반대되는 외면의 길, 즉 자기 자신이 세계의 **객관성** 속으로 펼쳐지는 길을 걷게 된다.

우리의 **내면**이 세계 속으로 사라져버려서는 안 되고, 오히려 **진정으로 혼자 서 있어야 한다**는 자기존재의 요청 옆에는 이와 똑같이 근원적인 정반대의 요청, 즉 우리 자신을 세계 속에서 실현하라는 요청이 함께 서 있다. 왜냐하면 우리는 오로지 세계 속에서만 **객관성의 외적 현실**을 통해 우리 자신을 **'서 있게**(zu Stande)' 할 수 있기 때문이다.

따라서 동물과는 달리 우리 '인간'만이 누리게 되는 **자유**는 결코 원자적 실존의 자유가 아니라 **필연성을 향한 자유**이다. 에픽테토스도 이 점을 아주 뚜렷하게 파악하고 있다.[33] 그래서 에픽테토스는 "무엇이든지 제 뜻대로 할 수 있고 누구의 방해도 받지 않는 인간"이 자유로운 인간이라고 생각하는 사람에게 다음과 같이 묻는다. "그렇다면 자의가 곧 자유라는 말입니까? 절대 그렇지 않습니다. 광기와 자유는 같은 것이 아닙니다." 상대방은 다시 "하지만 나는 뭐든지 내가 원하는

33 아래의 내용에 관해서는 *Handbüchlein*, S. 61 이하 참고.

대로 할 것이요."라고 반박한다. 이에 대해 에픽테토스는 다음과 같이 대꾸한다. "당신 참 어처구니가 없는 사람이군요! … 내게 떠오르는 생각대로 … 그렇게 내 멋대로 한다면 그건 당당한 게 아니라 나쁜 짓이요. 문법이라는 게 뭡니까? 예를 들어 내가 지금 '디온'이라는 이름을 쓴다고 칩시다. 그걸 내가 쓰고 싶은 대로 아무렇게나 써도 됩니까? 안 되죠? '디온'이라는 이름을 쓰게 되어 있는 원래의 방식대로 써야 합니다. 음악도 그렇지요? 우리의 능력이나 이해와 관련된 모든 것들이 다 이와 같습니다. 어떤 사물을 각자가 의지대로 아무렇게나 이해해도 된다면, 무엇인가를 이해한다는 것 자체가 아무런 의미가 없습니다. 그 때문에 수양을 쌓는다는 건 세상의 모든 것이 생기고 이루어지는 그대로 의욕한다는 것을 뜻합니다."

하지만 세상의 모든 것은 어떻게 이루어지는 것일까? 분명 "우리 자신의 결정이 배제된 채 이루어지지는 않는다. 그것은 허용되지 않을 뿐만 아니라 우리에게 이익이 되지도 않기 때문이다." 그것은 바로 우리가 '우리의 내면'을 우리를 둘러싼 사물과 서로 '**일치되게 … 함으로써**' 이루어진다.

이로써 인간과 인간이 진정한 '인간'이 되는 길에는 똑같이 근원적이며 똑같이 '본질적'인 두 번째 과제가 제기된다.

2. 세계와 서로 일치함

그렇다면 에픽테토스가 말하는 대로 '우리를 둘러싼' 세계의 '사물들'과 우리를 '일치'시킨다는 것은 무엇을 의미하는가? 무엇보다 다른 사람들과의 일치는 어떻게 가능한 것인가? "우리는 무엇을 해야 하는가? 무엇이 사람을 올바르게 다루는 예술인가?"[34]

다음과 같은 것이 그러한 예술이라고 에픽테토스는 말한다. "동물들은 그들이 좋아하는 대로 행동하면 된다. 그러나 우리는 우리의 본성에 상응하는 바대로 행동하도록 의욕한다." 이 말을 통해 에픽테토스는 타인과 함께 하는 공존세계에서의 만남은 '삶' — 이는 언제나 행동하는 삶(vita activa)까지도 포함한다 — 속에서 우리에게 부여된 역할을 이행해야 한다고 요청한다. 즉 우리의 개인적 발현이 객관성의 세계 속에서 이루어지는 '로서의 존재'의 사회적 형태를 이행해야 한다는 것이다.

아리안Airian은 에픽테토스가 전적으로 '로서의 존재'의 측면에서 사유한 여러 가지 언명들을 우리에게 알려주었다. 그러한 언명들에서는 객관성의 세계로부터 우리에게 부여되는 삶의 역할을 이행하는 것이 인간의 삶 자체의 **절대적인** 과제로 이해되며, 이 점에서 에픽테토스는 소크라테스 이전의 현자들과 소크라테스의 사상을 계승하고 있다.

인간의 삶이 처한 상황 자체를 에픽테토스는 다음과 같은 말로 표현하고 있다. "네가 감독이 결정한 어느 연극에서 한 역을 연기한다고 생각해 보라. 너는 그 역할을 연기해야 한다. 긴 역이든 짧은 역이든 말이다. 감독이 너에게 거지 역을 주면 너는 그 역의 성격(본성!)에 맞게 연기를 해야 한다. 그건 네가 절름발이(에픽테토스 자신이 절름발이였다 — 지은이) 역할을 하든, 지배자의 역할을 하든 또는 불한당의 역할

34 특히 *Handbüchlein*, S. 62. 참고.

을 하든 언제나 마찬가지이다. 너의 유일한 과제는 부여받은 역할을 잘 수행하는 것이다. 역할을 선택하는 것은 너의 몫이 아니다."[35]

이는 분명 이상한 역설이 아닐 수 없다. 왜냐하면 바깥에서 나에게 부여되고, 따라서 나의 힘으로는 어떻게 할 수 없는 것을 충족하는 일이 나의 '유일한 과제'라고 선언하기 때문이다.

그러나 사실상 그와 같이 '자연으로부터'(즉 **물리적 존재** entia physica[36]로서) 우리에게 부여되고, 그 때문에 우리가 제멋대로 선택할 수 없는 '역할'이 존재한다. 물론 그렇지 않은 경우도 있다. 예를 들어 파스칼이 '삶에서 가장 중요한 결정'[37]이라고 올바르게 표현한 '직업선택'의 경우 우리는 **'선택'**할 수 있다(왜냐하면 직업선택은 도덕적 존재 entia moralia에 속하기 때문이다). 그러나 일단 우리가 무언가를 선택하고, 그 '역할에서 벗어나지 않는' 한, 우리가 그 역할을 우리 마음대로 '이행'할 수는 없다. 따라서 '우리의 힘으로 할 수 있는 영역'은 단지 우리에게 부여된 또는 우리가 우리 자신에게 부과한 역할을 이행할 것이냐 아니면 이행하지 않을 것이냐에 대한 결정뿐이다. 바로 이

35 *Handbüchlein*, S. 29.

36 '물리적 존재'와 '도덕적(정신적) 존재'에 관한 푸펜도르프의 구별에 관해서는 Maihofer, *Recht und Sein*, S. 109(앞의 161면) 참고.

37 Pascal, *Penses*, N. 97. 결정적으로는 '우연'을 통해 이루어지는 이 '선택'에서는 "관습의 힘이 너무 큰 나머지, 직업의 선택은 인간의 자연적 본성에 따른 지위로부터 인간의 모든 사회적 지위로 전환하는 문제를 좌우한다." 그러한 선택은 삶에서 아주 우연적이긴 하지만, 그 자체 근원적 의미가 있는 결정이다. 왜냐하면 직업선택을 통해 "인간은 아주 자연스럽게, 예컨대 기와장이가 되거나 그가 종사하는 일과 동일시되기 때문이다(S. 138)." 그런데도 사람들은 이처럼 가장 본질적인 문제에 대해 거의 생각하지 않는다. 그러면서도 "자신이 왕이 되는 건 생각한다. 물론 왕이라는 것이 무엇인지 또는 인간이라는 것이 무엇인지는 전혀 생각하지 않은 채 말이다(S. 146)." "왜냐하면 인간을 탐구해야 한다는 사실을 전혀 모르기 때문이다(S. 144)." 이상의 인용은 E. Wasmuth 번역, *Über die Religion(Pensees)*, 1954에 따름.

런 의미에서 우리는 필연성을 향한 자유(Freiheit zur Notwendigkeit)를 갖고 있을 뿐이다.

역할의 이행과 관련해서는 '각자가 자신의 것을 제대로 다 하는 것' 만으로 충분하다. "대장장이가 조국에게 신발을 만들어주지 않으며, 구두장이가 무기를 만들어주는 것은 아니다." "이와 마찬가지로 너도 국가 내에서 네가 수행할 수 있는 **너의** 자리를 맡아서 성실과 책임을 다해야 한다"라고 에픽테토스는 말한다.[38] 니체의 표현에 따르자면, 너는 네가 '감당'할 수 있는 것을 행해야 한다는 것이다.[39] 만일 네가 "너 스스로 감당할 수 없는 과제를 떠맡게 되면, 너는 웃음거리가 될 뿐만 아니라, 네가 할 수 있었던 것마저 놓치고 만다."[40]

이러한 내용은 **일정한 역할을 지닌 나 자신의 행동**뿐만 아니라, **내가 만나는 타인의 행동**에도 적용된다.

따라서 우리가 **스스로 나름의 역할**을 **선택**하고 그 역할을 **이행**한다면, 우리는 그러한 역할의 전제와 결과가 가진 **객관성**을 분명하게 의식하고 있어야 한다. 왜냐하면 그렇지 않을 경우 우리는 '그 역할을 그만두어야 하는 치욕'을 겪게 될 것이기 때문이라고 에픽테토스는 말한다.[41]

"예를 들어 네가 올림피아 경기에서 승리하고 싶다고 하자. 솔직히 말하면 나도 그것을 원한다. 그건 정말 멋진 일이기 때문이다. 하지만 승리할 수 있기 위한 전제와 결과를 생각해 보아야 한다. 너는 엄격한

---

38 *Handbüchlein*, S. 33.
39 이에 관해서는 니체와 관련된 앞의 218면 이하 참고.
40 *Handbüchlein*, S. 43.
41 이하의 내용은 *Handbüchlein*, S. 36 이하 참고.

규율에 복종해야 하고, 정해진 규정에 따라 식사를 해야 하며, 과자를 먹지 말아야 하며, 명령에 따라 정해진 시간에 훈련해야 한다. 날씨가 춥든 덥든 말이다 … 그런 연후에 경기에 나가게 된다. 경기장에서 너는 팔을 다치거나 발목을 삘 수도 있다. 흙먼지를 잔뜩 마실 수도 있고, 상처를 입을 수도 있다. 더욱이 결국에는 패자가 될 수도 있다. 이 모든 측면을 미리 생각해 보아야 한다. 그래도 흥미가 있거든 결전에 임하라. 이렇게 미리 깊이 생각하지 않으면, 너는 마치 오늘은 서로 씨름놀이를 하다가, 내일은 검투사 놀이를 하고, 금방 나팔을 불었다가 이제는 갑자기 연극놀이를 하는 어린아이들과 같이 되고 말 것이다. 그건 마치 네가 오늘은 씨름선수, 내일은 검투사, 모레는 웅변가가 되고 나중에는 철학자가 되지만, 그 어느 것 하나 온 정성을 다하지 못하는 것과 같다. 마치 원숭이처럼 네가 본 것을 모두 흉내만 낼 뿐인 것이다. 오늘은 이것이 너의 마음에 들고, 내일은 또 저것이 네 맘에 들고 하는 식으로 말이다." "이 사람아, 진정 무엇이 중요한 것인지 깊이 생각해 보아야 한다. 네가 선택하는 역할의 본질이 무엇인지 숙고해야 한다. 그런 다음에 네가 선택한 것을 감당할 수 있는지 스스로 검토해 보아라. 네가 씨름선수나 검투사가 되기를 원한다면, 너의 팔과 다리를 쳐다보고, 너의 허리가 튼튼한지 시험해 보아야 한다. 네가 모든 것을 할 수 있는 건 아니기 때문이다."

왜냐하면 "너는 **자신의** 역할을 이행할 수 있어야 할 뿐만 아니라, 자신의 역할을 통해 **자기 자신을 실현**할 수 있는 온전한 인간이 되어야 하기" 때문이다.

내가 만나는 타인들이 그들의 삶의 역할에 따라 하는 행동과 관련해서도 마찬가지이다. 즉 이 경우에도 우리는 객관성의 관점에 설 때만 타인의 행동에 '합당한' 관점을 취할 수 있다.

그 때문에 이와 관련된 우리의 올바른 **입장**(Stand-punkt)은 주관성의 입장이 아니라 객관성의 입장이다. 이 점을 에픽테토스는 삶에서 마주치게 되는 생생한 예를 들어 다음과 같이 설명한다.

'**자연**(즉 '로서의 존재')'에 '**부합하는**' 것이 무엇인지는 "사람들이 서로 견해가 일치하는 것이 무엇인지를 살펴보면 알 수 있다. 예를 들어 시종이 다른 사람의 술잔을 깨뜨렸다면, 너는 '뭐, 그럴 수도 있지' 라고 생각하면서 즉시 그 사람에게 시종을 용서해 주라고 말하게 된다. 이제 그 시종이 너의 술잔을 깨뜨렸다고 생각해 보자. 당연히 너는 다른 사람의 술잔이 깨졌을 때와 똑같이 행동해야 한다."[42]

따라서 에픽테토스는 우리의 사회질서가 내포하는 **질서의 형태**를 **이행**하는 것은 언제나 초개인적 객관성에 입각할 때만 가능하다고 본다.

이렇게 보면 "세상만사를 다루는 방식은 두 가지가 있다. 즉 어떻게 그것을 파악하느냐에 따라 참을 수 없는 일과 참을 수 있는 일이 된다. 너의 동생이 너에게 부당한 짓을 한다고 해서, 그 녀석이 너를 괴롭힌다고 말하지 말라. 오히려 그는 내 동생이고, 내 삶의 동지라고 말하라. 그것이 네가 이 일을 참을 수 있도록 만드는 올바른 생각이다."[43]

하지만 타인과 함께 하는 공존의 경우에는 나 자신의 행동만이 나

---

42 *Handbüchlein*, S. 35.

43 *Handbüchlein*, S. 45.

의 지배 아래 있을 뿐, 내가 만나는 타인의 행동은 그렇지 않다. 왜냐하면 '각 개인의 삶'은 전적으로 각자의 고유한 삶의 방식의 '대상'이기 때문이다. "너의 동생의 삶은 그 자신의 삶의 방식의 대상이며", 따라서 너의 입장에서는 "너의 힘이 미치는 영역 바깥에 놓여 있는 일이다."[44]

바로 이 점에서 **'로서의 존재'**에서는 자신의 역할을 이행하도록 요구될 뿐, 타인이 행하는 바가 무엇인지는 물음의 대상이 되지 않는다. 왜냐하면 나의 '로서의 존재'만이 나 자신의 지배 아래 있고, 또한 그것만이 **나 자신의** 일이기 때문이다. 이런 맥락에서 에픽테토스는 다음과 같이 말한다. "설령 너의 동생이 너에게 무엇인가 부당한 짓을 하더라도, 너는 동생에 대해 네가 마땅히 해야 할 과제를 이행하라. 동생이 무슨 짓을 하든지 괘념치 말고, 네가 너의 자연적 소명에 따라 살 수 있는 바를 해야 한다."[45] 훗날 괴테가 '인간과 세계'에 대한 그의 사유에서 표명한 내용 역시 이와 똑같은 의미이다. "행동하는 인간에게 중요한 것은 그 자신이 올바른 일을 행하는 것일 뿐이다. 세상사가 올바르게 이루어지는가는 그가 걱정할 바가 아니다."

이와 같은 요청의 배후에는 우리 인간 자신이 각자의 역할을 망각하고, 그리하여 **질서**로부터 이탈해서는 안 된다는 깊은 통찰이 자리하고 있다. 설령 내 동생인 한 타인이 '자신의 역할을 망각한 채' 동생으로서의 '체면'을 '상실'할지라도, 나는 '형으로서' 나 자신의 역할을 이행함으로써 동생의 체면을 '다시 살려주고', 그가 다시 **그 자신의** 역할 및 질서 속으로 되돌아갈 수 있게끔 노력해야 한다.[46]

---

44 *Handbüchlein*, S. 65.

45 *Handbüchlein*, S. 38.

46 바로 이 점에서 사랑이 요구하는 바와 법이 청구하는 것 사이의 결정적 차이가 존

그러한 객관성 속에서 우리는 각각의 삶의 위치에 부여되는 의무를 이행해야 한다고 에픽테토스는 말한다. '우리가 각각의 역할의 성격', 즉 그 본질적 내용을 찾아내기 위해 '삶의 위치를 주의 깊게 고찰'하는 데 '익숙'해지면,[47] 우리는 이웃의 의무, 시민의 의무, 관리의 의무가 무엇인지 인식할 수 있다.

이렇게 볼 때 에픽테토스가 생각하는 '**철학자의 삶**' 또한 결국에는 자신의 '동료인 다른 사람들에 대해' 철학자 자신의 "자연적인 지위 또는 떠맡은 지위에 걸맞게 살아가는 데" 그 본질이 있다. 다시 말해 철학자도 "아들로서, 아버지로서, 형으로서, 시민으로서, 남편으로서, 아내로서, 이웃으로서, 친구로서, 지배자로서, 피지배자로서 등의 삶을 살아가면 그만이다."[48] 그 때문에 에픽테토스는 그의 제자들에게 다음과 같이 준엄하게 경고한다. "먹고 마셔라. 인간답게 행동하라. 결혼도 하고, 자식을 가져라. 국가에 유용한 사람이 되어라. … 너의 아버지, 너의 아들, 너의 이웃, 너의 배우자와 화목하게 지내라. 그렇게 할 때 비로소 네가 철학에 대해 실제로 무언가를 이해하고 있음을 우리가 알 수 있게 되리라."[49]

왜냐하면 에픽테토스로서는 그와 같은 세계와의 '일치'를 통해서만 조화의 '화음'[50]이 울려 퍼질 수 있기 때문이다. 라이프니츠Leibniz도 그러한 상응의 질서구조를 자연적 우주와 문화 세계에 자리한 '예정

재한다. 즉 법에서는 '상호성'('응보'도 여기에 속한다)의 사상이 최후의 한계선이며, 그 때문에 법의 행위명령은 이 한계를 뛰어넘지 않는다.

47 *Handbüchlein*, S. 38.

48 *Handbüchlein*, S. 72.

49 *Handbüchlein*, S. 72.

50 이에 관해서는 *Handbüchlein*, S. 89도 참고.

조화'의 존재론적 근거로 여겼다. 그것은 남편과 아내, 아버지와 아들, 의사와 환자, 선생과 제자 등의 쌍방적 상응관계가 조화를 이루며 함께 울려 퍼지는 '질서(Ordo)'를 지칭한다.

그러므로 에픽테토스는 "너 자신을 알라!"라는 경구 또한 결국은 '로서의 존재'에 부합하는 존재와 행위를 인식하라는 의미로 해석한다.

"델피의 신탁에 쓰인 이 경구의 의미를 한번 따져 보자. 어느 합창단원이 '너 자신을 알라!'라는 지시를 받았다고 가정하자." 이때 "너 자신을 알라!"라는 지시의 '의미'는 결국 "그 합창단원이 다른 합창단원에게 자신의 주의력을 집중하고, 그럼으로써 다른 사람들이 부르는 노래와 그 자신이 부르는 노래가 서로 조화를 이루도록 하라는 것이 아니겠는가?"[51] 따라서 우리의 실존이 그 모습을 뚜렷하게 드러내는(vollbringen) 사회적 형태들이 내포하고 있는 '일상의 요구'와 '의무'를 이행하는 '행위'만으로도 — 훗날 괴테가 너무나도 적절하게 말한 바와 같이 — 각 개인은 '자기 자신'이 누구인가를 알게 된다. "너의 의무를 행하도록 노력하라. 그러면 너 자신이 누구인가도 알 수 있으리라." 그때 비로소 너 자신만을 아무리 고찰해도 알 수 없는 사실을 깨닫게 될 것이다. 네가 누구인지는 바로 네가 어떠한 역할을 담당하고 있는지에 따라 결정된다. 모든 인간질서, 즉 윤리질서와 법질서가 제기하는 명령과 금지는 바로 사회적 공존의 형태에 '부합하는' 행위라는 각각의 역할에 따른 '요구'이다. 그 때문에 윤리질서와 법질서가 제기하는 명령은 언제나 특정한 구체적 누구를 대상으로 한다. 타인에 대한 우리의 삶은 예컨대 아버지로서, 어머니로서, 배우자로서, 이웃으로

---

51 *Handbüchlein*, S. 52.

서 등의 구체적 누구라는 형태로 이루어지기 때문이다. 물론 우리는 그러한 역할의 상대방에게 그에 '상응'하는 행위를 기대한다. 그러한 행위기대를 지시하고 확립하며, 필요한 경우에는 이를 관철함으로써 **'로서의 존재' 가운데서의 자기존재의 '위치지움**(Ortung)**'으로서의 윤리질서와 법질서**가 실현되는 것이다.

B. '로서의 존재'의 '위치지움'으로서의 질서

이러한 사상은 우리에게 모든 인간질서의 **존재**, **의미**, **형성**을 해명할 수 있는 열쇠를 제공한다.

Ⅰ. 질서의 존재에 관하여

질서란 사물 또는 사람의 상응 구조이다. 이는 무엇을 의미하는가?

1. 상응으로서의 질서

질서는 개개의 사물이나 개개의 사람을 뛰어넘어 이를 포괄하는 관련성이다. 이러한 관련성은 개별적인 존재자들 사이에 지시관계와 의존관계를 형성하고, 그리하여 개별적인 존재자들의 존재가 그 개별성을 뛰어넘어 자기 이외의 타자를 향하도록 규정한다. 이를 통해

서로 관련을 맺고, 따라서 '상응'하는 존재들에게 그들 상호 간의 쌍방적인 기능과 의미가 귀속된다.

그러므로 나는 질서의 본질이 서로 관련을 맺고, 맞물려 있는 사물 또는 사람들이 그 **'로서의 존재' 가운데서 상응**하는 데 있다고 — 이 점에서 **'세계의 세계성'**[52]에 대한 분석을 통해 하이데거가 제기한 사유를 계승한다 — 주장한다. 그러한 상응은 남편과 아내, 의사와 환자, 선생과 제자의 관계에서 보듯이 한 사람이 다른 사람에게 **의존하고 있음**(Angewiesenheit), 즉 — 거꾸로 보면 — 그 다른 사람이 한 사람에 의해 **이용된다**(Angelegtheit)는 것을 말한다.

그러한 관계에서 어느 한 개별자 또는 타자의 존재는 언제나 그들 자신의 바깥에 놓여 있는 **상응관계**를 지향하고 있으며, 그러한 상응관계가 없다면 각 개별자는 '바로 그와 같은 사람으로서' 자신을 '완성'할 수 없다.

세계의 존재를 이렇게 '로서의 존재'로부터 해석함으로써 우리는 하이데거가 **'자연적 세계개념'**이라는 말로 막연하게 표현했던 모든 현상의 진정한 존재론적 '근거'를 알 수 있게 된다. '지시되어 있음'이라는 근원적 현상은 필연적으로 내가 타인에게 **'의존하고 있음'**과 타인이 나에게 **'기대어 있음'**이라는 양극으로 형성되며, 누군가를 또는 무엇인가를 **이용하거나** 내가 **이용된다**는 것 역시 그러한 근원적 현상에 연유한다. 그렇다면 이와 같은 근원적 현상은 '아무런 관련성을 갖지 않는(unbezogen)' '자기존재'가 아니라 '로서의 존재'에 그 근거가

---

52 이하의 내용에 관해서는 Heidegger, *Sein und Zeit*, S. 63 이하, 특히 76 이하, 83 이하 참고.

있다.

하나의 '**사물**'이 특정한 '**도구**'로서 그 사물 이외의 (인간을 포함한 — 옮긴이) 다른 사물을 위해 어떤 '**기능적 의미**(Bewandtnis)'를 갖게 되고, 또한 이 다른 사물을 위한 상응의 '필요'에 비추어 특정한 '의미'를 획득하게 되는 '**이용성**(利用性 Zuhandenheit)'도 '로서의 존재'의 '성격'이다.[53]

하나의 사물이 일상의 **주변세계**(Umwelt)에서 어떤 도구로서 마주치는 **물질적인 만남**에서뿐만 아니라, 일상의 **공존세계**(Mitwelt)에서 이루어지는 **인간적 만남**의 영역에서도 인간 상호 간의 일정한 방식의 실존은 인간에 대한 사물의 존재방식과 마찬가지로 '로서의 존재'의 상응관계에 '**근거**'한다.

왜냐하면 하나의 사물이 **일상의 주변세계**에서 특정한 도구로서 갖는 **이용성**과 마찬가지로 **일상의 공존세계**에서 한 **인간이 특정한 누구**로서 갖는 **현재성**도 오로지 '**로서의 존재**'에 그 **근거**가 있기 때문이다.

우리는 주변세계와 공존세계 양쪽 모두에서 **부분적 구성**(partielle Konstitution)이라는 똑같은 **현상**을 관찰하게 된다. 즉 한 사물 또는 한 사람의 '**부분적 실존**'만이 타자에 대해 어떤 구성적 의미를 지닐 뿐이며, 따라서 이러한 부분적 구성의 현상에 따라 한 사물이나 한 사람은 그에 '상응'하는 타자에 대하여 자신의 부분적 실존이 '**해명되는**(erschlossen)' 그때그때의 방식을 결정한다. 각 개인에게는 이러한 '로서의 존재'의 상응관계와 더불어 '세계'가 '드러난다.' 이 점은 지각하는 존재(ens percipiens)라는 인지적 측면이든, 의욕하는 존재(ens

---

53 이에 관해서는 Maihofer, *Recht und Sein*, S. 83 이하(앞의 121면 이하) 참고.

appetens)라는 의지적 측면이든 어느 경우나 마찬가지다. 그 때문에 이러한 상응관계는 각각의 단자(Monade)에게는 세계를 바라보는 '창'이자 자신이 세계가 되기 위해 통과하는 '문'과 같다.[54]

실존하는 개개의 존재자들에게 세계가 이처럼 부분적으로 구성된다는 사실은 세계를 바라보는 우리의 시각이 갖는, 저 기이한 '관점주의(Perspektivismus)'의 존재론적 근거이다. 니체의 철학에서도 등장하는[55] 이 관점주의는 우리 인간이 모든 것을 볼 수는 없다는 사실이 아니라 세계의 객관성의 존재 자체가 '(나에게) 의미 있는 것'들의 '지시관계의 총합'이라는 사실에 근거한다. 왜냐하면 오로지 일정한

---

54 이에 관해서는 Leibniz, *Monadologie*, S. 13 이하, 25 이하 참고(인용은 Ausgabe Glockner, 1948에 따름). 라이프니츠는 개개의 단자들이 아무런 관련성도 없는 고립된 상태에서 빠져나와 세계를 지향하게 만드는 이러한 '로서의 존재'의 상응관계를 '신의 이념'으로 파악한다. 즉 신은 모든 단자를 포괄하는, 우주의 '예정조화'의 창조주로서 '사물이 시작되는 그 시점'에서 이미 개개의 단자들이 '다른 단자들과 어떠한 질서' 속에 있을 것인지를 고려했다고 한다(*Monadologie*, S. 25). 왜냐하면 단자의 고립성을 전제로 삼는 라이프니츠로서는 하나의 단자가 '다른 단자에 의존'하는 것은 '신이 그 중간에 개입'하지 않고서는 불가능하다고 여기기 때문이다(*Monadologie*, S. 25). 이처럼 '모든 피조물들이 다른 피조물들에 연결되고 순응하는 것'은 신의 역사役事이고, 따라서 "개개의 실체는 언제나 다른 모든 실체가 자신의 모습을 드러내는 관계 속에 있을 수밖에 없으며, 그 때문에 하나의 실체는 곧 세계가 비추어진 영원한 거울이다." 하지만 개개의 실체에 비추어진 것은 세계 전체의 총체성이 아니라 각각의 생활세계의 총체성이다. 즉 거울에 비추어진 모습은 "다른 단자들과 관련하여 가장 가까운 모습이거나 가장 커다란 모습일 뿐이다. 만일 그렇지 않고 이 거울에 세계 전체가 비추어진다면 단자 자체가 곧바로 신의 성질을 갖게 되기 때문이다(*Monadologie*, S. 27)." 그리하여 "무수히 많은 단자의 숫자만큼의 서로 다른 세계가 존재하며, 그것은 각 단자의 관점에 따라 단 하나뿐인 우주에 대한 수없이 많은 해석이 존재한다는 것을 뜻한다(*Monadologie*, S. 26)." 이와 같은 라이프니츠의 이론에서도 이미 우리가 밝힌 상응, 지시(의존하는 것과 의존되는 것) 그리고 실존의 '드러남(현시)' 등의 현상이 존재 일반의 근본규정으로 나타나 있다.

55 이에 관해서는 Nietzsche, *Wille zur Macht*, S. 343 이하 참고.

방식으로 서로 '상응하는' 존재자들이 '만나는' 특정한 궤도 안에서만 존재의 '터전'이 '펼쳐지기' 때문이다. 그 이외의 모든 '측면'에 대해서는 우리의 시각은 그저 '허공을 응시'하는 것에 불과하며, '물 자체(Ding an sich)'의 세계를 향하는 것과 같다. 타인들이 직접 볼 수 있는 나는 나 자신의 존재 가운데 나의 고유한 실존의 특정한 측면에 상응하고 또한 내가 타인에 대해 특정한 '관련'을 '맺게' 되는 부분에 한정된다. 당연히 타인들도 '자기 자신'을 나에게 직접 '보여줄 수' 있고, '드러낼 수' 있는 것은 '바로 그러한 **자**로서'만 가능하다. 예를 들어 나의 옆집에 사는 법관은 다른 사람들에게는 남편, 아버지 또는 법관일지 모르지만, 나에게는 오로지 '이웃'으로서만 '실존'할 뿐이다. 즉 그는 나에게 좋은 이웃 또는 나쁜 이웃일 따름이다. 왜냐하면 내가 그의 다른 측면에서 그를 알게 되지 않는 한, 그는 '바로 그러한 자로서(이웃으로서)' 나에게 '드러나 있고', 그 한도 내에서만 '나와 관련되기' 때문이다. 내가 "잘 알고 있다"라고 생각하는 어떤 타인에게 내가 '전혀 몰랐던 측면'이 있음을 확인하고 놀라게 되는 것도 바로 이와 같은 이치에 근거한다. 이러한 일상적인 어법 속에는 다음과 같은 자명하기 그지없는 경험이 표현되어 있다. 즉 우리는 우리가 서로 '만나게 되는' 각각의 **특정한 형태**를 통해서만 서로 공존하는 가운데 '실존'한다. 이처럼 서로 상응하는 시각 속에서만 내가 타인에게 직접 드러나며 또한 나는 오로지 그러한 '가면(인격 Person의 원래 의미)'을 통해서만 타인에게 '그 자신'으로 여겨진다. 이러한 '상응하는' 관련성 바깥에는 타인에 대한 간접적 경험이 존재할 뿐이며, 그 경우 타인이 어떻게 특정한 형태를 통해 자신을 '보여주는지'를 바라보거나(zusehen), 옆에서 지켜보게(teil-nehmen) 된다. 이를 통해 나타나는 '외관(Vorschein)'마저도 내 느낌을 불어 넣어(einfühlend) 이해할 때만 경험할 수 있으며, 내가 이런 역할이나 저런 역할의 입장에 있다고 가정하고, 그 입장에서 생각해 볼 때만 그러한 외관이 간접적으로나마 나에게도 '관련성이 있음'을 알게 된다. 그렇게 함으로써 나는 어떤 타인이 예컨대 자신의 부인, 동생, 아들, 피고인 등에 대해 어떻게 '행동하는지'를 경험한다. 물론 이 경험은 바로 그 타인이 '로서의 존재'의 객관성에 따른 상응관계 속에서 어떻게 이 세계에 실존하는지에 대한 경험이다.

이처럼 **질서의 존재를 '로서의 존재' 가운데서의 상응**으로 해석함으로써 우리는—아래에서는 공존세계에 대한 분석에 국한한다—세계-내-존재의 일상성 속에서 서로 만나는 각 개인 사이에 있는 두 가지 차원의 질서를 파악할 수 있다. 이 두 가지 차원은 곧 모든 질서의 구조를 밝혀준다.

2. 질서의 두 가지 차원

타인과 함께하는 가운데 우리의 개인적 존재의 발현이 완성되는 '로서의 존재'의 사회적 형태를 더 자세히 고찰해 보면, 그러한 사회적 형태가 두 가지 서로 다른 차원에 걸쳐 있음을 알 수 있다. 하나는 대응질서(Zuordnung)이고, 다른 하나는 동등질서(Gleichordnung)이다.[56]

---

56 두 차원을 이렇게 명명하는 것은 이미 Maihofer, *Recht und Sein*, S. 119 이하(앞의

예를 들어 내가 환자로서 관계를 맺는 의사, 물건을 사는 사람으로서 관계를 맺는 물건을 파는 사람은 쌍방적 상응관계, 즉 **대응질서**의 관계에 있다. 대응질서는 두 가지 사회적 형태(의사-환자, 매수인-매도인)의 양쪽 모두에게 일정한 방식의 고유한 행위를 지시하며, 그것은 어느 한쪽만을 위해서가 아니라 그에 '상응'하는 타자를 위한 것이기도 하다. 즉 이 쌍방적 관계를 형성하는 양쪽 모두 다른 쪽 상대방이 없다면 '본래적'으로 살아갈 수 없으며, 각자에게 맡겨진 형태를 완성할 수도 없다. 물론 그러한 형태의 존재를 그들 스스로 발명할 수는 없으며, 상응의 의미연관으로서 이미 주어져 있는 것으로 발견하고, 이를 이행할 수 있을 뿐이다. 이러한 대응질서에서는 비록 권리와 의무가 서로 상응하기는 하지만 평등(서로 같음)이 아니라 본질적으로 불평등(서로 같지 않음)이 존재한다.

우리가 질서의 또 다른 차원에서 마주치는 동등질서의 사회적 형태는 대응질서에서의 그것과는 완전히 다르다. 예를 들어 근로자들 가운데 한 근로자, 시민들 가운데 한 시민은 서로 동등한 관계 속에서 만나는 형태이며, 여기서는 모두가 특정한 사회적 인격으로서 똑같은 인격적 존재에 참여한다. 따라서 동등질서에서는 본질적으로 불평등이 아니라 일정한 사회적 존재와 관련된 평등이 지배한다.

이처럼 세계의 객관성의 영역에서는 우리가 이미 현존재의 주관성의 시각, 즉 **본질적으로 같지 않은 사람들의 등급질서**(니체)**와 본질적으로 같은 사람들의 공존질서**(칸트)에 관한 사상에서 암묵적으로 나타나 있던 두 가지 차원의 질서가 아주 뚜렷하게 드러나 있음을 알게 된다.

177면 이하)에서 이루어졌다.

그러나 우리의 관점에서는 그러한 객관성의 질서가 서로 같거나 같지 않은 개인적 존재가 아니라 우리의 개인적 발현이 '객관화'하는 존재형태와 함께 우리가 떠맡게 되는 사회적 존재에 근거한다는 점에서 결정적 차이가 있다. 왜냐하면 그러한 사회적 형태가 '다른 모든 타인'에 대해 우리가 '**존재**'하는 방식을 결정하며, 우리가 질서의 구조 내에서 차지하는 **자리**를 규정하기 때문이다. 바로 이 자리로부터 우리가 타인에 대해 갖는 권리와 의무가 도출된다.

사회적 형태에 관한 이러한 두 가지 차원의 질서에서 모든 질서가 갖는 수직적 및 수평적 구조가 드러나며, 이로부터 모든 법질서의 '지배적' 요소와 '평등적' 요소가 도출된다. 동등질서의 사회적 형태는 각각의 개인적 존재가 '구성원'으로서, '회원'으로서, 시민으로서 자신의 인격화(Personifikation)를 달성하게 되는 이른바 '단체적 존재'의 단계에 대한 인격적 근거를 형성한다. 오토 폰 기이르케Otto von Gierke가 말하는 '**단체적 인격**(Verbandspersönlichkeit)'의 '**실질적 근거**'도 바로 사회적 존재로서의 인간이 갖는 '로서의 존재'에 근거한다. 이때 다수인의 대응질서를 통해 대응의 차원으로부터 위에서 아래쪽으로 내려가는 하향식 단체가 형성되면, 그 '단체'는 '지배적' 질서로 구성되며, 이에 반해 다수인의 동등질서를 통한 동등의 차원으로부터 아래에서 위로 향하는 상향식 단체가 형성되면, 그 단체는 '평등적' 질서로 구성된다.

하지만 우리가 흔히 말하는 개인과 사회의 이원주의라는 의미에서 하나의 타자로서의 '단체적 인격'에 대립하고 있는 것이 아니다. 오히려 단체적 인격은 특정한 사회적 인격으로서의 우리의 고유한 존재가 초개인적으로 인격화하는 결과이다. 이 점에서 '충돌관계'는 개인과 타자 또는 개인과 국가 사이에 존재하는 것이 아니라 우리 자신의 내부에, 다시 말해 개인적 존재이자 사회적 존재인 우리 인간의 실존론적 변증법 자체에 내재하고 있다. 그것이 바로 자기존재와 '로서의 존재' 사이의 변증법이다.

'로서의 존재'에 관한 사상은 이미 오래전부터 우리가 진리라고 여겼던 내용의 존재론적 핵심을 밝혀준다. 물론 이러한 사상은 **질서의 존재**에 관해서만 어떤 심오한 통찰을 가져다주는 것이 아니라 **질서의 의미**에 관해서도 세계의 질서에 관련된 전통적인 해석을 새롭게 이해할 수 있는 계기를 마련해준다.

Ⅱ. 질서의 의미에 관하여

모든 질서의 **존재**를 상응관계의 구성으로 파악한다면, 모든 인간질서의 **의미**는 '로서의 존재' 가운데서의 자기존재의 '**위치지움**(Ortung)'으로 규정하게 된다.

1. '위치지움'으로서의 질서

앞에서 살핀 바와 같이 질서는 개개의 사물이나 개별적인 인간을 뛰어넘는 상응의 관련성이다. 이러한 관련성은 개별적 존재자 사이의 지시관계라는 '**존재연관**'을 형성하고, 개별적 존재자가 아무런 연관성도 없는 흩어진 단자의 상태에서 벗어나 일정한 세계실존으로 향하도록 지시한다. 따라서 질서는 특정한 측면에서 서로 상응하는, 세계의 존재자들 **사이에서** 발생하는 사건이다. 이와 동시에 질서는 바로 존재자 **그 자체에서** 발생하는 사건이기도 하다.

왜냐하면 그와 같은 **'존재관계'**로부터 개별적 존재자에게 부여되는 **'존재적 성격'**, 즉 특정한 도구로서의 '이용성'이나 특정한 누구로서의 현재성은 그 존재자 자체의 **존재규정**(Seinsbestimmung)이기 때문이다. 그러나 이 존재규정은 실체철학에서 생각하듯이 존재자의 **실체**에 붙어 있는 속성으로서 그 존재자 자체에서 이미 주어져 있는 어떤 '성격'이 아니라 하나의 상태(Zustand)이다. 다시 말해 특정한 방식의 **실존**에 따라 각각의 존재자에게 귀속되는 기능적 의미와 의의는 존재자가 실존하면서 '서 있게' 되는 '위치'에 비추어 그 존재자에게 '귀속된다.'

'로서의 존재'의 상응으로부터 존재자에게 귀속되는 존재규정은 존재자에 대해 '위치', 즉 존재자가 '바로 그러한 존재자로서' 세계질서의 구조 안에서 차지할 '존재의 장소'를 지시할 뿐만 아니라, 존재자가 타자와의 주변세계 및 공존세계에서 자신의 '기능적 의미'에 비추어 '서 있어야만' 할 '자리'까지도 지시한다. 이를 통해 존재자는 자기 이외의 다른 존재자에 어느 정도 '가까이 다가설 수' 있게 되며, 이 **'가까움**(Nähe)'은 특정한 욕구에 대한 상응이라는 존재자의 의미에 따라 개개의 존재자에 귀속되며, 동시에 존재자가 '바로 그와 같은 존재자로서' 실존하는 한, 그 존재자가 어떠한 존재적 성격을 갖게 되는지를 규정한다. 그 때문에 존재적 **'성격'**은 하이데거가 생각하듯이[57] **"존**

57 이에 관해서는 Heidegger, *Sein und Zeit*, S. 71, 69, 118 참고.

재자 '그 자체'가 어떻게 존재하는가?"라고 묻는 존재론적이고 절대적인 규정이 아니라 존재자 이외의 타자를 향한 일정한 지시관계로서의 성격이며, 여기에 기초해 우리는 **존재자가 타자에 대해서는 무엇인지**에 관해 하나의 '개념'을 얻게 된다.

왜냐하면 '로서의 존재'에 관한 이러한 모든 규정, 즉 일상의 **주변세계**에서 하나의 사물이 망치로서, 책상으로서, … **로서**의 **이용성**과 일상의 **공존세계**에서 하나의 사람이 아버지로서, 의사로서, … **로서의 현재성**은 이러한 존재자들의 **'그 자체의 존재'**가 아니라 **'타자에 대한 존재'**와 관련되며, 이 '타자에 대한 존재'가 곧 '세계 내에서' 그 존재자의 삶이 외면화(이것이 바로 실존 Ek-sistenz의 본래 의미이다)하는 방식을 결정하기 때문이다.

이처럼 **'로서의 존재'의 상응관계에서 그 위치를 정함**으로써 인간에게 귀속되는, 세계를 향한 외면화(Welt-ek-sistenz; 세계실존)는 '세계 내에서' 만나는 타자에 대한 특정한 **존재관계**를 지시하며, 존재자가 '바로 그러한 **자로**서' 자기 자신을 '완성'할 수 있는 궤도를 미리 그려 놓는다.

따라서 '세계 내에서' 존재자에게 부여되는 **'지위'**는 **세계에 대해 혼자서 서 있는 독립성**[58]이라는 '1차적 지위(자연상태에서의 지위)'가 아니다. 물론 **'그 존재자 자체'인 실존의 개인윤리적 최소한인 실존적 자연권**(existentielles Naturrecht)은 모두 그와 같은 자기존재의 '근원상태'로부터 도출된다. 하지만 세계 내에서 존재자에게 부여되는 지

58 이에 관해서는 인간의 실존을 주관성의 속성으로의 "내면화(In-sistenz)"로 파악한 앞의 254면 이하 참고.

위는 **세계와 특정한 방식으로 일치**[59]한다는 의미의 '2차적 지위(시민상태에서의 지위)'이며, **'바로 그와 같은 사람으로서의' 실존의 사회윤리적 최소한**인 **제도적 자연법**(institutionelles Naturrecht)의 존재론적 '근거'는 모두 이러한 '로서의 존재'가 '서 있는 자리'이다.

이처럼 인간의 **진정한 '본성**(자연)'을 인간의 실존으로부터 해석함으로써 모든 **자연**법은 '로서의 존재' 가운데서의 자기존재의 **실존**법이 된다.

이로써 모든 '실정'법질서를 '자연'법적으로 정당화할 가능성이 열린다. 즉 실정법질서는 인간실존의 기초를 이루는 존재의 先在性(Seinsvorgegebenheit)에 근거한다. 이와 동시에 세계-내-존재의 기본적 방식에 내재하는 의미의 先在性(Sinnvorgegebenheit)을 통해 실정법질서를 정당화할 가능성도 열린다.

왜냐하면 그러한 '자연법'은 단순히 **현존재**가 자신의 **근본개념**으로 파악하고자 하는 **존재**에 대한 물음뿐만 아니라, 자신의 **근본규정**으로 기획하고자 하는 **현존재의** '본래적' **의미**에 대한 물음도 제기하기 때문이다.

우리는 인간의 삶에 관한 존재물음과 관련해서든 아니면 그 의미에 대한 물음과 관련해서든, 모든 인간질서의 의미중심으로서 이중의 대답을 얻게 된다. 자기존재와 '로서의 존재'가 바로 그 대답이다.

실존적 자연권은 자기존재라는 실존범주에 근거하고 있다. 이러한 실존범주에 기초한다면 모든 삶의 근본적 의미는 언제나 **단 한 가지,**

---

59 이에 관해서는 인간의 실존을 객관성의 공동세계로의 진정한 '외면화Ek-sistenz'로 파악하는 앞의 257면 이하 참고.

즉 이 '가장 고유한 존재'가 어떠한 비교도 불가능한 유일성과 고유성을 가지고 이루어지는 '자기-존재-가능'으로 규정된다. 그렇다면 이러한 실존적 자연권은 다음과 같은 두 가지 측면을 갖게 된다. 첫째, 실존적 자연권은 모든 '보편적' 법질서와 국가질서 내에서도 **개인적 존재로서의 현존재가 발현될 수 있는 권리**를 뜻한다. 둘째, 실존적 자연권은 **'목적 그 자체'**, 즉 자기 자신을 궁극적 '목적(Umwillen)'으로 **삼**는 존재자인 **현존재**에게 권리를 통해 **'자기실현'**의 **영역**을 마련해 주는 **근본규정**이다. 이러한 자기실현의 영역은 오로지 타인의 자기발현에서만 그 한계를 발견한다.[60]

'로서의 존재'라는 실존범주에 근거하는 **제도적 자연법**에서는 상황이 완전히 다르다. 즉 이 실존범주에 기초한다면 우리의 삶은 세계-내-존재의 방식에 따라 규정되며, 대응질서와 동등질서라는 모든 질서형태에서 우리는 '사물의 본성'에 내재하는 그 의미의 선재성에 마주치게 된다. **'로서의 존재'의 실존권**, 즉 **현존재가 '보편적'인 법질서와 국가질서 내에서 사회적 존재로 발현할 수 있는 권리**는 바로 그와 같은 의미의 선재성에 '근거'한다. 왜냐하면 이 의미의 선재성은 '그 존재자 자체로서'의 우리의 실존에 대해서뿐만 아니라, 아버지로서 또는 형으로서, 남편으로서 또는 아내로서, 환자로서, 법관으로서 등과

---

60 이런 의미에서 자기목적적 존재로서의 개인은 어떠한 경우에도 타인의 목적설정을 위한 단순한 수단으로 전락해서는 안 된다는 칸트의 요구는 실존적 자연권의 근본규정이 된다. 물론 우리의 이해방식에 따를 때 개인은 칸트가 말하는 추상적 유類로서의 보편적 '개인성'(즉 '우리의 인격 안에 자리한 인간성의 이념')이 아니라, 니체가 말하는 '오로지 자기 자신과만 동일한' 구체적 '개인'('인간')으로서 "자기 자신이 돼라!"라는 절대적 명령에 복종하는 존재를 지칭한다. 이와 관련해서는 Kant, *Grundlegung zur Metaphysik der Sitten*, S. 52 이하와 니체에 대한 앞의 215면 이하의 서술을 참고.

같이 '바로 그러한 자로서의' 실존에 대해서도 우리의 '세계실현'의 형태들이 발현할 수 있는 영역을 마련해 주고, 우리의 영역을 '타인들의 영역'과 구별해 주기 때문이다.

'로서의 존재'의 형태들 가운데 자기존재의 위치가 정해짐으로써 우리가 그 속으로 맞물려 들어가게 되는 모든 **존재연관**은 우리를 특정한 '존재의 자리'에 고정하고, 이 자리는 공존세계의 상응의 질서구조 내에서 우리의 위치를 규정한다. 더 나아가 그러한 '위치지움'과 더불어 우리의 삶의 의미도 일정한 방식으로 결정된다.

왜냐하면 우리가 들어서게 되는(ein-lassen) 모든 존재연관에는 언제나 미리 주어져 있는 의미가 내재해 있으며, 이 의미가 곧 '바로 그러한 자로서의' 우리의 존재와 행위를 우리의 개별성을 뛰어넘는 의미연관의 척도 아래 놓이게 하며, 다시 이 의미연관에 기초하여 우리의 존재나 행위를 우리 자신의 자의와는 관계없이 그 자체 '의미 있다' 또는 '의미 없다', '가치 있다' 또는 '가치 없다'라고 판단하게 되기 때문이다.

그 때문에 우리의 존재나 행위의 **가치**는 결코 "자기 자신이 된다"라는 '보존과 상승의 조건'의 '관점'이 아니라[61] 이미 니체가 '정의(Gerechtigkeit)'의 '본래적' 관점으로 파악했던, 완전히 다른 '입장'에 비추어 볼 때만 결정될 수 있다. 니체는 정의를 '넓고 멀리 바라보는 권력의 기능'이라 칭하고, 이러한 권력은 "무엇이 **이익**이 되는가에 대해 더 넓은 지평을 갖고 있다"라고 한다. 즉 "단순히 이 사람 또는 저 사람의 차원을 넘어서는 그 무엇을 보존하려는 의도를 갖는다"

61 이와 관련된 니체의 사고에 관해서는 앞의 214면 이하 참고.

라는 것이다.[62]

'로서의 존재' 가운데서의 현존재가 갖는 의미와 가치에 대한 이러한 근본규정이 현존재의 유일한 궁극적 '목적'은 아니다(이는 마치 자기존재의 관점에서 볼 때도 그것 자체가 궁극적 목적일 수 없는 이치와 같다). 즉 **고유한 인간존재**의 궁극적 근거를 칸트가 생각하듯이 **본질적으로 자기 자신을 목적으로 하는 존재**, 즉 '목적 그 자체'로 파악할 수 없으며, 그렇다고 해서 공존세계에 대한 하이데거의 분석에서처럼 '함께 있음(Mitsein)' 속에 있는 **고유한 현-존재**의 근본적 의미를 단순히 **'본질적으로 타인을 목적으로 하는 존재'**[63]라고 규정할 수도 없다. '로서의 존재' 가운데서의 현존재가 갖는 의미에 대한 근본규정들은 각각의 '사물의 본성', 즉 각각의 질서형태의 '본질'에 따라 '근본적으로' 다를 뿐만 아니라, 그러한 의미규정의 '중심'이 되는 존재관계의 종류에 따라 세 겹의 서로 다른 층위를 포함하고 있다.

예를 들어 의사와 환자의 존재관계에서 이 관련성의 '목적(Worum-willen)'은 '본질적'으로 환자 쪽에 있다. 왜냐하면 의사는 '본래적으로' 환자를 위해 있으며, 그 반대가 아니기 때문이다. 바로 이 점이 '의사와 환자'라는 인간 상호 간의 만남의 근본적 의미를 규정해야 한다. 만일 의사가 환자를 위해 봉사하는 자가 아니라 환자를 지배하는 자로 자신을 이해한다면, 의사로서의 존재가 갖는 본래적 의미를 그르칠 수밖에 없다. 왜냐하면 이 존재관계에서 이루어지는 **타인과 관련된 만남**(fremdbezogene Begegnung)은 '강자'가 '약자'를 지배하는

---

62 이에 관해서는 Nietzsche, *Nachlaß XIV*, S. 81 참고.

63 Heidegger, *Sein und Zeit*, S. 123.

것이 아니라 약자를 도와주도록 요구하고 있기 때문이다.

이에 반해 '주인과 노예'[64] 사이의 존재관계와 같이 **자신과 관련된 만남**(eigenbezogene Begegnung)에서는 사정이 완전히 다르다. 이러한 방식의 만남에서는 그 '목적'이 봉사하는 자 쪽에 있지 않고, 지배하는 자 쪽에 있다. 즉 '약자'가 아니라 '강자'의 관심이 우선한다. 왜냐하면 '노예'는 '바로 그러한 자로서' '본질적'으로 주인을 위해 있으며, 그 반대가 아니기 때문이다. 만일 그러한 관련성에서 봉사와 지배, 복종과 명령이 서로 뒤바뀌고, '사물의 본성', 즉 각각의 질서형태의 '본질'에 '상응하는' 질서에 대한 지금까지의 감각이 평등한 권리와 의무에 대한 요청 속에서 점차 상실되게 되면, 그와 같은 '주인과 노예'의 관계는 반감을 불러일으키며, 그러한 변화는 '전도된 세계'를 낳는다. 이 전도된 세계에서는 이제 노예가 지배자가 되고, 주인이 봉사자가 되며, 이로써 관계의 본질이라고 여겨졌던 '내용'이 완전히 '거꾸로' 서게 된다.

일상적이고 통상적인 공존세계에서 이루어지는 이와 같은 타인과 관련된 만남과 자신과 관련된 만남의 경우 각각의 '목적'은 본질적으로 그 관련성의 어느 한쪽에 있다. 이와는 달리 만남의 궁극적 '목적'이 서로 만나는 사람들 자체에 있는 것이 아니라 그 '자연적 본성에 비추어' 볼 때 이미 만나는 사람 바깥에서 마주치게 되는 일정한 형태가 만남의 목적이 되는 제3의 방식이 존재한다.

예를 들어 남편과 아내 사이의 관계가 지닌 의미는 — 부부관계를

64 이에 관해서는 Hegel, *Phaenomenologie des Geistes*, S. 153 이하; *Philosophische Propädeutik*, S. 108 이하(인용은 Ausgabe Glöckner 3. Aufl. 1951, 1949에 따름) 참고.

이러한 '차원'에 국한해 바라본다면 — '본래적'으로 자식이라는 제3자에 있으며, 두 배우자의 상응관계는 자식을 그 궁극적 '목적'으로 지향한다. 이렇게 제3자와 관련된 만남(drittbezogene Begegnung)의 방식도 존재한다.

이처럼 인간의 공존세계에서 이루어지는 이 세 가지 미리 주어져 있는 만남의 방식들이 각각 어떠한 근본적 의미가 있는지는 '기본적으로' 각각의 만남에서 누구의 실존이 '우선적'으로 고려되고 있는지에 따라 결정된다. 즉 의사의 실존이 아니라 환자의 실존이, '노예'의 실존이 아니라 '주인'의 실존이, 남편이나 아내의 실존이 아니라 자식의 실존이 "1차적으로 우선한다." 따라서 이러한 궁극적 **'목적'**과 함께 **지향**과 **의존**의 여러 가지 **지시관계**들의 **의미연관**으로 둘러싸여 있는 문제의 **핵심**이 확정된다. 다시 말해 나 자신이 이러한 만남 가운데 어느 하나에서 '무엇으로서', 예컨대 의사로서 아니면 환자로서, 또는 '주인'으로서 아니면 '노예'로서 '실존'하는가에 따라 때로는 '이러한 자로서', 때로는 '저러한 자로서' '본래적'으로 나의 실존이 규정된다.

내가 '로서의 존재'의 상응하는 질서구조 안에서 떠맡게(einnehmen) 되는 '위치'와 함께 '바로 그러한 자로서'의 나의 존재나 행위와 관련해 그에 '상응하는' 의미부여가 나에게 이미 지시되어 있으며, 나의 존재의 의미와 가치의 척도 또한 미리 주어져 있다. 즉 도움을 주는 의사뿐만 아니라 치료를 견뎌야 하는 환자도, 명령하는 '주인'뿐만 아니라 복종하는 '노예'도 각각의 만남의 근본의미에 따라야만 하며, 이를 '이행'해야 한다.

그러나 '로서의 존재'에 관한 그러한 존재규정과 의미규정은 각각 우리의 실존 가운데 '바로 그러한 자로서의' 특정한 '측면'에만 '해당'할 뿐, 우리의 실존 전체를 포괄하는 것은 아니다. 왜냐하면 '존재물음(Seinsfrage)'의 경우와 마찬가지로 '의미물음(Sinnfrage)'에서도 우리는 존재자들 사이의 **부분적 기능**(partielle Funktion)이라는 현상을 발견하게 되기 때문이다. 다시 말해 '로서의 존재'의 상응하는 구조 안에서 실존의 '위치지움(Ortung)'을 통해 그때그때 우리의 실존의 **부분만 규정**된다.

우리는 우리 자신을 위하여 질서의 형태에 맞물려 들어가게 되거나 타인을 위해 질서의 형태에 들어서게 된다. 그리고 타인과 함께 하는 실존의 총체성은 그러한 질서형태에 기초하여 서로 결합하게 된다. 이와 같은 질서형태들을 더욱 자세히 파악해 보면, 이 질서형태의 존재적 성격과 시간적 성격이 서로 완전히 다르게 규정되어 있음을 알게 된다.

가정 또는 사회라는 세계에서 우리의 **'삶의 역할'**, 우리의 '얼굴'(예컨대 의사라는 사회적 역할이나 어머니라는 가정에서의 역할)을 결정하는 **'로서의 존재'의 형태** 이외에도, 매수인이나 보증인, 임차인이나 소유자 등의 법적 형태와 같이 너무나도 다양한 **존재적 성격**을 가진 수많은 '역할'이 있다. 당연히 그러한 역할들이 우리의 실존에 '해당'하는 '범위' 또한 개별적인 경우마다 커다란 차이가 있다.

우리가 '바로 그러한 자로서' 그때그때 우리 바깥의 타자와 맞물려 들어가게 만드는 **'의존성'**은 때로는 내가 타자에 기대어 있음으로 인해 타자를 **'이용**(Brauchen)'하는 의존성으로, 때로는 타자가 나에게 기대어 있음으로 인해 (내가) **'이용됨**(Gebrauchtwerden)'의 의존성으로 나타난다. 물론 이러한 의존성이 **타자를 이용하는 가운데 나의 독립성을 완전히 상실**할 정도에 이르거나, 거꾸로 **타자에 의해 내가 이용되는 가운데 철저한 자기희생**의 단계에 이르게 되면, 우리의 실존은 타인에 의해 규정되는 상태(타율)가 되고 만다. 여하튼 내가 타자에게 의존하는 첫 번째 방식은 '**세계가 우리에게 갖는 의미**'를 규정하며, 타자가 나에게 의존하는 두 번째 방식은 '**세계 내에서 우리 자신이 가진 의미**'를 결정한다. 이러한 의미들이 어느 정도의 비중을 차지하는지는 우리에게 상응하는 타자가 없어져 버린다면 우리 자신의 관점이나 그 타자의 관점에서 어떠한 상황이 오는지를 상상해 보면 잘 알 수 있다.[65] 당연히 한 쪽이 다른 한쪽을 지향하는 정도는 '부분적' 의존의 단계일 수도 있고 (거의) '완전한' 의존의 단계일 수도 있다. 이러한 내용은 법에 대해서도 중요한 의미가 있는 어떤 선재성先在性이다. 예컨대 '독점'이나 민법에서 말하는 '계약강제(Kontrahierungszwang)'의 문제를 생각해 보면 이 점이 잘 이해될 것이다.

질서형태의 시간적 성격도 그 존재적 형태와 마찬가지로 극히 다양하다.

우리가 우리의 '삶의 변화'가 진행되는 동안 (거의) 끊임없이 지향하게 되는—예를 들어 남편과 아내의 관계처럼—'로서의 존재'의 형태 이외에도 처음부터 단지 제한된 시간 동안만 지속하는 '역할'도 있다. 예를 들면 매수인이나 보증인, 임차인이나 소유자 등의 법적 형

---

65 이에 관해서는 도구로서의 존재자들이 없어졌거나 또는 있더라도 이를 제대로 이용할 수 없을 때 비로소 눈에 띄고(auffällig), 절박하게(aufdringlich) 여겨지며, 다루기 어려워(aufsässig)진다는 식으로 주변세계의 '세계성'을 해석하는 Heidegger, *Sein und Zeit*, S. 72 이하 참고.

태들은 각각의 역할에 따라 서로 다른 시간적 성격을 갖게 된다.[66] 모든 법질서와 윤리질서의 중심에 자리하는 이 "'로서의 존재'의 세계"를 계속 체계적으로 분석해 보면, 모든 질서의 **의미를 '로서의 존재'의 상응관계 가운데서 자기존재의 '위치를 정하는 것'**으로 해석하는 우리의 입장에 비추어 볼 때 모든 질서는 그 기능의 측면에서 두 가지 목표를 갖고 있음을 알 수 있게 된다.

2. 질서의 두 가지 목표

모든 질서는 언제나 **시간**과 **존재**라는 두 가지 차원에서의 **'위치지움'**으로 나타난다.[67]

질서는 무엇보다 같은 것의 반복을 보장한다.[68] 질서는 사회적 형

66 이 시간적 성격은 각각의 법적 형태에 귀속되는 권리와 의무가 '실존'하는 기간, 즉 성립에서 소멸에 이르는 '시간적 양극(Zeitpole)'을 결정한다. '법의 정신적 자산 가운데서 끄집어내어 사용하는 도구'인 '법적 청구권'에서는 그러한 시간적 양극이 뚜렷하게 드러난다. 이와 관련된 선구적 연구로는 G. Husserl, *Recht und Zeit*, 1955, S. 30 이하 참고.

67 아래의 내용에 관해서는 Maihofer, *Recht und Sein*, S. 120 이하(앞의 178면 이하) 참고.

68 니체의 사상에 비추어 보더라도 하나의 '보편적' 질서에 대한 본래적인 '형이상학적' 정당화는 이와 같은 점에 근거한다(이에 관해서는 앞의 229면 이하 참고). 물론 보편적 질서를 '권력에의 의지'와 그에 따른 "너 자신이 돼라!"라는 절대적 명령으로부터 정당화할 수는 없다. 그러한 명령으로부터는 "인간이 된다" 또는 "자기 자신이 된다"를 기준으로 삼는 특수한 '등급질서'가 도출될 수 있을 뿐이다. 그러나 '영구회귀"(이에 관해서는 Nietzsche, *Wille zur Macht*, S. 688 이하 참고)에 관한 니체의 말기사상에 비추어 보면 질서에 대한 정당화가 얼마든지 가능하다. 즉' 권력에의 의지'를 변화에의 의지로 파악(이에 관해서는 앞의 214면 이하 참고)하려는 니체의 시도를 고려해야 한다. "나 자신의 삶에 대한 사랑을 모든 방법을 동원하여 뿌리내리는 것"은 니체가 "너 자신이 돼라!"라는 명령에 따른 우리의 행동에 대해 '중대한' 의문을 제기하게 만든다. 니체로서는 그러한 의문이 '영원성의 반영'으로서 필연적인 의미를 지니고 있다고 본다. '영구회귀'에 관한 그의 이

론에 따르면 "너 자신이 돼라!"라는 명령 자체도 다시 다음과 같은 최후의 정당성 척도에 따라야 한다. "네가 또 한 번의 삶을 **희망**하지 않을 수 없도록 살아가라! 그것이 너의 과제이다. **어떠한 경우에도** 너는 그렇게 되어야 한다." 이로써 니체는 우리의 가장 일상적인 결정까지도 영원성의 관점 앞에 놓이게 만든다. 니체가 모든 '변화'의 '길'이라고 생각했던 '순환적인 반복'이 설령 단순한 개연성이나 가능성에 불과하다 할지라도 **가능성에 관한 생각만으로도** "우리에게 깊은 동요를 불러일으키고 또한 우리를 변화시키기에" 충분하다. 그 때문에 니체는 자신이 '대낮'에 겪은 이 엄청난 동요로 인해 다음과 같이 말한다. "네가 이 사상 중의 사상을 너의 것으로 만들면, 그 사상이 너를 변화시키리라. 무엇보다 네가 하고자 원하는 것이 무엇인지에 대한 모든 물음 가운데 **가장 중요한** 물음, 즉 '내가 수없이 반복하기를 원하는 것이 무엇인가'라는 물음이 가장 중요한 비중을 차지한다." 니체가 보기에 이러한 사상은 "현세의 삶을 순간의 삶으로 경시하고, 확정되지도 않은 어떤 **다른** 삶을 응시하라고 가르치는 어떠한 종교보다도 더 많은" 내용을 품고 있다. 왜냐하면 "지금 여기에서의 삶 — 그것이 너의 영원한 삶"이기 때문이다. 삶의 모든 결정에 대해서는 "삶이여 영원하라!"라는 명제가 적용된다. 이러한 '영구회귀'의 형이상학이 상당히 자극적이긴 하지만, 이미 니체 자신의 말에 비추어 보더라도 자기 자신의 '반복'에 대해서는 단호한 의심을 표명하지 않을 수 없다. 니체 스스로 "자기 자신이 된다"라는 미덕을 통해 '개인', '인격', '자기 자신'으로서의 '인간'이 "어떤 일회적인 것이며 단 한 번 행할 수 있는 것"이라고 주장하지 않았던가?(이에 관해서는 앞의 216면 이하 참고) 즉 반복될 수 없고 또한 비교할 수도 없는 자기 자신이 어떻게 '같은 것의 반복'이라는 '순환적 반복'과 관련될 수 있을 것인가? 바로 이 측면에서 오늘날 우리는 니체가 자신의 마지막 사상인 '영구회귀'를 통해 은연중에 완전히 다른 '존재'와 '변화'의 차원에서 사유한 것은 아닌가 하는 의문을 갖게 된다. 즉 이러한 영구회귀의 사상에서는 더 이상 **자기존재**가 아니라 이와 똑같이 근원적인, 우리의 세계-내-존재를 규정하는 **'로서의 존재'**의 차원에서 사유한 것이라고 여길 수밖에 없게 된다. 이 **'로서의 존재'에서 모든 것은 반복이다!** 아버지**로서** 또는 아들**로서**, 어머니**로서** 또는 아내**로서**, 의사**로서** 또는 법관으**로서** 등등 '**바로 그러한 자로서**'의 나는 과거와 미래 그리고 현재가 뒤엉킨 영원한 연쇄의 고리 속에 있는 같은 것의 반복이다. 더욱이 그마저도 동일한 삶의 형태를 통해 그 존재가 '완성'되는, 수없이 많은 '나와 같은 것'들의 '반복' 속에 있다. 따라서 니체가 말하는 **'영구회귀'**라는 **의심의 여지없는 사실과 피할 수 없는 운명**은 이처럼 영원히 반복하는 '로서의 존재' 가운데서의 자기존재의 생성과 변화에 근거한다. 모든 법질서와 윤리질서 역시 그러한 영구회귀의 지시, 보장 또는 (필요한 경우라면) 관철과 관련된다. 이는 결국 모든 '보편적' 질서의 (예외가 아닌) 규칙상태에 대한 진정한 '우주적' 정당화이다(이 점은 칸트의 경우와 조금도 다르지 않다. 이에 관해서는 아래의 각주 69와 앞의 198면 이하의 서술을 참고). 이

태들이 상호적으로 만나는 궤도를 미리 확정함으로써 자연적 우주에서 자연법칙으로 보장된[69] '반복'이 문화의 세계에서도 실현되도록 강제한다. 이를 통해 질서는 내가 특정한 형태를 갖추고 만나게 되는 타인들에 대한 **예측 가능성**을 보장하며, 이를 통해 모든 인간의 의사소통이 예견 불가능하고 확정 불가능한 사건의 불확실성을 극복하여 인간적 규약의 세계공간으로 들어갈 수 있게 만든다. 이처럼 지속성과 반복을 통해 질서는 상호적인 안정과 신뢰의 토대를 마련할 뿐만 아니라, 모든 질서의 근본가치인 법적 안정성을 수립하기도 한다.

이러한 관점에서 보면 법질서가 갖는 기능의 또 다른 측면도 인식할 수 있다. 즉 질서는 시간적 반복의 의미에서뿐만 아니라, 그 존재의 **고유성**이라는 의미에서도 사회적 형태의 '위치지움'이다. 여기서 존재의 고유성은 사회적 형태에 귀속되는 **법적 진리**, 즉 **정의**이다. 이

러한 니체의 사고에 관해서는 *Gedanken zu Zarathustra*, S.474(인용은 Baeumler가 편집한 유고 가운데 *Unschuld des Werdens II*, Bd. 83, 1931에 따름) 참고.

69 칸트 역시 "일반적이 돼라!"라는 정언명령과 이에 따른 '보편적' 법질서와 윤리질서를 자연의 왕국과의 비유를 통해 '정당화'한다. 더욱이 칸트는 문화질서와 자연질서의 두 가지 질서에서 모두 법칙의 '보편성' — 전자에서는 도덕법칙이, 후자에서는 자연법칙 — 이 실현되어 있다고 본다. 다만 문화의 왕국('목적의 왕국')에서는 "준칙, 즉 자기 자신에게 스스로 부과한 규칙에 따라", 이에 반해 '자연의 왕국'에서는 "외적 필연성을 갖고 작용하는 인과성의 법칙에 따라" 규율된다는 유일한 차이가 있다. 그 때문에 칸트로서는 세계 자체의 질서법칙에 따라 자연법칙과 도덕법칙은 창조의 심연에 자리한 계획에 비추어 볼 때, 그 최후의 근거가 똑같다고 여겼으며, 바로 그 때문에 칸트는 도덕법칙으로서의 정언명령을 다음과 같이 자연법칙으로 표현할 수 있었다. "결과가 발생하게 되는 법칙의 보편성은 무엇이 가장 보편적 의미의 자연(그 형식에 비추어)인지, 즉 — 사물이 가장 보편적인 법칙에 따라 규정되는 한 — 무엇이 그 사물의 본질인지를 결정한다. 그 때문에 의무와 관련된 보편적 명령도 또한 다음과 같다: 너의 의지를 통한 너의 행위의 준칙이 보편적 자연법칙이 되도록 행위하라!" 이에 관해서는 Kant, *Grundlegung zur Metaphysik der Sitten*, S. 44, S. 59 이하 참고.

미 라이프니츠도 형이상학에 대한 그의 20번째 테제에서 이와 똑같은 의미로 다음과 같이 쓰고 있다. "정의란 바로 인간(정신)을 둘러싼 모든 세계를 포괄하는 최대한 완벽한 질서이다(justitianihil aliud est quam ordo seu perfectio circa mentes)."

이렇게 볼 때 정의란 피안의 척도이거나 인간이 자신들의 자의에 따라 발명해 낸 척도가 아니라 세계의 의미연관에 따라 미리 주어져 있는, 사회적 존재의 형태에 대한 '사물논리적' 고유성이다. 따라서 법률을 제정하는 입법자도 — 법률이 단순한 '효력'에 그치지 않고, '타당성'까지 갖도록 하려면 — 그러한 사회적 형태의 존재를 발명하는 것이 아니라 단지 '발견'할 수 있을 뿐이다.

이때 법의 '타당성'은 질서의 두 가지 차원에서 이중의 척도에 따르게 된다. 하나는 대응질서의 차원에 있는 본질적 불평등의 척도이며, 다른 하나는 동등질서의 차원에 있는 평등의 척도이다. 이렇게 하여 정의를 때로는 "각자에게 그의 것을", 때로는 "각자에게 **같은** 것을"이라고 선언하는, '배분적 정의'와 '평균적 정의'에 관한 아리스토텔레스의 오래된 구별과 똑같은 이중의 척도를 두 가지 질서 차원에서 재발견하게 된다. 물론 이러한 척도를 사회적 형태의 질서차원과 관련시킴으로써 우리는 그러한 본질적 불평등과 본질적 평등의 출발점을 더욱 뚜렷하게 인식하고 있다.

따라서 우리의 **추상적 기획**을 사회적 형태의 고유성으로 지시하는 **보편적인 외적 규범**으로서의 **법률**뿐만 아니라, 우리의 행위에 대해 그러한 질서형태에 이르러 가는 **구체적 기획**의 길을 알려주는 **보편적인 내적 명령**(칸트)으로서의 도덕률도 그와 같은 이중의 척도를 지향한다. 각 개인의 법적 행동을 통한 **질서의 형성**은 이러한 구체적 기획의 길에서 이루어진다.

Ⅲ. 질서의 형성에 관하여

이처럼 모든 질서의 **의미**를 '위치지움'으로서의 기능으로 파악하게 되면, 모든 인간질서의 **형성**은 '로서의 존재' 가운데서의 자기존재를 **상응하게 만드는 것**(In-die-Entsprechungen-bringen)으로 규정된다.

1. 상응하게 만드는 것으로서의 질서

모든 '실천철학'의 근본물음인 "나는 무엇을 해야 하는가?"에 대한 대답은 인간이 세계-내-존재의 주관성과 객관성 사이의 역설[70]에서 빠져나와 행동하는 삶(vita activa)의 길, 즉 그 **주관성의 내면성 세계의 객관성의 외면성으로 발현하게 하는 길**로 나아가게 만든다. "너 자신이 돼라!"라는 호소와 "보편적이 돼라!"라는 호소를 통해 우리는 이 '바깥으로' 향하는 길로 지시되어 있다. 왜냐하면 무엇이 '된다'가 세계로 향하는 길은 단 하나만이 존재할 뿐이기 때문이다. 그 길은 바로 '**외면화**(Äußerung)', '**객관화**(Objektivation)'의 길이다.[71] 우리의 가장 고유

---

70 이에 관해서는 야스퍼스에 대한 앞의 244면 이하, 에픽테토스에 대한 250면 이하의 서술을 참고.

71 이 점을 밝히고 있는 Maihofer, *Recht und Sein*, S. 103 이하(앞의 152면 이하) 참고.

한 자기 자신도 우리 바깥의 세계를 향한 외면화가 없이는 '실재'하지 않는다. 그렇다면 우리는 어떻게 자기 자신이 세계의 객관성이라는 외면성 안에서 '자리 잡게' 할 수 있는가?

이에 대한 에픽테토스의 대답은 이러했다. 우리가 '우리의 내면'을 우리를 둘러싼 사물과 **'일치시킴'**으로써! '세계와의 일치'는 우리가 세계로 맞물려 들어가고 또한 세계에 들어서는 가운데 우리 자신을 우리 주위의 사물들과 **'상응하게 만드는 것'**을 통해 가능하다.

이러한 사실은 — 에픽테토스가 보여주듯이 — 우리의 세계-내-현-존재의 '기획'이 우리의 자기존재의 주관성과 우리의 '성향'에 따른 '자의恣意'가 아니라 '로서의 존재'의 객관성에 대한 통찰과 함께 '의무'에 대한 '의지' 속에서 이루어질 것을 요청한다. 타인과 함께 하는 공존세계의 사회적 형태를 통해 실현되는 우리의 개인적 발현의 객관화는 언제나 그와 같은 '낮의 요청(사회적 세계의 성격을 어두운 견해 Nachtsansicht라고 지칭한 하이데거의 입장에 대한 반론으로서의 표현 — 옮긴이)'에 복종한다.

'로서의 존재'의 상응의 질서구조로 들어서도록 우리의 삶을 기획하는 것은 언제나 **부분적 투영(partielle Projektion)을 통해**, 즉 하나의 상황에 따른 결정이 미치는 영향이 우리의 인격의 **부분에만 해당**하는 방식으로 이루어진다. 이 점은 '로서의 존재' 가운데서 이루어지는 우리의 삶이 내포하고 있는 '부분적 구성' 및 그로부터 도출되는 '부분적 기능'에 '근거'한다.

그 때문에 우리가 "나는 무엇을 해야 하는가?"라고 묻게 되는 모든 결정상황에서는 그 결정이 '어떠한 자로서의' 나와 '관련'되는지, 즉

'어떠한 누구로서' 내가 그 결정으로부터 영향을 받는지를 밝힐 필요가 있다. 아버지로서 또는 배우자로서, 의사로서 또는 시민으로서, 이웃으로서 또는 친구로서, 아니면 다수의 형태의 '로서의 존재'가 동시에 개입되는지를 파악해 내야 한다. 왜냐하면 그럴 때만 비로소 우리가 일정한 결정상황에서 어떠한 '역할'을 하는지, 우리가 '바로 그러한 자로서' 어떠한 형태에 따라 이 결정상황에서 '우선적으로' '영향을 받는지'를 확연히 이해할 수 있기 때문이다.

이와 동시에 또 다른 한 측면도 분명히 이해할 필요가 있다. 즉 우리가 '선택'을 해야 하는 삶의 형태의 '본질'에 대해서도 깊은 성찰이 있어야 한다. 이 점에서 **'세계와의 일치'**에서는 언제나 그 **순수한 객관성**에 비추어 나 자신 또는 타자의 역할이 갖는 선재적先在的인 본질에 따라 우리 **자신을** 기획하는 것만이 중요하다고 보는 **에픽테토스의 대답**[72]은 결정적인 측면에서 수정과 보충이 필요하다.

왜냐하면 어떠한 결정상황에서든 각자의 역할이 갖는 탈개인적 객관성의 관점만을 고려해야 하고, 그럴 때 비로소 우리가 다른 모든 사람과 똑같이 행동하게 된다는 에픽테토스의 요청은 세계 내에서 우리의 개인적 발현이 이루어지는 '로서의 존재'의 삶의 형태 가운데 일부분에 대해서만 타당성을 갖기 때문이다. 물론 일상의 세계에서 이루어지는 만남의 형태들 가운데는 개인성과 '자기성(Selbstheit)'이 완전히 배제되기 때문에 어떠한 개인적 '성향'과 '자의'도 개입될 수 없는 경우가 존재한다. 예를 들어 도로교통에 참여하고 있는 사람들을 내가 만나게 되는 형태는 **비개인적**(unpersönlich)이며, 따라서 나

72 이에 관해서는 앞의 260면 이하의 서술을 참고.

는 외적으로 미리 지시된 방식에 따라 그들을 마주칠 뿐이며, 동시에 나의 행위의 외면성 가운데 어느 한 측면만이 일정한 방식에 따라 다른 사람들과 '관련'될 뿐이다. 그리고 법관의 역할과 같이 **초개인적**(überpersönlich)인 형태에서는 '주관적'인 생각이나 선호도 등 '문제 자체와는 무관한' 사고에서 벗어나 순전히 '실질적인' 결정만이 요구된다.

하지만 매우 '개인적' 측면의 나에게 '말을 걸어오고' '나에게 영향을 미치는' **극도로 개인적**(höchstpersönlich)인 형태도 존재한다. 모든 '개성적인 것', '주관적인 것', '고유한 것', '개인적인 것'을 배제하라고 요구하고 완전한 '객관성'을 통해서만 진정한 '충족'이 가능한 비개인적 또는 초개인적인 역할의 경우와는 정반대로 친구나 연인처럼 극도로 개인적인 역할에서는, '순수한' 객관성만을 고집하는 에픽테토스의 요청만으로는 이같이 한 개인의 내면에 울려 퍼지는 삶의 형태가 갖는 '고유한' 의미를 제대로 포착할 수 없다. 이러한 극도로 개인적인 형태에서는 '성향'이 아니라 '의무'의 이행을 촉구하는 칸트의 요청 또한 불합리한 결과를 초래한다. 왜냐하면 극도로 개인적인 삶의 형태가 갖는 본질 자체에 비추어 볼 때 이미 '모든 사람'의 척도에 따르는 경우와 완전히 다른 행동이 요구되기 때문이다.

이렇게 볼 때 **'올바른' 객관성에 대한 물음**은 '로서의 존재'의 모든 형태에 대해 — 에픽테토스처럼 — 일률적으로 대답할 수 없음이 드러난다. 오히려 하나의 역할이 어느 정도로 개인적 색채를 띠고 있는가에 따라 서로 다르게 대답해야 할 문제이다.

이러한 물음은 결국 게르하르트 훗설Gerhard Husserl이 '법에서의 객관성'과 관련된 서술의 핵심으로 삼았던, '올바른 거리(richtige Distanz)'에 대한 물음[73]과 조금도 다르지 않다. 훗설은 이 물음을 통해 '로서와 존재'의 각각의 형태마다 이로부터 '영향을 받는 자'의 자기존재에 대해서는 어떠한 실존적 차이를 갖게 되는지를 묻는다.

이 실존적 차이는 **개인적으로 '가까운'** 문제에 대해서는 **개인적으로 '먼'** 문제와는 완전히 **다른** 객관성을 요구한다. 어떤 사람에 대해 모두가 똑같은 거리를 갖는 경우 — 예컨대 우체부나 식당에서 서비스하는 사람에 대해 — 내가 '통상의 관련방식'과 완전히 다른 '관계'를 그 사람과 갖는 경우가 아닌 한, 그 사람에 대해서는 모두가 똑같이 가깝고 또한 똑같이 멀다. 내가 그 사람과 관련을 맺는 것이 다른 사람이 그 사람과 관련을 맺는 것과 하등 차이가 없기 때문에 그 사람은 나의 삶의 '바깥 영역'에 머물러 있다.[74] 이와 같은 관련성에는 — 훗설이 정확하게 표현하고 있듯이 — "각자는 누구나 '각 영역에 속하는' 다른 모든 사람과 공통으로 가진 속성에 한정된다."[75]

그러나 이 '공통성'은 추상적인 '모든 사람'으로서 각자가 똑같은 '삶의 상황'에 놓여 있다는 데 있지 않다. 물론 훗설이 이 경우 각자의 행위는 "이 구체적인 삶의 상황에서 '누구나' 그렇게 행동할 것이다"[76]라는 척도에 따라야 한다고 말할 때는, 마치 똑같은 삶의 상황에 초점을 맞추고 있는 것처럼 여길 수도 있을 것이다. 하지만 훗설이 근원적으로 말하고자 하는 내용은 삶의 **상황**이 아니라 누구든지 구체적

---

73 G. Husserl, *Recht und Zeit*, S. 88 이하, 특히 102 이하 참고.

74 *Recht und Zeit*, S. 105.

75 *Recht und Zeit*, S. 107.

76 *Recht und Zeit*, S. 107.

인 특정한 한 사람으로서 그러한 삶의 상황에서 떠맡게 되는 삶의 **역할**이다. 이 점을 훗설은 계속되는 설명을 통해 설득력 있게 보여주고 있다.

훗설이 지적하는 '객관적' 척도는 바로 '로서의 존재'의 **질서형태가 갖는 내적 척도와 완전히 일치하며, 일상적이고 평균**적인 공존에서 이루어지는 모든 '만남'에서 우리는 서로 상응하는 그러한 질서형태의 구조 속에 서 있다. 왜냐하면 삶의 상황 그 자체가 아니라 그러한 상황에서 '관련이 되는' 삶의 형태만이 우리에게 '올바른' 결정의 척도를 제공하며, 동시에 그러한 결정을 할 때 주관성과 객관성 사이의 '올바른' 거리가 무엇인지도 알려주기 때문이다. 그 때문에 고유한 '결정'은 우리의 행위가 동시에 다수의 역할에 관련될 때 비로소 시작된다. 우리가 다시 한번 마주하게 되는 이 기이할 정도의 자명성은 '로서의 존재' 가운데서의 우리의 삶이 단지 부분적으로만 '드러나고', 부분적으로만 '규정되며', 부분적으로만 '관련된다'는 자명한 사실에 기인한다. '자식을 가진 부인'마저도 — 훗설의 언급에 따르면 — "결코 어머니이기만 한 존재가 아니라 어머니이기도 한 존재이다." 어머니는 — 훗설의 표현처럼 — '삶의 상황'뿐만 아니라, — 이 책에서 밝힌 내용에 따르면 — '어머니-존재'라는 삶의 형태 가운데 살아가는 한 인간이다. 즉 "'어머니'로서 귀속되는 삶의 영역(Lebensbezirk)에 있는 한 인간이다."[77] 이 삶의 형태만이 자식에 대한 어머니의 행동의 척도를 제공한다. 당연히 그 아이를 대하는 다른 사람들의 행동은 완전히 다를 수밖에 없다. 그것은 다른 사람들에 대한 '어머니'의 행동이 '본질

---

77 *Recht und Zeit*, S. 108.

적'으로 다른 형태를 지니게 되는 것과 마찬가지다. 즉 '어머니'는 또한 부인으로서, 누나로서, 이웃으로서 또는 친구로서도 '일정한 척도'를 준수해야 한다. 당연히 원칙적으로 '같은 문제가 다수의 사람과 … 관련을 맺고', 그 때문에 극히 다른 방식으로 가깝고 먼 거리가 존재한다. 따라서 아이에 대한 어머니의 관계가 갖는 '거리'는, 예컨대 그 아이에 대한 아버지의 관계, 아이와 다른 형제 또는 친척 사이의 거리와는 완전히 다르다. 모든 경우마다 똑같은 한 인간(아이)에 대하여 가깝고 먼 각각의 입장에 부합하는 적절한 '거리'를 찾아내야 한다. 하지만 "이 다른 관계들 가운데 그 어느 것도 그 자체 절대적이라는 배타성을 주장할 수 없다."[78] 가장 결정적인 측면은 특정한 하나의 관계에서뿐만 아니라, 모든 관계에서 그때그때의 '로서의 존재'에 '상응하는' 객관성의 척도를 발견해야 한다는 사실이다. 이 여러 관계 가운데 단 하나의 관계에서 그 역할에 따른 '적절한' 행위가 준수되지 않게 되는 즉시, 이 관계에서 중요한 '바로 그러한 자로서의' 의사소통에 장애나 파괴가 발생할 뿐만 아니라, 다른 관계에 있는 타인들과도 갈등이 발생하게 된다. 왜냐하면 각각의 개별적인 관계들은 상호적 연관(Interferenz) 속에 있고, 그리하여 장애나 파괴가 발생한 관계의 방향으로 '자리 잡은' 다른 삶의 형태까지 갈등에 휘말리기 때문이다. 이러한 갈등상황에서는 내가 '바로 그러한 자로서의' 타인들을 그들의 '자리'에서 내쫓아버릴 수도 있고, 거꾸로 그 타인들이 나의 자리를 '대신'할 수밖에 없게 되기도 한다. 서로 **'결합하는'** 형태의 '로서의 존재'에서와는 달리, 장애나 파괴가 발생한 상응관계와 관련을 맺고 있는, 서로

78 *Recht und Zeit*, S. 108.

'결합할 수 없는' 삶의 형태에서는 자신의 '역할'을 '포기'하거나 타인을 그의 '자리'로부터 '추방'하는 가능성만이 해결책이 될 수 있을 뿐이다.[79]

이처럼 우리의 행동하는 삶에서 부딪히는 모든 결정상황에서 '서로 상응하는 타자'나 '여타의' 타자에 대한 '올바른 객관성'의 척도를 찾아내는 일은 우리 인간에게 제기되어 있는 과제이며, 이 과제를 해결하기 위한 시도 속에서 '우리와 내면'을 '우리를 둘러싼 사물'과 '상응하도록 만들어야'만 한다.

그렇다면 각각의 경우마다 우리의 행위가 '질서에 부합한다', 즉 '적절하다' 또는 '부적절하다'라고 판단할 수 있는 척도를 어떻게 발견할 수 있는가?

모든 질서를 향한 우리의 기획을 '로서의 존재' 가운데서의 자기존재가 **'서로 상응하게 만드는 것'**으로 해석하는 관점에서 본다면, 우리가 그러한 질서로의 **투영**을 수행할 수 있는 **두 가지 질서의 길**을 인식할 수 있다.

2. 질서의 두 가지 길

타인과의 질서를 추구하는 각 개인의 기획은 이중의 방식으로 가능하다. 하나는 **자신의 역할**에 대한 요청(정언명령)을 성찰함으로써, 다른 하나는 타인이 우리와 만나게 될 때 가지고 있는 **그 타인의 역할**에 대한 요구(황금률)를 성찰함으로써 가능하게 된다.

---

79 이에 관해서는 앞의 239면 이하 및 G. Husserl, *Recht und Zeit*, S. 115 참고.

"너의 행위의 준칙이 동시에 보편법칙으로서 타당할 수 있도록 행동하라!"라고 요구하는 칸트의 정언명령은 모든 결정상황에서 우리 자신의 행위원칙이 모든 사람에 대한 행위법칙의 보편성을 갖기에 충분한지를 자신에게 물어봐야 한다는 사실을 뜻한다.[80]

그러나 이러한 정언명령은 칸트 자신이 생각했던 것처럼 모두 똑같다고 여겨지는 추상적인 일반인으로서의 모든 사람에게 적용되는 것이 아니라 의사로서 또는 법관으로서의 '나'라는 특정한 누구에게 적용되어야 한다. 나는 이처럼 특정한 누구로서 "나는 무엇을 해야 하는가?"라는 물음을 나 자신에게 제기하게 된다.

내가 그러한 물음을 통한 심사를 거쳐 일반적으로 의사로서는 본래적으로 그러한 상황에서 언제나 그렇게 행동해야 한다고 말할 수 있다면, 나의 행위는 이 문제와 관련하여 미리 주어져 있는 사물의 본성 자체, 즉 특정한 질서형태의 내적 법칙에 일치할 뿐만 아니라, 내가 나의 행위를 통해 '상응'할 수 있는 질서 전체에도 순응하는 것이 된다. 이와는 반대로 추상적인 일반인에 투영되는 정언명령은 이미 니체가 칸트에 대해 날카로운 반론을 제기한 바와 같이 타인과 함께하는 우리 인간의 삶을 평준화하고 만다. 정언명령은 부당한 평등, 즉 모든 사람에 대해 똑같은 것을 요구하는 오류를 범하고 있다. 이에 따르면 결국 모든 질서는 비본래적인 '일반인', 즉 모든 사람이자 동시에 어떠한 누구도 아닌 획일화된 실존으로 해소되고 만다.

황금률(Goldene Regel)을 통해 "나는 무엇을 해야 하는가?"라는 물음에 대해 지침을 줄 수 있는 척도를 찾는 경우도 마찬가지다. 황금률

---

80 이에 관한 구체적인 내용은 앞의 202면 이하 참고.

도 타인에 대한 우리의 행위가 준수해야 할 척도를 우리 자신의 역할이 아니라 **우리가 만나게 되는 타인의 역할**에 비추어 찾아내려고 한다. 황금률은 "남이 너에게 행하기를 원하는 것을 너 또한 남에게 행하라!"라고 명령한다. 또는 그 소극적 형태로서, 하나의 속담이 된 황금률의 내용은 이렇다. "남이 너에게 행하지 않기 바라는 것을 너 또한 남에게 행하지 말라!"

여기서 '너에게'라는 표현을 나의 '가장 고유한 존재'로 이해하고, '**바로 그러한 고유한 존재로서의 나**'를 타인의 입장에 마주 서 있게 하면, 황금률로부터는 질서가 아니라 무질서가 발생한다. 왜냐하면 만일 내가 고통받는 것을 쾌락으로 느낀다면, 내가 타인에게 고통을 가하는 것을 막을 수 있는 길이 없기 때문이다.

정언명령의 경우에는 모두 똑같다고 파악되는 추상적 개인성의 의미로 이를 해석할 위험성이 존재한다면, 황금률의 경우에는 이와는 정반대로 비교 불가능한 구체적 개인의 관점에서 황금률을 적용할 위험이 존재한다.

따라서 황금률의 경우도 타인의 어떤 개인적 존재가 아니라 특정한 누구로서의 타인이 그에 '상응하는' 또 다른 타인인 나에게 기대할 수 있는 본래적 의미로 나의 행위를 투영하는 것이 중요하다.

예를 들어 의사는 환자의 입장에서, 법관은 피고인의 입장에서 생각해 보고, 자신들이 환자나 피고인이라면 '**바로 그러한 자로서**' 의사나 법관에게 어떠한 행위를 기대할 것인지를 물어보아야 한다.

정언명령과 황금률이라는 사회윤리의 두 가지 근본규칙은 비록 전자는 **자기 자신의 역할**의 관점에서, 후자는 **타인의 역할의 관점**에서 출발하지만, 사회세계의 구조 안에 이중적으로 '위치가 정해져 있다'라는 **똑같은 결론**에 도달하며, 양자는 서로서로 **확인**하며 서로서로 **보충**하는 관계에 있다. 즉 전자에서는 여러 의사 중 한 의사라는 측면이, 후자에서는 환자와의 관계 속에서의 의사라는 측면이 중심에 있게 된다. 이로써 이중적인 측면에서 상응의 구조로 맞물려 들어가는 현상이 발생하게 된다. 모든 질서(Kosmos)가 그렇듯이 인간의 공존세계 가운데서의 질서 또한 그러한 상응의 구조로부터 형성된다. 이는 객관성의 관점에서 사고한 아우구스티누스의 질서사상과도 일치한다. 즉 아우구스티누스도 "질서란 각각의 사물에 상응하는 자리를 지시하여, 같은 사물들과 같지 않은 사물들을 분배하는 것이다(Ordo est parium dispariumque rerum sua cuique locatribuens dispositio)"라고 말함으로써 질서를 진정한 '위치지움(locatio)'으로 규정한다.[81] 우리의 관점에서 볼 때, 여기서 이행되어야 할 지시(dispositio)는 인간의 정신을 통해 '완성'되는 질서로서, **어떤 법적**(정당한) **행동을 구체적으로 기획하는 것**일 수도 있고, **일정한 법률을 사전에 추상적으로 기획하는 것**일 수도 있다.

이로써 우리는 **"나는 무엇을 해야 하는가?"**라는 물음에 대한 대답으로서 결국 "보편적이 돼라!"라는 전통적인 근본규칙에 다시 가까이 다가서게 된다. 물론 우리의 관점에서는 그러한 근본규칙의 의미가 변화를 겪게 된다. 왜냐하면 "보편적이 돼라!"라는 명령은 이제 더 이상 **추상적인 일반인**을 대상으로 하는 것이 아니라 **특정한 구체적 누구**로서, 즉 **특정한 구체적 결정상황에서 우리가 어떠한 자로서** 행위해야만

81 Augustinus, *Der Gottesstaat*, 13. Kap. im 19. Buch, S. 155 (Ausgabe K. Völker, 1923).

하는가를 지시하고 있음을 인식하고 있기 때문이다. 다시 말해 아버지로서, 배우자로서, 의사로서, 법관으로서, 시민으로서 또는 이웃으로서 나는 무엇을 해야 하는가를 지시한다.

결국 우리는 어떤 다른 사람으로서가 아니라 '바로 그러한 자로서' 우리가 공존세계 속에서 타인을 만나게 되는 특정한 형태의 본래성을 직접 체험해 보도록 요청을 받게 된다. 즉 아들로서, 배우자로서, 환자로서, 피고인으로서, 시민으로서, 이웃으로서 등의 각각의 형태가 갖는 본래성을 체험하라는 것이다.

자기존재와 '로서의 존재', 즉 개인적 존재와 사회적 존재의 이러한 변증법을 통찰함으로써 우리는 다시 또 다른 측면도 도출해 낸다.

즉 사회윤리의 근본규칙들은 결코 우리의 행위 자체에 대한 유일한 규칙이 아니라는 사실이다. 사회윤리의 근본규칙은 **"보편적이 돼라!"라는 요청** 이외에도 모든 결정상황에서 이와 **똑같이 근원적인** 또 다른 본질적 요청으로서 **"너 자신이 돼라!"**라는 실존적 존재준칙의 요청과 병존하게 된다.

왜냐하면 우리에게는 언제나 그러한 모든 사회적 형태들을 통해 동시에 우리의 가장 고유한 측면, 즉 오로지 우리 자신에게만 가능한 것을 실현하라는 요청이 함께 제기되어 있기 때문이다. 오로지 그러한 '**함께**(Zugleich)'만이 우리를 개인적 존재이자 또한 사회적 존재로서의 결정이 갖는 총체성 속에 놓이게 하며, 그러한 총체성은 언제나 '로서의 존재' **가운데서의** 자기존재의 실현이다.

이처럼 우리 자신의 고유한 특수성이 보편성과는 **별개로** 살아가는 것이 아니라 보편성 **가운데서** 살아가도록 하는 것이 우리 인간에게 제기된 과제이다.

이 점이 바로 인간질서의 의미에 관한 물음에 대한 우리의 대답의 개략적 내용이다.

이러한 대답은 우리에게 최소한 **한 가지** 가능성만은 분명하게 보여주고 있다. 그것은 곧 인간질서의 의미에 관해 물음을 제기하는 **새로운** 가능성이다.

옮긴이 후기

베르너 마이호퍼는 12년에 걸친 잔혹한 나치 불법국가가 남긴 물질적, 정신적 폐허 속에서 법철학의 재건이라는 기치 아래 진행된 이른바 '자연법 르네상스' 시기에 한스 벨첼Hans Welzel, 아르투어 카우프만Arthur Kaufmann 등과 함께 주도적인 역할을 한 법철학자이다. 형이상학으로 회귀할 수도 없었고, 그렇다고 해서 민주주의적 실정성에 희망을 품을 수도 없는 상황에서 마이호퍼가 끄집어낸 이론적 대안은 법질서를 포함한 인간질서가 인간이 결코 자의적으로 처분할 수 없는 토대에 기초하고 있다는 존재론적 사고였다. 그리하여 마이호퍼는 한편으로는 하이데거의 현존재 분석을 방법으로 끌어들이면서도, 다른 한편으로는 하이데거의 분석에서 간과되고 무시되는, (법질서를 포함한) 질서가 지닌 존재론적 구조를 밝히는 독특한 '법존재론'을 기획한다. 즉 하이데거의 존재론을 통해 하이데거와는 정반대되는 결론에 도달한다. 이러한 마이호퍼의 이론적 기획은 그의 교수자격논문 『법과 존재(1954년)』 그리고 교수자격을 취득한 직후 프라이부르크 대학에서 행한 강연 『인간질서의 의미에 관하여(1956년)』에 순수한 형태로 드러나 있다. 이 이후에 펼쳐진 마이호퍼의 법철학, 특히 청년 마르크스의 사회주의 사상 또는 사회학적 역할이론의 수용 등은 모두

이 초기의 법존재론적 기획을 모태로 삼고 있다.

마이호퍼의 유일한 외국인 제자인 나의 스승 심재우 선생님은 마이호퍼의 법존재론을 국내에 처음으로 소개했을 뿐만 아니라 마이호퍼의 '난해한' 법철학을 당신의 법철학적 사고의 주축으로 삼았다(마이호퍼 교수와 심재우 선생님의 사상적 끈에 관해서는 본 총서의 제1권인 『열정으로서의 법철학』에 실린 '편집자 후기'를 참고하기 바란다). 선생님은 독일 유학 전인 1962년에 지금은 없어진 명동의 '소피아 서점'을 통해 『법과 존재』의 독일어판을 구해 읽으신 후 마이호퍼의 법존재론에 압도당했다고 말씀하신 적이 있다. 에드문트 후설의 현상학과 하이데거 철학이 어떻게 법철학과 만날 수 있는지를 접하긴 하셨지만, 이 책의 진면목을 깨닫게 된 건 한참 후의 일이었다는 말씀과 함께. 독일 유학 후 여러 인연의 끈을 거쳐 결국 마이호퍼 교수가 선생님의 지도교수가 되면서 마이호퍼 스타일의 법존재론은 구체적인 현실로 다가왔고, 다가서면 다가설수록 멀어지는 이론적 지평처럼 이해의 폭과 함께 의문의 폭도 깊고 넓어졌던 것 같다. 그 때문에 이 책의 우리말 번역본 출간은 선생님이 귀국하신 이후 한참의 시간이 흐른 1996년에야 이루어졌다. 단어 하나하나 문장 하나하나에 대한 끝없는 수정 과정을 거쳐 번역이 이루어졌고, '역자 서문'의 형태로 책의 개괄적 내용을 소개하는 짤막한 글을 쓰시는 데도 고심의 고심을 거듭하신 탓이었다.

나의 법과대학 대학원 학생 시절 전체를 동반한 '마이호퍼 법철학'과의 만남은 독일 유학 후에는 시대의 법철학적 흐름의 변화와 함께 상당히 뒷전으로 밀렸지만, 2002년 선배 차병직 변호사의 '선전 선동'에 힘입어 선생님의 70세 생신을 축하하는 의미에서 『인간질서의 의미에 관하여』를 번역하면서 다시 시작되었다. 번역 당시 마이호퍼 교수와 여러 번 편지로 책의 내용에 관한 질문을 했고, 내가 유학하던 프랑크푸르트에서 멀지 않은 곳에 살던 마이호퍼 교수가 집으로 초대했지만, 그분의 건강상 이유로 약속이 취소됐던 기억도 새롭다. 어쨌든 이 자그마한 책은 2003년 선생님 생신에 맞춰 세상의 빛을 보게 되었다.

이제 자매 관계에 있다고 얘기해도 무방한 두 권의 책을 한 권으로 묶어 출간한다. 『법과 존재』의 한국어판의 한자를 모두 한글로 바꾸었고, 문장을 가다듬고 두 책 사이의 용어를 통일했으며, 『인간질서의 의미에 관하여』에서 『법과 존재』를 지적한 부분을 한국어판의 해당 부분과 병기했다. 나의 편견일지 모르지만, 어쩌면 두 책이 함께하는 것이 서로 떨어져 있는 것보다 훨씬 더 보기 좋다는 생각이 든다.

물론 '존재론'의 시대는 이미 지나간 지 오래다. 이제는 인간에게 처분 불가능한 것은—긍정적이든 부정적이든—없는 것처럼 여겨지고, 설령 어떤 처분 불가능성을 전제할지라도 형식이나 절차 정도에 불과한 것 같다. 인류의 역사는 분명 처분 가능한 것 쪽으로 중심이 옮겨진 셈이다. 그런데도 인간은 끝없이 어떤 불변적이고 처분 불가능한 그 무엇을 추구한다. 어쩌면 처분 가능성의 확대가 처분 불가능한 영역의 확대를 불러일으키는 역설적 상황에 봉착하게 만드는지도 모를 일이다. 어쨌든 '절대의 지향' 또는 '절대에 대한 동경'이 자신의 신념을 포장하는 수단으로 전락하지 않는다는 전제하에, 절대성이나 '존재 그 자체'를 갈구하는 성향을 완전히 포기하지는 못할 것이다.

이 상황에서 법과 관련해 어떤 절대성에 대한 욕구가 발생한다면, 바로 그 지점에서 '법존재론'은 단순히 이론사理論史의 차원을 넘어 소박하고 수줍은 정도일지라도 분명 정신적 위안을 주거나 근원에 대한 갈증을 해소해 줄 수 있을 것이다. 그렇다면 이 책의 작업에 동인으로 작용했던, 나의 스승과 스승의 스승에 대한 회고가 단순히 회고로만 그치지 않기를 바라는 마음을 적어두어도 무방할 것이다.

이미 인쇄된 형태로 나온 책 두 권을 파일로 바꾸어준 오민용 박사와 최재원 씨에게 고마움을 전한다. 도서출판 「박영사」의 조성호 이사님과 이승현 차장님께도 「몽록 법철학 연구총서」의 지속을 위해 애쓰신 데 대해 깊이 감사드린다.

2022년 여름

고려대학교 연구실에서

윤 재 왕

지은이

베르너 마이호퍼(1918-2009)

프라이부르크 대학교에서 법학을 수학하고, 같은 대학교에서 박사학위와 교수자격 취득. 자브뤼켄 대학교와 빌레펠트 대학교 법과대학의 법철학과 형사법 전임교수. 1972년 독일 자유민주당(FDP) 소속 국회의원으로 선출되어 빌리 브란트 총리 내각에서 특임장관, 헬무트 슈미트 총리 내각에서 내무부장관 역임. 정치 일선에서 물러난 이후 피렌체 소재 유럽통합대학교 총장과 콘스탄츠 대학교 법과대학 초빙교수로 재직. 오랜 기간에 걸쳐 세계 법철학과 사회철학회(IVR)의 기관지 ARSP의 책임편집인을 지냈다.

옮긴이

심재우(1933-2019)

고려대학교 법과대학 졸업. 같은 대학에서 석사학위 취득 이후 독일 빌레펠트 대학교 법과대학에서 마이호퍼의 지도로 박사학위 취득. 귀국 후 고려대학교 법과대학 법철학 및 형사법 담당 교수로 재직. 한국법철학회와 한국형사법학회 회장 역임.

윤재왕

고려대학교 법학전문대학원 법철학 및 법사상사 담당 교수로 재직 중.

몽록(夢鹿) 법철학 연구총서 4·5

법과 존재/인간질서의 의미에 관하여

초판발행 2022년 9월 28일

지은이 베르너 마이호퍼
옮긴이 심재우·윤재왕
펴낸이 안종만·안상준

편 집 이승현
기획/마케팅 조성호
표지디자인 이영경
제 작 고철민·조영환

펴낸곳 (주) 박영사
서울특별시 금천구 가산디지털2로 53, 210호
(가산동, 한라시그마밸리)
등록 1959. 3. 11. 제300-1959-1호(倫)
전 화 02)733-6771
f a x 02)736-4818
e-mail pys@pybook.co.kr
homepage www.pybook.co.kr
ISBN 979-11-303-4227-6 93360

정 가 22,000원

하는 길을 [illegible] 있음을 인식하고 있기 때문이다. 다시 말해 이[illegible] 자로서, 배우자로서, [illegible] 으로서, 시민으로서 또는 이웃으로서 나는 무엇을 해야 하는가를 자각한다.

결국 우리는 어떤 다른 사람으로서가 아니라 [illegible] 고유한 자로서 우리가 공존세계 속에서 타인을 만나게 되는 특정한 형태의 존재성을 [illegible] 해명해 보도록 요청을 받게 된다. 즉 아들로서, 배우자로서, 한 가정의 [illegible] 으로서, [illegible] 으로서, 이웃으로서 [illegible] 각각의 형태가 지닌 [illegible] 성을 해명하라는 것이다.

[illegible] 사회적 존재의 이[illegible] [illegible] 보편적이 돼라 [illegible] 똑같이 근원적인 [illegible] "나 자신이 돼라" [illegible]

왜냐하면 [illegible] 사회적 형태들을 통해 동시에 우리의 [illegible] 오로지 우리 사회에서만 가능한 [illegible] 때문이다. 오로지 그런 한 [illegible] 존재성을 [illegible]

[illegible] 것이 아니라 [illegible] 가운데서 살아가도록 하는 것이 [illegible]